基督教文化研究丛书

主编 何光沪 高师宁

八编 第 9 册

众灵的雅歌
——基督宗教音乐研究文集

孙 晨 荟 著

花木兰文化事业有限公司

国家图书馆出版品预行编目资料

众灵的雅歌——基督宗教音乐研究文集／孙晨荟 著 -- 初版
-- 新北市：花木兰文化事业有限公司，2022〔民111〕
目 2+240 面；19×26 公分
(基督教文化研究丛书 八编 第 9 册)
ISBN 978-986-518-698-2（精装）
1.CST：宗教音乐 2.CST：基督教 3.CST：文集
240.8   110022054

ISBN-978-986-518-698-2

基督教文化研究丛书
八编 第九册   ISBN：978-986-518-698-2

众灵的雅歌
——基督宗教音乐研究文集

作　　者 孙晨荟
主　　编 何光沪 高师宁
执行主编 张　欣
企　　划 北京师范大学基督教文艺研究中心
总 编 辑 杜洁祥
副总编辑 杨嘉乐
编辑主任 许郁翎
编　　辑 张雅淋、潘玟静、刘子瑄　美术编辑 陈逸婷
出　　版 花木兰文化事业有限公司
发 行 人 高小娟
联络地址 台湾 235 新北市中和区中安街七二号十三楼
　　　　　 电话：02-2923-1455／传真：02-2923-1452
网　　址 http://www.huamulan.tw 信箱 service@huamulans.com
印　　刷 普罗文化出版广告事业
初　　版 2022 年 3 月
定　　价 八编 16 册（精装） 台币 45,000 元　　　　版权所有 请勿翻印

众灵的雅歌
——基督宗教音乐研究文集

孙晨荟 著

作者简介

孙晨荟（1977- ），女，副研究员，音乐学者。研究方向为基督教音乐、传统音乐、中西音乐交流。出版专著《谷中百合——傈僳族和大花苗的基督教音乐文化研究》、《雪域圣咏——滇藏川交界地区天主教礼仪音乐研究》、《天音北韵——华北地区天主教音乐研究》（分别获得中国艺术研究院 2015、2016 和 2018 年优秀科研成果奖）。学术权威《牛津手册》（牛津大学出版社）系列之 THE OXFORD HANDBOOK OF THE BIBLE IN CHINA 专书论文"The Bible and Chinese Church Music"作者，美国杜克大学雅歌文艺奖音乐终审评委。

提　　要

　　本书是作者多年从事基督宗教音乐实践与理论研究的相关论文集。第一部分重回教会音乐的传统之五篇文章，旨在从音乐史、崇拜学以及神学等角度更多了解教会音乐千年历史的部分节点，国内从事教会音乐研究的相关人士非常需要补上这一课。第二部分田野中的音乐与艺术之七篇文章，涉及二十年田野中的方方面面，第一和第二篇音乐是专题调研和英文会议发言稿的中译本，第三和第四篇是音乐田野中的延伸——包含其他宗教的音乐调研以及教堂建筑艺术等，第五篇是在藏区调研的田野笔记，第六篇是美国雅歌文艺奖的采访录，第七篇是欧洲访问的相关笔记。第三部分对中国教会音乐的反思内容，特别探索到基督教音乐与中国传统文化的关系、基督教音乐在当代中国的发展、中国教会音乐的特点与历史及未来演变等话题，这部分其实还需要更多深层的思索，深知近二十年的积累实则对基督宗教音乐的学术研究刚入门矣。

"基督教文化研究丛书"总序

何光沪 高师宁

  基督教产生两千年来，对西方文化以至世界文化产生了广泛深远的影响——包括政治、社会、家庭在内的人生所有方面，包括文学、史学、哲学在内的所有人文学科，包括人类学、社会学、经济学在内的所有社会科学，包括音乐、美术、建筑在内的所有艺术门类……最宽广意义上的"文化"的一切领域，概莫能外。

  一般公认，从基督教成为国教或从加洛林文艺复兴开始，直到启蒙运动或工业革命为止，欧洲的文化是彻头彻尾、彻里彻外地基督教化的，所以它被称为"基督教文化"，正如中东、南亚和东亚的文化被分别称为"伊斯兰文化"、"印度教文化"和"儒教文化"一样——当然，这些说法细究之下也有问题，例如这些文化的兴衰期限、外来因素和内部多元性等等，或许需要重估。但是，现代学者更应注意到的是，欧洲之外所有人类的生活方式，即文化，都与基督教的传入和影响，发生了或多或少、或深或浅、或直接或间接，或片面或全面的关系或联系，甚至因它而或急或缓、或大或小、或表面或深刻地发生了转变或转型。

  考虑到这些，现代学术的所谓"基督教文化"研究，就不会限于对"基督教化的"或"基督教性质的"文化的研究，而还要研究全世界各时期各种文化或文化形式与基督教的关系了。这当然是一个多姿多彩的、引人入胜的、万花筒似的研究领域。而且，它也必然需要多种多样的角度和多学科的方法。

  在中国，远自唐初景教传入，便有了文辞古奥的"大秦景教流行中国碑颂并序"，以及值得研究的"敦煌景教文献"；元朝的"也里可温"问题，催生了民国初期陈垣等人的史学杰作；明末清初的耶稣会士与儒生的交往对话，带来了中西文化交流的丰硕成果；十九世纪初开始的新教传教和文化活动，更造成了中国社会、政治、文化、教育诸方面、全方位、至今不息的千古巨变……所有这些，为中国（和外国）学者进行上述意义的"基督教文化研究"提供了极其丰富、取之不竭的主题和材料。而这种研究，又必定会对中国在各方面的发展，提供重大的参考价值。

就中国大陆而言，这种研究自 1949 年基本中断，至 1980 年代开始复苏。也许因为积压愈久，爆发愈烈，封闭越久，兴致越高，所以到 1990 年代，以其学者在学术界所占比重之小，资源之匮乏、条件之艰难而言，这一研究的成长之快、成果之多、影响之大、领域之广，堪称奇迹。

然而，作为所谓条件艰难之一例，但却是关键的一例，即发表和出版不易的结果，大量的研究成果，经作者辛苦劳作完成之后，却被束之高阁，与读者不得相见。这是令作者抱恨终天、令读者扼腕叹息的事情，当然也是汉语学界以及中国和华语世界的巨大损失！再举一个意义不小的例子来说，由于出版限制而成果难见天日，一些博士研究生由于在答辩前无法满足学校要求出版的规定而毕业受阻，一些年轻教师由于同样原因而晋升无路，最后的结果是有关学术界因为这些新生力量的改行转业，后继乏人而蒙受损失！

因此，借着花木兰出版社甘为学术奉献的牺牲精神，我们现在推出这套采用多学科方法研究此一主题的"基督教文化研究丛书"，不但是要尽力把这个世界最大宗教对人类文化的巨大影响以及二者关联的方方面面呈现给读者，把中国学者在这些方面研究成果的参考价值贡献给读者，更是要尽力把世纪之交几十年中淹没无闻的学者著作，尤其是年轻世代的学者著作对汉语学术此一领域的贡献展现出来，让世人从这些被发掘出来的矿石之中，得以欣赏它们放射的多彩光辉！

2015 年 2 月 25 日
于香港道风山

目次

前　言

　　1995 年在中央音乐学院读大学二年级的我在北京崇文门教堂受洗，自此开始参与教堂音乐的实践活动，二十多年在合唱队、钢琴伴奏、合唱指挥、音乐培训以及理论授课等各方面担任音乐义工，可以说教堂音乐是成人以来最熟悉的音乐实践领域。2003 年起我开始从事基督宗教音乐的理论研究工作，主要针对华北、华东以及西南少数民族的基督教和天主教会进行田野调研，全国其他地区的考察也有涉及，十几年的一线调研对当下中国的基督宗教音乐发展有了直观深入的了解和反思。虽然西方是基督宗教文化最主要的生发地，但基督宗教音乐的本土化从诞生之日起，便并不是人们通常认为的单一欧洲样式。中国基督宗教音乐不同时期的不同本土特色往往不被人所知，但今日仍存于广大乡野和历史文本之中，笔者做的是发掘、整理、研究和思考，将精彩的、被大多数人不熟知的世界展示于众。于是《雪域圣咏——滇藏川交界地区天主教仪式与音乐研究》、《天音北韵——华北地区天主教音乐研究》以及《谷中百合——傈僳族与大花苗基督教音乐文化研究》这三本以历史文本和田野调查为主、民族音乐学角度的当代中国基督宗教音乐的研究专著相继出版。常年艰辛的考察和研究过程获得的心灵满足同样对等，这三本书也全部获得中国艺术研究院的优秀科研成果奖。与上述专题研究不同的是，这本《基督宗教音乐在当代中国的发展与反思》则是多年实践与研究的相关论文集。第一部分内容的思路是对教会音乐传统的回归和学习，第二部分是对当下中国教会音乐及相关艺术的田野调研和实践内容，第三部分则是相关反思。

　　总称含义的 Christianity 中译有基督教和基督宗教两种，通常中国人习惯把分支新教称基督教，为避免混淆，学界将总称叫基督宗教。本书目前按学界习惯总称为基督宗教，分支新教称为基督教（或新教）。但引文中的"基督教"常为总称，在此不做改动。

第一部分　重回教会音乐的传统

壹、《圣经》中的音乐与崇拜

《圣经》是基督信仰的基础。"圣经都是神所默示的，于教训、督责、使人归正、教导人学义都是有益的，叫属神的人得以完全，预备行各样的善事。"[1]对信徒而言，这本书记载了上帝在人类历史中的所有作为。从史料的角度说，《圣经》记述了众多古代民族的历史，涉及政治、经济、文化、艺术、哲学等方面。其有关音乐的资料，显示它们主要使用在宗教礼仪中。这些宗教礼仪也称"崇拜"，音乐包含在当中。在这里，音乐的目的是赞颂上帝，功用是讲解《圣经》，因此被称为教会音乐或圣乐[2]。

当欧洲艺术音乐从中世纪崇拜仪式中逐渐发展起来，教会音乐最主要的功用也被悄然淡化。宗教改革前，高级的艺术音乐在教会里发展成熟，它像天主教礼仪一样极尽精工细作与华美繁缛，这种风格一直延续到路德宗信徒巴赫的创作，他的宗教作品标志了教会音乐的成熟。但问题是：越来越复杂的音乐让信徒听不清歌词，这直接影响了教义的传达。教会音乐的目的——赞颂上帝，正在被音乐本身所替代，教会不能容忍这种情况。所以，宗教改革大潮来临时，教会音乐必须要面对这样一个局面：艺术音乐离开教会转向世俗社会。欧洲大陆宗教改革运动为恢复被教皇权威所替代的《圣经》在信仰和实践中的最高权威，带来的结果是：信仰上圣经与天主教传统的分裂、艺术上专业与业余的分裂。在这本影响人类历史的书中，可以溯源基督宗教和希伯来-犹太-以色列——西方文化"两希"源头之一的传统。

1　《圣经·新约·哥林多后书》第 3 章，第 16-17 节。

2　教会音乐或圣乐：狭义地讲，是用于教会崇拜的音乐。广义地讲，任何以宗教信仰为主题的音乐都是圣乐。本文为狭义。

一、《圣经》与以色列的音乐传统

《圣经》包括 39 卷旧约全书和 27 卷新约全书两部分（简称旧约和新约），天主教圣经还多有旁经（次经）[3]。旧约是犹太教《圣经》（称为"妥拉"Torah），不过在犹太教里它们被分为 22 卷。

旧约陆续成书于公元前 5 世纪到公元前 2 世纪，最初用希伯来文写在羊皮纸卷上，部分用亚兰文写成。希伯来文没有标点符号，没有元音，也不分字母的大小写。但这些文字是活的，因为它们被大声吟咏并世代相传。

以色列民族经历了无数次的劫难和分离却没有失传他们的文化，有一个重要原因就是从宗教信仰而来的传统：旧约全书的吟咏。"按照犹太人的说法，如果不这样吟咏，那就不允许阅读这些文字。同样，它们不仅存在于纸上，而且存在于听者的耳朵里。只有当它们被大声诵读，并被听者理解之后，它们才达到了自己预定的目的。这是对文字新的理解。当时，在埃及人眼里，文字是专家的财产（民众看不懂这种象形文字），随着犹太人迁离埃及，文字也成了民众的财产。每一个人都应该阅读，并都应该读得懂。整个民族成了书面传承的载体。这时，书面传承与口头传承的文本吟诵方法得到了结合。"[4]有意思的是，这段话恰好解释了另一个问题——古埃及文字失传的原因，这是当今埃及考古界的难题。

吟咏的原则被用在所有相关事务上。最早开始，由被称为"文士"的犹太学者精心抄写这些书卷。在他们的工作要求中，有这样一条："他们写的时候，自己必须大声念出每个词。"[5]这样的传统成为流离失所、没有家园的犹太民族的不灭之源。

"旧约全书吟咏是'生育文字'的音乐。这里，音乐承担了这样一种任务：恢复诸如发音、语调和强调关系等语言的音乐因素，因为在固定的文字

---

3 旁经：指没有被新教和犹太教收录而集结在罗马天主教《圣经》中的书卷，多出 7 卷和一些补录。天主教在特兰托会议上将其审定为《圣经》一部分，内容记述了犹大王约西亚的事迹和耶路撒冷城的陷落。很多天主教学者把它们称为"次正经"，以区别与原有旧约的"首正经"。公元前 250 年以后一直到初期教会时代之间，由一批古代犹太人完成这些书卷。作品的水平较"正经"低，史地和年代资料错误较多。

4 [德]R·弗兰德、H·劳厄，金经言译《开启音乐之门——从若干崭新的视角观察音乐世界》，北京，人民音乐出版社，2005 年，第 48 页。

5 [英]肯·康诺利，杨道译《圣经是怎样写成的》，北京，世界知识出版社，2004 年，第 16 页。

中，这些因素都消失了。"[6]"对于那些没有掌握希伯来语的人来说，旧约全书的吟咏只能是一种既无抑扬顿挫、有无法理解的单调哼唱，因为旋律恰恰为文本补充了它所没有提供的信息…我们能够看到，在旧约全书的吟咏中，词与曲必须相互依赖…从自身角度看，两者均为残缺不全之物，两者只有通过结合，才能构成富有生命活力的语言。"[7]

对不懂希伯来文的信徒来说，最能被体会的吟咏方式莫过于诗篇。当然还有雅歌、耶利米哀歌等希伯来抒情诗歌。"诗篇颂唱，这一最为古老的犹太音乐形式，就是一种'吟咏'形式。语言展示了音乐性。犹太教堂的这份遗产，就是语言音乐，它被新的宗教基督教所接受。"[8]

慢慢地，新的宗教形成了犹太人至今不能接受的新约全书，它们用希腊文写成，成书于公元 4 世纪。基督信徒继承了犹太教传统，在希腊化的时代背景下，新约全书当然也要在希腊教堂里唱颂。不过"它不再是为了清楚地表达文本的思想结构，而是为了提升礼拜仪式的氛围。吟咏卸去了作为标点拖腔的负担和任务，并朝着'表现审美'的方向发展。"[9]尽管早期教徒音乐家尽力保持古老的传统，但格里高利圣咏的发展说明似唱非念式的吟咏不可避免地走向"表现审美"的歌唱形式。现代犹太教仪式或许保留了古代吟咏音乐的原貌，部分希腊东正教的传统中也留有一些早期以色列的音乐。

此时的新约时代，希伯来因素和希腊文化的张力已开始在基督信仰中凸显。两希的神观基本冲突：不具备位格的希腊神祇（位格特指具有理智和意志的独立存在的实体）是相对性的产物，希伯来的上帝是一位无限的位格者并绝对性的创造主。希腊人认为生命之流是循环反复的，所以事物没有任何改变的希望，其宗教观没有往前发展的余地；而希伯来人关于创造的思想是从旧约中论述上帝的话语而来，其能力的启示意义是听从远胜于看见，时间是直线进步而不是循环往复的。

6　[德]R·弗兰德、H·劳厄，金经言译《开启音乐之门——从若干崭新的视角观察音乐世界》，北京，人民音乐出版社，2005，第48页。

7　[德]R·弗兰德、H·劳厄，金经言译《开启音乐之门——从若干崭新的视角观察音乐世界》，第138页。

8　[德]R·弗兰德、H·劳厄，金经言译《开启音乐之门——从若干崭新的视角观察音乐世界》，第136页。

9　[德]R·弗兰德、H·劳厄，金经言译《开启音乐之门——从若干崭新的视角观察音乐世界》，第139页。

　　希腊人的生命之流是空间性的周而复始，这种思维影响到单声部的圣咏朝向复调形式发展；希伯来人不断前进的历史观使欧洲艺术音乐一直发展进步。希腊人的二元对立论造成音乐观念的冲突与辨证，而希伯来人世界的创造、堕落与救赎因素成为音乐观念的精神体验。历史安排这两种不同思维模式相遇，并最终在基督信仰中合流，这使得它成为所有文化的黏合剂，也成为一个文化妥协的宗教，更是希腊哲学传统渗入并改造犹太教的结果。两希文化的对立统一，就这样开始作用在基督宗教思想史和整个西方文化的发展进程中。

二、《圣经》中的乐器和音乐术语

　　"笛、笙、鼓、钹、锣、琵琶、鼓瑟弹琴、丝弦的乐器…"这些相对于中国读者大概能理解的乐器的翻译名称，频繁出现在旧约经文中。它们可分为：弦乐类、管乐类和打击乐类。

　　弦乐类："琴或瑟"Kinnor 差不多是一种与希腊里拉琴或基萨拉琴有关的乐器，用手指拨弹，由檀香木制成。"琴"本身有"歌唱时的工具"的意思；"琴或瑟"Nebel 可能是一种竖琴类乐器，最多有十根弦，由檀香木制成。"瑟"有"献给歌唱者"的意思。"琵琶"Sabkha 英文有译为 zither 齐特拉琴，也可能是一种定调很高、琴弦交叉排列的乐器。

　　管乐类："角"Shofar 是用羊、牛等兽类角做的弯角号，信号类响器；"笛"Halil 由空心芦杆制成的，多用于酒宴等非正式场合；"号"或"喇叭"（天主教牧灵圣经译本）Hazozerah，圣殿祭司用具；"萧"'Ugab 是竖吹的一种管乐器，用于非宗教场合。

　　打击乐类："铃铛"Pa'amonim 挂在祭司袍子上的小铃铛，现在仍被很多基督宗教派别使用；"鼓"Tof 由女性使用，是一种铃鼓或小手鼓。另外，在古埃及考古和埃塞俄比亚东正教堂古老的圣像画中，有铜鼓和串铃（铜制马蹄形叉铃）。它们现在依然被使用在埃塞俄比亚科普特教会的崇拜中；"钹"Tziltzelim、Metziltayim 铜制，有希伯来式也有埃及式的，用于圣殿礼拜仪式；"磬""锣"Mena'anim 一种嘎嘎作响的玩具类音响器，或是古埃及的串铃。

　　人们用这些乐器进行心理治疗和驱魔"从神那里来的恶魔临到扫罗身上的时候，大卫就拿琴用手而弹，扫罗便舒畅爽快，恶魔离开了他"；[10]用它们载歌载舞来欢庆胜利"大卫打死了那非利士人，同众人回来的时候，妇女们从以色

---

10 《圣经·旧约·撒母耳记上》第 16 章，第 23 节。

列各城出来，欢欢喜喜，打鼓击磬，唱歌跳舞，迎接扫罗王。众妇女舞蹈唱和，说'扫罗杀死千千，大卫杀死万万'"[11]；用有规模的乐队用来传递君王的好大喜功：巴比伦王尼布甲尼撒为自己造了一个金制偶像，要求所有的人民都要朝拜。"你们一听见角、笛、琵琶、琴、瑟、笙和各样乐器的声音，就当俯伏敬拜尼布甲尼撒王所立的金像。凡不俯伏敬拜的，必立时扔在烈火的窑中…"[12]这里，乐队作为辅佐典礼的部分，在王的命令下将所有乐器一起奏响。音乐如同信号般提醒民众下跪朝拜偶像，君王个人形象在声音的烘托下被神化。

不过旧约中的乐器主要用来歌颂上帝，单独的乐器和集体的乐队都可使用。大卫王和他的儿子所罗门王执政时期，都建立了用于崇拜的大型乐队。其成员都是有音乐天分被选上并受过严格训练的利未人专职音乐家，相当于祭司的身份。最多时总数达 288 人，所有人分工明确，由亚萨、希幔、耶杜顿三位乐师指挥或作曲。[13]当规模宏大的声乐歌唱、器乐演奏和舞蹈开始崇拜"那时，耶和华的殿有云充满，甚至祭司不能站立供职，因为耶和华的荣光充满了神的殿。"[14]

那么多乐器和歌声同时响起，当然需要音乐的提示：用什么调演唱（奏），什么时候停顿等诸如此类的音乐术语，大量存在于旧约诗篇中。如诗篇第 6章、第 12 章题记"大卫的诗，交于伶长，用丝弦的乐器，调用第八"："交于伶长"（其他的题记还注明交于利未各支派的伶长：如亚萨、可拉等）可能是指这些诗歌选自不同唱诗班收集的曲谱，"用丝弦的乐器"是很多首诗歌都标明的伴奏方式，"调用第八"也许是用八弦的乐器或是音调名称。其他，如"金诗、向耶和华唱的流离歌、爱慕歌…"也许是诗歌或者音乐的结构。"调用朝鹿、调用女音、爱慕歌调用百合花、调用麻哈拉、调用远方无声鸽、调用休要毁坏…"也许是音调名称、配乐指导或表情术语，也有可能是如何在圣殿礼仪中使用诗歌的附注。"细拉"一词在诗篇中出现超过 70 次，通常它被译成"休止"。意思可能是提示乐师或会众提高音量，或是暂停奏乐，或是会众在崇拜时做出的某些动作（如在赞美上帝时俯伏于地）等。这些音乐术语大多晦涩难懂，我们并不清楚它们的真正意思。

11　《圣经·旧约·撒母耳记上》第 18 章，第 6-7 节。

12　《圣经·旧约·但以理书》第 3 章，第 5-7、10 节。

13　《圣经·旧约·历代志上》第 25 章，第 1-8 节。《圣经·旧约·历代志下》第 5 章，第 12 节。

14　《圣经·旧约·历代志下》第 5 章，第 14 节。

三、《圣经》中的音乐活动

在《圣经》中可以看到：旧约时代充满了以音乐、诗歌和乐器来敬拜赞美上帝的例子，不过所记述的音乐活动不仅仅限于宗教礼仪。到了新约时期，具体的音乐活动则很难在经文中看到，话语的教导成为重点：使徒保罗劝导信徒要用诗章、颂词、灵歌来赞美歌颂上帝。

1、崇拜中的音乐活动

教会音乐为宗教崇拜服务，它该如何在礼仪中使用是长久以来争论的问题。《圣经》中的音乐与崇拜，为后来教会音乐的发展提供了依据和基础。据其中记述崇拜场所的不同，形成了风格各异的模式。

（1）旧约之会幕式崇拜

旧约记述，上帝和人的关系之约藉着献祭礼仪来确立。摩西带领以色列民逃离埃及，上帝解救了他们，并在西乃山上与之立约。以色列人接受此约同意顺服和敬拜，从此成为上帝的子民，耶和华就晓谕摩西建造一个可移动的帐幕（会幕）做崇拜之用。"出埃及事件"从这时开始成为以色列人崇拜的中心，一直到今天。

出埃及记中详细介绍了会幕的制作过程。这个场所归上帝专用，人们必须藉着祭司才能接近神。因为旧约记述，人不能也无法面对面地站在上帝面前。摩西的哥哥利未人亚伦是犹太教第一任大祭司，他在会幕工作时外人不得进入观看，否则会有生命危险。当祭司进入或离开圣所时，祭袍上的铃铛行走发出声音使他不至于死去，百姓也就知道他还活着。

经文说明祭司作为中介代表人来到上帝面前，以色列人和上帝之关系核心的表达是在会幕里以特定的场景来完成献祭，这意味着他们用这种方式与上帝接近。献祭仪式成为旧约崇拜的中心：开始的时候献祭的人首先洁净自己，合乎礼仪要求。第二步将祭物带到会幕前由祭司收取，并带领献祭者到会幕外院的燔祭坛前。在认罪、祷告或赞美之后，献祭者割开祭品动物的喉管，祭司收集血液并将动物去皮、分块，再把它们放在祭坛上燃烧。这时，献祭者以祷告、唱咏、静默或礼仪唱颂回应。当祭物烧完后，祭司以祝福和祷告告别献祭者（不同的祭礼有不同的内容和要求）。在这种献动物祭为核心的崇拜中，音乐作为高度程式化内容的一部分发挥着礼仪性的功用。

（2）旧约之大卫式崇拜

大卫王统治时期音乐在希伯来人生活中占有很重要的地位，被指定在圣殿进行音乐事奉的利未族民有上千人。[15]大卫选用音乐家的目的是要他们作先知，先知是把上帝的话语传达给民众的人。所以这些利未人受先知的教育，有严格的管理和训练。希伯来人视祭司和世袭的利未族音乐家地位相同。

大卫王把约柜运到耶路撒冷时，摩西的会幕已迁到基遍。他就在耶路撒冷设立了一个敬拜上帝的中心，这也是一个帐幕是大卫的会幕。这位爱好音乐和信仰敬虔的犹太君王，带来完全不同与会幕式风格的崇拜：自发而自由、狂喜而热烈、音乐舞蹈和拍手叫喊充满其中。然而这一切被大卫的妻子米甲所看不起，她讥讽一国之君的丈夫像仆人一样，脱下君王之服穿上细麻布的以弗得（祭司的服饰），在民众面前狂热跳舞。[16]我们发现，大卫的敬拜并没有献上公牛和羔羊的祭物，赞美和感恩代替了牲祭。但在会幕式崇拜中那位让人敬畏战兢的上帝，却仍然接受这一切。

基督信仰的崇拜一样不用献动物的祭，虽然献祭也是新约崇拜的中心，但与旧约不同的是唯一的替罪羔羊是耶稣自己，他一次性永久有效地完成赎罪祭。所以基督信徒藉着圣餐的饼和杯，纪念耶稣为人类所作的牺牲，用嘴唇和生命献上赞美和感恩的祭。难怪有些学者会认为大卫式崇拜预表基督宗教的崇拜，"赞美和感恩的祭"这个教义直接引发基督宗教成为歌唱的宗教。

Richard Leonard 在《基督教崇拜的圣经基础》（The Biblical Foundations of Christian Worship）中指出，大卫式崇拜可能有以下程序：进圣所唱[上行之诗][17]、宣召、列队、上行、进入、赞美、预备迎见神、重新立约等。[18]

（3）旧约之所罗门圣殿式崇拜

"当为我造圣殿，使我可以住在他们中间。"[19]以色列民敬拜的无限之上帝，要他的子民在这个有限的空间里纪念他和他的作为。所罗门王在公元前

15　《圣经·旧约·历代志上》第 9 章，第 33 节、第 15 章、第 16 章、第 23 章、第 25 章。

16　《圣经·旧约·撒母耳记下》第 6 章，第 14-23 节。

17　《圣经·旧约·诗篇》第 120-134 篇。

18　[美]韦伯，孙宝玲译《哈利路亚崇拜系列一全心敬拜——崇拜的圣经基础》，香港，浸信会神学院，2003 年，第 73-74 页。

19　《圣经·旧约·出埃及记》第 25 章，第 8 节。

968 年建成圣殿，庆祝落成的崇拜典礼声势浩大。像他的父亲大卫王一样，音乐活动被有条理地规划着[20]：庞大的乐队组"敲钹、鼓瑟、弹琴，同着他们有120 个祭司吹号"和歌唱组"歌唱的利未人亚萨、希幔、耶杜顿，和他们的众子众弟兄，都穿细麻布衣服，站在坛的东边"，所有"吹号的、歌唱的，都一齐发声，声合为一，赞美感谢耶和华"。"那时，耶和华的殿有云充满，甚至祭司不能站立供职，因为耶和华的荣光充满了神的殿。"[21]

古代民族有在各自居住地建立崇拜圣所的习惯，《圣经》中也有很多记载。当所罗门建造这个辉煌的圣殿后，很快吸引各地民众到耶路撒冷朝拜，因为地方圣所的建筑规模和崇拜阵容无法与所罗门圣殿相比拟。这一点对这位足够智慧的君王来说，宗教和政治上的双赢足以创建一个辉煌的时代。

所罗门和大卫一样喜爱音乐和诗歌，[22]或许他设立的圣殿音乐事奉比他父亲的更复杂和精巧，[23]音乐传统被牢固地建立。所罗门之后的很多年，音乐继续在犹太人生活里担任很重要的部分。歌手和号手在生活中的每个阶段都发挥他们的贡献，甚至为战争赢得胜利。[24]以色列人在节期里上圣殿崇拜来纪念上帝，其中安息日和逾越节最为重要，另外还有一些庆祝收成的日子。不过这些农业节日与以色列历史大事相关，也用来纪念上帝的作为。

圣殿崇拜中音乐赞颂是诗班的职责，会众并不参与。他们主要是聆听，并以"哈利路亚""阿门"或诗篇来回应。这些形式一直延续到今天的犹太教和基督宗教很多教派中。当以色列人过分注重那些形式时，敬拜开始从面对上帝的慢慢演变成对人的，圣殿式崇拜逐渐消败。阿摩司书中记述，先知警告说上帝不喜悦这一切"我厌恶你们的节期，也不喜悦你们的严肃会。你们虽然向我献燔祭和素祭，我却不悦纳，也不顾你们用肥畜献的平安祭。要使你们歌唱的声音远离我；因为我不听你们弹琴的声响。"[25]这时的以色列民已不记得为什么崇拜和献祭，只是"弹琴鼓瑟唱消闲的歌曲，为自己制造乐器，如同大卫所造的。以大碗喝酒，用上等的油抹身，却不为约瑟的苦难担

20　《圣经·旧约·历代志上》第 5 章，第 7 节。

21　《圣经·旧约·历代志上》第 5 章，第 13-14 节。

22　《圣经·旧约·列王志上》第 4 章，第 32 节；《圣经·旧约·传道书》第 2 章，第8 节。

23　《圣经·旧约·历代志上》第 8 章，第 14 节。

24　《圣经·旧约·历代志下》第 13 章，第 12 节；第 20 章，第 19-21 节。

25　《圣经·旧约·阿摩司书》第 5 章，第 21-23 节。

忧。所以这些人必在被掳的人中首先被掳，舒身的人荒宴之乐必消灭了！"
[26]圣殿式崇拜记号和象征的宗教意义是表达上帝的临在，当外在形式替代了
内在意义，整个内容就会衰败甚至消亡。后来罗马天主教会的礼仪和音乐也
遇到同样的问题。

（4）两约之间的犹太会堂式崇拜

会堂式崇拜可能是从耶路撒冷城和圣殿被毁（公元前 6 世纪）开始慢慢
形成的，犹太会堂是新旧约之间的产物。由于在历史中圣殿几次被毁，分散
在各处的犹太人就自己聚集起来敬拜，其实会堂本身的意思就是聚集的地方。

在圣殿式崇拜里，献祭和诵读上帝的话语是仪式的核心。建立在这个基
础上的会堂式崇拜，由于没有祭坛，献动物和物品的祭礼就由"赞美与祈求
的祭"来替代。所有仪式和祭司制度都不复存在，诵读讲解上帝的话语成为
会堂式崇拜的重点。音乐被用来吟咏经文、诗篇等，并且不使用乐器，因为
它们多用在献祭仪式中。

韦伯（Robert E.Webber）在《认古识今：崇拜》（Worship Old And New）
[27]一书中说明，会堂的崇拜模式包括认信、祷告和读经。认信是诵读"示玛"
（Shema），示玛分为三部分，每部分内容都来自旧约申命记。祷告是站立背
诵一套祷文"特库拉"（Tefillah），分为赞美上帝、会众集体祈求和结束祷告
三部分。读经是最为重视的部分，每一个犹太人都有责任熟读"妥拉"，并
教导下一代遵守。韦伯特别指出，这是一个与众不同的革新理念。因为经训
传统在其他宗教里，只有僧侣或圣职阶级才有资格学习，而犹太教却公开学
习并全族遵循，这就是犹太人保存传统文化公开的秘密。对比中世纪罗马天
主教会，在长期对圣经拥有、阅读和解释权的垄断下，教义和礼仪体制已经
僵硬并驱向神秘和权威化，最终导致宗教改革破除这一迷信。

犹太人渴求保存和宣讲上帝的话语，在诵读"妥拉"之后就是讲道即解
释经文及其应用。赫士德列出会堂崇拜的程序："经文诵读（妥拉）——训
诫，讨论——诗篇吟唱——圣哉经（The Kedusha）[28]——祷告（The Yotzer 和
The Ahabah，强调上帝创造的作为及他对百姓的爱；以 '听啊，以色列，主我
们的神是独一的'即"示玛"结束，作为信心的告白和美好的祝福。）——

---

26 《圣经·旧约·阿摩司书》第 6 章，第 5-7 节。

27 [美]韦伯，何李颖芬译《认古识今：崇拜》，香港，宣道出版社，2000 年。

28 《圣经·旧约·以赛亚书》第 6 章，第 3 节。

18首祝福（Berakah，赞美祈求物质与属灵的祝福并为他人代求，同声以'阿门'结束。）"[29]

崇拜时的经文、诗篇和祝福由一、两位领唱或独唱者吟咏，会众也有可能参与。会堂音乐的风格或许与圣殿中的音乐相似，只是在会堂中聚会以会众参与为主，所有人都可能一起吟咏和唱颂，没有圣殿中音乐祭司的区分。基督信仰者们吸收了这些传统，并以唱诗班扩延了整个模式。今天的犹太人虽然完成复国心愿不再有奴役之苦，但依旧分散在世界各地。即便如此，在所有的家庭聚会和会堂崇拜中，犹太的子孙仍然和远古的祖先们吟咏同样的颂歌。

（5）新约的崇拜

刚开始人们把基督信仰当成犹太教的分支，慢慢他们发现这是一个新兴的宗教。新约中描述耶稣说"莫想我来要废掉律法和先知；我来不是要废掉，乃是要成全。我实在告诉你们，就是到天地都废去了，律法的一点一画也不能废去，都要成全。"[30]这段有代表意义的话显明：新兴的基督信仰不是一个全新的概念，它在犹太教基础上揭露传统宗教的缺陷并一路发展起来，新约解释了该宗教是在扩展和成就犹太教。耶稣的天国福音，不仅对犹太本族甚至还对外邦人宣讲（犹太人把非本族者称为外邦人）。"上帝的选民"犹太人至今无法接受基督宗教，因为这个特殊身份不再是他们独自拥有。

新约四福音书表明耶稣不反对旧约式崇拜，但终止了犹太人对祭礼的迷信，并明确旧约崇拜的礼仪指向自己。福音对象开始扩大到外邦人，这些最早的基督信徒有亚兰语系犹太人、希腊语系犹太人和外邦人。亚兰语系犹太人是叙利亚、巴勒斯坦地区闪族语系的信徒，他们的压力源于自己是犹太人却选择基督信仰，这造成他们在崇拜上认同犹太教模式却又有分别。亚兰语系犹太裔基督信徒不仅到圣殿敬拜也在家中敬拜，他们的崇拜不再是旧约献祭而以基督耶稣为中心。

希腊化犹太人的数目远超过亚兰语系巴勒斯坦地区犹太人，他们长期受希腊文化的影响荒废了希伯来文。旧约希腊文"七十士译本"的出现，满足了分散在世界各地犹太人的需要。大部分希腊化犹太人"就民族性而言，已经不

---

29 [美]赫士德，谢林芳兰译《当代圣乐与崇拜》，台北，校园书房出版社，2002年，第166页。

30 《圣经·新约·马太福音》第5章，第17节。

再是犹太人了，只是在宗教性上，他们还保留着犹太人的成分。但他们也不能算作希腊人，因为犹太教无法与其源自犹太律法的民族性分开。"[31]他们在不同的文化夹缝中艰难地生存，结果基督信仰成为不同文化之间解决冲突的方案。希腊语系犹太裔基督信徒在崇拜上较为彻底地摆脱了犹太教的联系，倾向于希腊文化方式。他们拒绝遵守犹太人的礼仪条规，并认为旧约祭礼所预表的已完全应验在基督耶稣身上，这一点是犹太教义与基督宗教义本质的不同。

外邦人得到福音是犹太人从未想到的。在使徒保罗写给歌林多教会的书信中，描述了外邦基督徒的崇拜情况。"弟兄们，这却怎样呢？你们聚会的时候，各人或有诗歌，或有教训，或有启示，或有方言，或有翻出来的话，凡事都当造就人。"[32]他们的崇拜是狂热、自由而又类别繁多的。

初期教会的崇拜没有固定模式，但可以知道犹太会堂的方式直接影响基督徒的崇拜礼仪。韦伯从新约中描绘出初期教会崇拜的图画：家里聚会、在七日的头一日聚集、唱诗、祷告、受教导、主餐、方言唱颂，解释方言，先知讲道、职事、团契崇拜、怜悯贫穷人、充满惊讶、敬畏和喜乐等。[33]

崇拜中的音乐在新约中很少提到，以弗所书和歌罗西书中，使徒保罗提及三种音乐形式：诗章、颂词和灵歌，它们都在崇拜中使用。大部分研究结果认为：诗章可能是旧约诗篇或模仿诗篇而写的诗歌，这是犹太会堂崇拜的传统；颂词（Hymn）可能是新创作的诗歌，在使徒保罗的书信中有许多首[34]。其内容论到基督，可能是一种新的唱颂形式，举例"基督之歌"：大哉！敬虔的奥秘，无人不以为然！就是神在肉身显现，被圣灵称义，被天使看见，被传于外邦，被世人信服，被接在荣耀里。[35]；灵歌的解释虽有争议但不能否认它是信徒有感而发的，其唱法很可能是以单音节多音装饰句（Melismatic）来延长最后一个音节，这种唱颂形式被称为"花腔"（Jubilus）如哈利路亚诗歌。奥古斯丁认为"这种诗歌实在是一种无词的狂喜之歌……表达满腔的喜

---

31 [美]罗德尼·斯塔克，黄剑波、高民贵译《基督教的兴起——一个社会学家对历史的再想》，上海，古籍出版社，2005 年，第 70 页。

32 《圣经·新约·哥林多前书》第 14 章，第 26 节。

33 [美]韦伯，孙宝玲译《哈利路亚崇拜系列一全心敬拜——崇拜的圣经基础》，香港，浸信会神学院，2003 年，第 98-99 页。

34 如《圣经·新约·腓利比书》第 2 章，第 5-11 节；《圣经·新约·约翰福音》第 1 章，第 1-14 节；《圣经·新约·歌罗西书》第 1 章，第 15-20 节等。

35 《圣经·新约·提摩太后书》第 3 章，第 16 节。

乐……。一个人在极端狂喜，用尽为人所了解的字眼之后，无词的喜乐之歌自然流露出来，因为那狂喜，往往无法用语言形容"[36]在教会音乐史上灵歌问题倍受争议，这种已被定义为自发性、狂喜的诗歌，如同圣俗界限问题一样困扰着关心教会发展的人们。

路加福音中有四首著名的赞美诗被归为大颂歌形式[37]（Great Canticles），它们是西方作曲家除诗篇之外最忠爱的宗教题材，也是除诗篇之外被基督信徒演唱最多的诗歌。这四首赞美诗是马利亚的"尊主颂"Magnificat[38]、"撒迦利亚颂"Benedictus[39]、天使的赞美诗"荣耀颂"Gloria In Excelsis Deo[40]、西缅颂 Nunc Dimittis[41]。另外，以犹太人传统启示文学形式写成的杰作——启示录中有多首著名的诗歌，欧洲传统合唱曲中有关描绘天堂的所有内容全包含在启示录里，亨德尔的清唱剧《弥赛亚》就收录了这些诗歌。

2、诗篇与以色列的崇拜

旧约诗篇是《圣经》中与音乐关系最为密切的篇章，共计 150 篇又名"大卫的诗篇"，这部以色列人的赞美诗集在犹太教和基督宗教崇拜中都极为重要。"诗篇"（英 Psalms）一词，是两个希腊文名称（Psalmoi, Psaltērion）翻译的拉丁文。其希腊文源自 Psállō"弹或哼",最早指弹奏拨弦乐器或乐器本身，后被用来形容歌曲或歌集。路加福音的作者使用了一个完整的希腊文名称"诗歌书"（Biblios Psalmon）[42]，而诗篇希伯来原文意为"颂歌"或"赞美之歌"，中文统一译成"诗篇"。

大部分及早期的诗歌被归为大卫王名下，原因是他喜好音乐并建立圣殿诗歌班。另有可拉、亚萨的诗一部分。还有较短的诗歌如"上行诗"以及"哈

---

36 [美]赫士德，谢林芳兰译《当代圣乐与崇拜》，台北，校园书房出版社，2002 年，第 173 页。

37 与大颂歌相区别的，是在犹太人崇拜中经常可以听到的小颂歌，出自旧约，是类似诗篇的诗歌：摩西的凯歌和米利暗之歌（出 15）摩西临终的祷告（申 32）哈拿的颂歌（撒上 2）哈巴古的颂歌（哈 3）以赛亚的颂歌（赛 26）约拿在大鱼腹中的祷告（拿 2）但以理的祷告（但 2）三个年轻人在火窑中赞美之歌（但 3）

38 《圣经·新约·路加福音》第 1 章，第 46-55 节。

39 《圣经·新约·路加福音》第 1 章，第 67-79 节。

40 《圣经·新约·路加福音》第 2 章，第 13-14 节。

41 《圣经·新约·路加福音》第 2 章，第 28-32 节。

42 《圣经·新约·路加福音》第 20 章，第 42 节。《圣经·新约·使徒行传》第 1 章，第 20 节。

利路亚"赞美诗。希伯来诗歌基本体裁是平行体，其结构音乐性很强有利于歌唱。诗篇的诗歌类型最普遍的是 Mizmôr（诗歌），在全篇中出现超过 50 次，代表一种有弦乐器伴奏的祭仪诗歌。另有 30 首称为 Sîr（歌曲），可能是与宗教无关的诗篇。

　　"在圣经形成之前，会堂习惯上会读一首诗篇，然后读一段五经…每部分的结束均有一首赞美诗…第 150 篇亦作为整卷诗篇总结性的赞美诗。"[43] 诗篇可能根据摩西五经方式分成五部分，这已经沿袭了两千多。按其内容和形式又可分为智慧诗、君王诗、哀歌、忏悔诗、赞美诗、哈利路亚诗、感恩诗、上行之诗等。

　　智慧诗是其内容形式有"智慧书卷"[44]的特征而得名；君王诗是按诗的主题和内容来辨认；哀歌在诗篇里有民族哀歌和个人哀歌。个人哀歌的结构包括：向上帝呼求、陈述哀苦、表明信靠、祈求帮助、最后结束时全部转变成赞美或欢呼。民族哀歌的结构与个人哀歌极为相似。忏悔诗与哀歌类似，但主题多围绕在认罪忏悔上。最具代表的是诗篇第 51 篇大卫王犯奸淫罪并借刀杀人被上帝惩戒的忏悔诗。

　　赞美诗是诗篇的核心，分为描述式赞美和宣告式赞美（感恩诗）。其中 113 篇到 118 篇被称为"Hallel"哈利尔诗（意为赞美的诗歌），是以色列人纪念上帝救赎在节期里所唱的诗歌。传统上，在逾越节的晚餐前先唱两首，饭后再唱其余四首。一般认为，这些诗歌很可能是主耶稣在最后的晚餐时所唱的诗歌。哈利路亚诗的"哈利路亚"一词，在旧约里只出现在诗篇中，是用在崇拜聚会的宣召词，中文译为"你们要赞美耶和华"。感恩诗类似现代信徒的见证分享。

　　上行之诗有 15 首，它的解释一直有争议。一是根据"上行"之意，认为是祭司在登上圣殿台阶时唱的诗歌，是崇拜的一部分。另一观点根据某节经文中的某一词句在下一节中被重复，其诗中的每一节都建立在前一节之上，而称为"上行之诗"。不过此特征并不存在于所有这类诗中。普遍认可第三种解释：以色列百姓"上耶路撒冷"（此城地势峻峭）朝拜时，沿途所唱的

---

43 [美]赖桑，马杰伟译《旧约综览》，加拿大，国际种籽出版社有限公司，1994 年，第 664 页。

44 智慧书卷：以色列人把口传、文字的格言与谚语收集成的书卷，多用诗歌体写成。包括约伯记、箴言、传道书。

诗歌。诗歌的体裁以问答形式写出，应答对唱十分适合。

古代犹太人很少能拥有圣经抄本，但能在崇拜中大量背诵诗篇。诗篇按其诗歌的结构大概有简易的诗、回应的诗、唱和的诗和连祷诗四种不同的模式。[45]

在没有圣殿也看不到利未人歌唱和献祭的情况下，今天的正统犹太教里仍保留自所罗门圣殿以来的传统：每天晨祷时，他们唱与圣殿时期同样的歌——每天不同的无伴奏的诗篇。"《犹太法典》开列了一张一周内每天演唱的诗篇名单：第一天第24篇；第二天第48篇；第三天第82篇；第四天第94篇；第五天第81篇；第六天第93篇；第七天第92篇"[46]每年庆祝"大卫的献殿"时，演唱诗篇第30篇。诗篇虽是以色列崇拜的必定内容，我们仍不能把它与各类别的节日活动[47]直接相对应，但犹太人运用诗篇的方式一定比我们所知道的更丰富灵活。

3、其他音乐活动

娱乐、劳动、爱情、哀歌、战争、凯旋等非宗教礼仪类音乐活动在旧约中也有记述。最著名的哀歌是大卫悼念扫罗和他的儿子约拿单所作惋惜英雄之歌[48]，以及文学经典——"流泪的先知"耶利米的哀歌，此书是犹太人在耶路撒冷和圣殿被毁[49]之后所做。从那时开始，传统上每年埃波月九日（七月中）为圣殿两次被毁哀哭，这段日子必定唱诵耶利米哀歌，罗马天主教在受难周最后时期也要诵读本书。

最优美的诗歌是恋爱抒情诗雅歌，其希伯来原文标题意为"歌中之歌"，题记有"所罗门的歌"字样，指最好最美丽且口唱的欢悦歌曲。"19世纪末，魏次坦的研究发现，叙利亚阿拉伯居民婚礼歌曲很像雅歌。韦约翰曾指出，雅歌与埃及的情诗有无数类似之处。"[50]它是属于民间文学内容、曾在民间长

---

45 [美]赫士德，谢林芳兰译《当代圣乐与崇拜》，台北，校园书房出版社，2002年，第161页。

46 [英]安德鲁·威尔逊-迪克森，毕韦、戴丹译《基督教音乐之旅》，上海，人民美术出版社，2002年，第18页。

47 以色列圣洁的日子和节期：新月、安息日、逾越节、七七节、埃波月九月、新月七日赎罪日、住棚节、Simhat Tora、献殿节、普珥日、安息年、禧年等。

48 《圣经·旧约·撒母耳记下》第1章，第17-27节。

49 圣殿被毁：公元前587年巴比伦王尼布甲尼撒摧毁所罗门的圣殿，公元70年罗马将军提多摧毁"第二圣殿"，公元135年圣殿被掳，犹太人抗议罗马人起义失败被逐离耶路撒冷，开始千年的大流散。

50 [美]狄拉德、朗文，刘良淑译《21世纪旧约导论》，台北，校园书房出版社，1999

期传唱的爱情歌曲集。

劳动的歌声如以色列人在旷野挖井得水所唱"井水之歌"，"或许已经成为游牧部落接近水源时的一种约定俗成的祷词了，但我们已经无法考证它的曲调。"[51]娱乐之音在旧约中多有记述，其中常有对贪享宴乐歌舞之人的警言。战争、凯旋等活动更是在人类历史上少不了音乐伴随。

结　语

《圣经》最主要的音乐内容是崇拜上帝：从在会幕里献祭唱诗到建立圣殿有专职诗班乐队敬拜，从聚集在各地的犹太会堂里吟咏诗篇到基督徒们用诗章、颂词和灵歌来赞美，音乐与崇拜的模式表现出正式、专业化与自由、非形式化两大区别。自由非形式化模式以大卫式崇拜为代表，是教会崇拜和音乐史上自由风格之源；正式并职业化模式以圣殿式崇拜为代表，成为保守派教会的千年礼仪传统。

西方罗马天主教的传统虽遭到宗教改革的强大冲击却并没有重大改变，而东方的正教一直到今天还基本保留从早期教会延续下来的礼仪。新教曾试图瓦解罗马的一切传统，宗教改革分裂一统教会打开运动之门的行为，导致音乐形式与风格随教会一起门派林立、纷繁复杂。据统计，上世纪"全世界新教共有 91 个宗派，19524 个独立的教会团体"。[52]不同教派的神学思想指引各自的音乐与崇拜风格呈向多元化和世俗化，大部分派别都拥有自己的一套诗歌且很少借鉴其他宗派的。它们大致分为古礼仪教会（东正教和天主教）和自由教会（新教多个教派）传统的崇拜，其模式仍是上述的两大区别。

古礼仪教会之东正教崇拜将信仰视像化，力图建造一个像在天上崇拜的地方；天主教礼仪的核心—弥撒是高度戏剧化的崇拜。自由教会各宗派均反对礼仪，17、18 世纪的崇拜以"教导"为主，到了 19 世纪崇拜以"福音"为主，音乐就根据崇拜内容的调整而变化。强调灵命复兴的 20 世纪灵恩运动和敬拜赞美传统[53]，以不拘形式、热情奔放的风格与旧约大卫式崇拜相接近，这

年，第 316 页。

51 [英]安德鲁·威尔逊-迪克森，毕韦、戴丹译《基督教音乐之旅》，上海，人民美术出版社，2002 年，第 14 页。

52 于可主编，《当代基督新教》，北京，东方出版社，1997 年，第 91 页。

53 灵恩运动和敬拜赞美传统："灵恩"（charismatic）指基督教一种强烈的体验方式，它强调基督徒生活中圣灵的降临与大能。这个运动被认为有很长的历史渊源，

股流行之风席卷教会吸引大批年轻人入教并迅速提升信徒们的热情度。而古礼仪教会和新教英国圣公会以他们的保守作风延续了圣殿式崇拜高度程式化的神圣传统。"日光之下，并无新事"[54]，两千多年的教会音乐与崇拜在这样的两端模式中徘徊着，今日传统教会和当代教会的崇拜是更加趋向两极化。人们能实否现兼容并蓄的理想？相信采纳《圣经》中早期教会音乐与崇拜的原则会对此现象引发的争议很有帮助。

不过现在，风格类型相异的教会对圣乐的看法似乎越来越靠拢：只要有人欣赏，任何风格的音乐都可进入教会，它们仅在安排上有所差别。过去反映宇宙和谐的音乐已变成情感的表达和娱乐，崇拜的核心从认识神到经历神。传统圣诗、福音歌曲、黑人灵歌、音乐圣剧、摇滚赞美、民谣弥撒、舞台乐队（有钢琴或合成器、吉他、鼓）、多媒体唱诗等，流行音乐作为传达个人情感的最佳手段在教会里也无孔不入。今日历史最为悠久的教会无论是否重视礼仪，都渐渐没落。在多元文化大大丰富我们对圣乐与崇拜的认识理解的同时，也使它们"陷入了没有积淀、定论和标准的混乱景况，并且这种多元解读的随意性最终解构了阐释行为的道德责任"[55]。这样，教会音乐何以立足而更新呢？拨开一切云彩遮蔽的表象探寻其本源之初——《圣经》，可以"见得穹苍的光亮"。[56]

20世纪60年代以美国为主对基督教主流教派产生影响。敬拜赞美传统源自灵恩运动，"敬拜"一词指做礼拜，"赞美"指礼拜中对上帝的赞颂。今天两词合一变成一个专有名词，它指礼拜前长时间唱"短歌"暖身，然后再开始礼拜。多采用流行音乐风格或19世纪以后福音诗歌类的曲调。

54 《圣经·旧约·传道书》第1章，第9节。

55 刘意青《〈圣经〉的文学阐释——理论与实践》，北京，北京大学出版社，2004年，第128页。

56 《圣经·旧约·约伯记》第37章，第21节。

贰、路加福音中的四首大颂歌

音乐作为最为抽象的艺术门类，在人类文化中被赋予了高尚的地位。对于它所带来的精神娱悦和社会教化，宗教和哲学界最为敏感。基督宗教源自于东方，兴盛于西方，在数千年的宗教发展中，手眼不能触及的音乐艺术陪伴着人类情感在信仰的虔诚与失落之间跌宕起伏。从备受迫害的信徒在罗马幽暗的地下坟墓里吟唱犹太诗篇，到全民皆信的人群在高耸云尖的哥特式教堂内听颂圣咏；从参礼人在香烟缭绕的祝福中观望神秘肃穆的弥撒圣事，到会众们在简约返璞的圣堂中全体赞美唱诗的主日礼拜；从端庄崇敬的神圣之乐到平易亲和的福音之歌，基督宗教和音乐艺术之间互予滋养、不可或缺。

当阳光穿过宏伟高筑的石头围墙透洒出玫瑰花窗的瑰丽晶莹，回响于教堂钟楼的中世纪颂神赞歌在世俗与神圣的徘徊之间成为欧洲艺术音乐的起源，它正是基于基督精神的教会音乐土壤中长成参天树木。渴慕天堂的永生期盼和逃避炼狱的恐惧战兢使名垂千古或默默无闻的中世纪艺术家服务于罗马天主教会有了恒久的动力，他们为弥撒和日课这两大礼仪形式所创作的作品如泉源般滋养着欧洲的艺术花园。弥撒是圣餐礼拜的仪式，日课是定时祈祷的聚会，生活在那个时代的人们都会带着属于自己的虔诚或迷信、信仰或教条浸淫在宗教仪式中，这便是中世纪生活的一部分。

承袭于犹太人的传统，圣经旧约全书中的《诗篇》成为教会音乐家和信徒们的最爱，它在圣经文本中被最多地用来进行音乐创作。除此之外，有一些著名的大颂歌（圣歌）也是历时历代作曲家频繁谱写的体裁和信徒们最常颂唱的诗歌。圣经新约全书四福音书第三卷之《路加福音》中有五首诗歌：以利沙伯之歌、（圣母）尊主颂、撒迦利亚颂、荣归主颂和西缅颂。其中以利沙伯之歌的第一句[1]和天使问候玛利亚的话[2]以及16世纪教会附加的一些祈祷文构成了现在天主教仪文中的圣母经祈祷经文，《圣母颂》这种音乐体裁即取词于圣母经，舒伯特、古诺等人的谱曲使其成为千古佳作。路加福音中其它的四首诗歌被称为大颂歌，尊主颂、撒迦利亚颂和西缅颂用于中世纪天主教礼仪之日课经中不同的祈祷时间，荣归主颂用于弥撒礼仪中常规弥撒曲名《荣耀经》。

弥撒是天主教仪式中最重要的礼仪形式，也称为感恩祭，是纪念性地重现源于圣经中记载之耶稣的最后的晚餐及十字架的受难，目的是献上感恩、崇敬、祈求与赎罪，教会主要的信仰活动都围绕着弥撒进行。仪式中所用的音乐称为弥撒曲，8世纪大礼弥撒的基本形式与核心曲目基本定型，歌词固定的常规弥撒音乐有五部分：慈悲经、荣耀经、信经、圣哉经和羔羊经，西方复调音乐在此基础上逐渐发展出来。这些分散在常规弥撒中的音乐部分开始只是唱颂一些形式简单朴素的圣咏素歌，逐渐地就有了统一的趋向即弥撒套曲形式的出现，至14世纪60年代，在巴黎圣母院工作的法国"新艺术"代表作曲家纪尧姆·德·马肖创作出第一部完整的弥撒套曲四声部的《圣母弥撒》，此后，复调常规弥撒套曲成为欧洲规格最大并最为重要的艺术音乐形式。

慈悲经和荣耀经的来源与传承是弥撒曲中最古老的，慈悲经 kyrie Eleison（天主怜悯）"这句呼唤起源于前基督教时代的东方，曾用于异教礼仪中的太阳神颂赞"[3]，荣耀经/颂[4]即路加福音的《荣归主颂》"在至高之处荣耀归与神，在地上平安归与他所喜悦的人。"[5]是天使天军向野地里的牧羊人报告耶稣降生的喜讯所颂唱的诗歌。它的使用可追溯至公元3世纪甚至1世纪，源于非常古老的希腊文圣经译本经文，描述了在耶稣降生时天使所颂唱的诗歌，教皇史密高（Symmachus 498-514年）首先将它纳入每个礼拜天和纪念殉道士的崇拜中。当弥撒礼仪从慈悲经进行到荣耀经的时候，它的仪文实际长度是在上述的那一句话中穿插了很多重复性的词语，比如"主啊！求你！"

1　《圣经·新约·路加福音》第1章，第42节。

2　《圣经·新约·路加福音》第1章，第28节。

3　[美]保罗·亨利·朗、顾连理等译《西方文明中的音乐》，贵阳，贵州人民出版社，2001年，第37页。

4　荣耀颂与赞美颂合称为"大荣耀颂"（Great Doxology），以区别后来出现的"小荣耀颂"（歌词为"愿荣耀归于圣父"，用于诗篇颂唱的结尾。）

5　荣耀经拉丁文首句：Gloria In Excelsis Deo，天主教牧灵圣经译本"天主受享光荣于天；主爱的人在世享平安。"

等等，从而形成了音节式吟诵的散文结构。[6]歌词内容不能有更改，由神父或主祭起调演唱，第二句由唱诗班应和进入。今天，这首颂歌由全体会众或唱诗班歌唱，也可以由会众与唱诗班应答对唱，如果不唱荣耀经则由全体一起诵读或将会众分成两部分启应诵读。在天主教的礼仪中，除了将临期和四旬期的其余所有宗教节期都要颂唱荣耀经。到了巴洛克时期以后的作曲家也为虽然为教堂音乐谱写了大量优秀作品，但已经不严格按照礼仪的规格来进行创作。东正教的拜占庭教会也唱颂荣耀经，比起天主教的拉丁文经节内容更多，其唱颂结束于三圣颂（Trisagion），但它并不使用在东正教所有教派的圣餐礼仪中。新教教派中注重礼仪的圣公会将英语的荣耀经列为圣餐仪式的一部分。

　　尊主颂、撒迦利亚颂和西缅颂这三首大颂歌用于日课经中，日课是除弥撒之外最重要的天主教礼仪，但它只是教会神职人员的每日功课，普通的信众可以不参与其中。约公元 530 年左右，隐修团体的圣本笃会规出炉，其中将一天 24 小时分为八次祈祷，这就是日课程序的来源。它的意义旨在于，人们通过一天的时间祈祷、读经和工作来思考一生的生命意义，用每天的心灵默想、唱诗读经和祈祷聆听对上主的呼唤进行回应。每天八次的日课分为晨祷、早祷、早课、第三时课、第六时课、第九时课、晚祷和夜课。晨祷是守夜的祈祷，约在午夜 2、3 点钟进行，共持续两三个小时，是在黑暗中对黎明之光（寓意：耶稣是光－生命之源）的期盼，颂唱应答圣歌、交替圣歌、小荣耀经和诗篇歌。早祷为赞美之歌，开始于日出黎明时分并持续三刻钟，颂唱大颂歌之撒迦利亚颂。六点的早课开启了工作的始端，祈祷全天的祝福。九点

6　天主教台湾教区《主日感恩祭典》的荣耀经中文版添加很多词：天主在天受光荣，主爱的人在世享平安。主、天主、天上的君王，全能的天主圣父，我们为了你无上的光荣，赞美你、称颂你、朝拜你、显扬你、感谢你。主、耶稣基督、独生子；主、天主、天主的羔羊，圣父之子；除免世罪者，求你垂怜我们。除免世罪者，求你俯听我们的祈祷。坐在圣父之右者，求你垂怜我们；因为只有你是圣的，只有你是主，只有你是至高无上的。耶稣基督，你和圣神，同享天主圣父的光荣。亚孟。比较礼仪形式最接近天主教的新教教派之圣公会的仪文，香港圣公会 2000年重印之《圣餐崇拜礼文（第二式）》荣耀颂：惟愿在至高之处，荣耀归于上帝，在地上平安归祂于子民。主上帝，天上的王，全能上帝圣父，我们敬拜你，感谢你，为你荣耀称颂你。主耶稣基督，圣父独生圣子，主上帝，主上帝的羔羊，除掉世人之罪的主：怜悯我们；坐在圣父右边的主：应允我们祷告。因为只有基督是圣，只有基督是主，只有耶稣基督和圣灵，在上帝圣父荣耀在荣耀里，同为至上。阿们。

的第三时课祈祷请求圣灵降临并增强一天的工作力量，接着弥撒礼仪开始纪念耶稣所做的一切。到了正午时分人们会处于困乏和疲劳的状态，第六时课的午时经就祈求重新得力量并不要陷于诱惑之中。下午三点的第九时课时一天的工作和心灵之旅即将完成，也要面对黄昏的渐暗（寓意：生命的终了），祈求坚守忍耐的心志。黄昏六时，献上晚祷的感恩赞美，颂唱大颂歌之尊主颂。就寝前的夜课颂唱大颂歌之西缅颂和四首圣母玛利亚交替圣歌其中的一首，以祈求上主之爱在黑暗里的庇护和睡眠中的平安。每一次的日课经都要吟诵诗篇、颂唱应答圣歌和赞美诗或短诗及诵读，早祷和晚祷需各吟诵诗篇歌五首，每周要将 150 篇诗篇歌全部吟诵一遍。就音乐的角度来说，日课经中最重要的部分是晨祷、早祷和晚祷。

尊主颂因首句"我心尊主为大"（拉丁文 Magnificat）得名，亦称圣母颂歌/圣母尊主颂/玛利亚之歌，与旧约全书撒母耳记上 2 章 1-10 节哈拿的颂歌类似。经文描写了玛利亚从圣灵怀孕后访问她的表姐以利沙伯时，以利沙伯受感动为她所做祝福之歌，玛利亚对此的回应即是被后人称为"尊主颂"的诗歌。全篇除头尾两句，从第二节开始全部引用旧约中的经文。47 节"我灵以神我的救主为乐"[7]，48 节"因为祂顾念祂使女的卑微；从今以后，万代要称我有福"[8]，49 节"那有权能的为我成就了大事；祂的名为圣。"[9]，50 节"祂怜悯敬畏祂的人，直到世世代代"[10]，51 节"祂用膀臂施展大能；那狂傲的人，正心里妄想，就被祂赶散了"[11]，52 节"祂叫有权柄的失位，叫卑贱的升高"[12]，53 节"叫饥饿的得饱美食，叫富足的空手回去"[13]，54 节"祂扶助了祂的仆人以色列"[14]。尊主颂用于日课经中的晚祷结束部分，颂唱玛利亚的喜悦表达对上主赐福的感恩和一天救恩的回应。天主教仪式中用格里高利圣咏演唱，英国圣公会用安立甘圣咏颂唱，不过仍有大量为之配乐的教堂和音乐会作品。路德宗新教徒巴赫谱写的两首尊主颂很著名，归类于他为数

---

7 《圣经·旧约·以赛亚书》第 61 章，第 10 节。

8 《圣经·旧约·撒母耳记上》第 1 章，第 11 节。

9 《圣经·旧约·诗篇》第 126 章，第 3 节。

10 《圣经·旧约·诗篇》第 103 章，第 17 节。

11 《圣经·旧约·诗篇》第 89 章，第 10 节。

12 《圣经·旧约·约伯记》第 5 章，第 11 节。

13 《圣经·旧约·诗篇》第 107 章，第 9 节。

14 《圣经·旧约·诗篇》第 98 章，第 3 节。

不多的天主教拉丁文歌词的乐曲。[15]巴赫 1723 年谱写的作品 BWV243a 里另有添加四首赞美诗，至 1732 年创作的 BWV243 尊主颂是根据前一首所改编，将原先增加的四首诗歌摘除。

撒迦利亚颂（Canticle of Zachary）首句为"主以色列的神是应当称颂的"，是犹太老祭司撒迦利亚在为上主赐福之子即将来的先知施洗约翰施行洗礼、割礼并命名时吟诵的一段意味深长的赞美诗。他称谢上主为以色列人行了大事，兴起了救主耶稣基督；吩咐婴孩约翰作主的前驱，为他的到来预备道路。文中也大量引用旧约经文，是一段预言性的诗歌，用于罗马天主教会的每日早祷。早祷时刻是太阳升起之时，黑暗已过，代表耶稣、万物以及人们内心的复活，对光明的喜悦在撒迦利亚颂的颂赞声中达到早祷的高潮。

西缅颂（Nunc Dimitti /The Canticle of Simeon）描述年老的西缅临终前站在耶路撒冷圣殿，怀抱犹太人历代以来期盼的救主弥赛亚所唱出的由衷赞美和欣慰之歌，这是关于耶稣降生之系列诗歌中的最后一首。西缅说"主啊，如今可以照你的话，释放仆人安然去世……"仪文用于罗马天主教的夜课经，藉西缅的颂歌和附加其后的圣母玛利亚交替圣歌交付全天的完结和灵魂的终了。每逢大斋期的周四耶稣受难节前夕和诸神节前夕的就寝前必须唱颂，新教加尔文派在圣餐礼毕时规定颂唱。

路加福音的作者路加本人既是医生也是诗人，福音书中的一半诗歌出自他的手笔。从以利沙伯之歌到西缅颂一连串歌颂耶稣降生的诗歌，层层寓意篇篇关联，是为新约圣经中最美的歌篇。当尊主颂、撒迦利亚颂和西缅颂这三首大颂歌被纳入罗马礼仪中的日课祈祷程序中，作为只有数余行的短诗却立即获得了与旧约 150 篇诗篇歌相等的地位，每日被诵读或吟唱或歌诗，直至 20 世纪 60 年代梵蒂冈第二届大公会议文献之礼仪宪章所拟定的修订删改后的日课章程中，这些颂歌仍然被保留，在礼仪中它们以圣咏的形式展现，历代作曲家为之配乐使这些大颂歌犹如珍珠一般散落在西方音乐的精品佳作中。

---

15 路德宗也称信义宗，马丁路德改革的新教。除英国圣公会之外，路德宗与其它新教教派的不同之处在于它最大程度地保留了天主教礼仪传统，所以巴赫会为天主教的拉丁文歌词所谱曲就可以理解，其它教派为避免圣母玛利亚的崇拜较少使用尊主颂。

叁、圣言的歌唱——格里高利圣咏音乐及礼仪观的变迁

高深伟岸的哥特式教堂、幽静飘渺的格里高利圣咏、和谐多声的复调音乐以及神秘华丽的宗教仪式，是长达一千年左右的欧洲中世纪文艺的瑰宝。格里高利圣咏是欧洲艺术音乐的源头，记谱法、音乐理论、复调音乐、音乐学校等的兴起与发展都基于高度发展的教堂音乐河流。在那个时代，教堂音乐几乎占据整个社会音乐的主体，如同宗教信仰与每个平民贵胄息息相关一般。在数千年的天主教历史中，音乐与礼仪紧密相连，并为礼仪服务的宗旨从未发生过变化。因此，伴随着政教关系以及作曲家生存地位的变化，音乐本体愈发独立并逐渐脱离歌词束缚的历程孕育并造就了独一无二的西方古典艺术音乐门类，而格里高利圣咏的命运也随之沉浮，直至 20 世纪人们又重新发现这古老音乐艺术的独特魅力。

一、音乐为礼仪服务：圣言的歌唱

耶稣与他的门徒一起举行的最后晚餐是犹太人的逾越节晚餐，纪念此事成为日后基督信仰的仪式核心。公元 2 世纪有了第一个明确记载的崇拜仪式，包含话语的敬拜和圣餐的聚会两部分。到了公元 3 世纪的相关记载[1]，关于圣

---

1 公元 2 世纪最早的仪式记录了话语的敬拜和圣餐的聚会两部分：第一个明确记载的崇拜仪式，保存在殉道士游斯丁（Justin Martyr）写给罗马皇帝的《护教辞》（Apology）一书中。公元 3 世纪，罗马的希坡律陀（Hippolytus of Rome）在古希腊文献《使徒遗传》（The Apostolic Tradition）中，记载了这个时期的仪式，也分为话语的敬拜和圣餐的聚会两部分，前部分与游斯丁记载的内容差不多。

餐的内容已从团体参与走向献祭仪式较原来复杂许多，并逐渐发展到日后的弥撒仪式。

当罗马逐渐成为西方天主教会的首领后，它开始统一推广拉丁语礼仪，而君士坦丁堡成为东方正教会的领袖后，其希腊语礼仪并未一统天下。公元6世纪，教宗额我略一世（S.Gregorius I,590-604）着手整顿各地纷呈的教会礼仪和礼仪音乐[2]，他主持编订礼仪的圣事经本（Sacramentarium）和音乐的对唱经本（Antiphonarium）。第一本圣事经文是《教宗里奥圣事经本》（The Leonine Sacramentary），至7世纪《罗马礼规》（Ordines Romani）出现，教会的礼仪歌曲、赞美歌等也逐渐被收集整理成统一的额我略圣歌（格里高利圣咏），罗马礼仪自此规定了标准范式。

罗马教会的弥撒仪式具有高度戏剧化的剧场效应，献祭大戏在教堂前方举行，神职人员各司其职，站着参加弥撒的会众主要是为了观看以表示对主的敬虔，而并不是成为参与者。复杂仪式的每个细节都代表基督生平的一些特点，意为昔日的无识之民提供基督生平、死亡和复活的历史全貌。

从可以唱的福音书开始，音乐是礼拜仪式的重要组成部分，它成为基督教信仰的中心媒介。因此，音乐需提供明确的为神圣语言和所有仪式的服务性，如同谦卑的婢女一般，而格里高利圣咏的特点、类型和发展空间无一不显示这一宗旨。这严格定义了格里高利圣咏独特的审美和既定的神学要求，它代表神圣临在人间的声音，没有情感和欲望，只有天堂神国的神秘圣洁。因此歌唱的发声、音符的添加、旋律的走向、歌词的改动等，任何一个细节的要求和变化都可能引发一场神学大战。这种音乐纯粹是为了配合宗教仪式、沉思并向上帝祷告的，歌唱时需用心体会每一个音符。

格里高利圣咏的风格大致可分为两大类：一类是音乐与歌词紧密联系不可分割的，有平诵/吟诵式、音节式和纽姆式圣咏，这是源自于犹太人的旧约吟咏传统。单音重复的平诵/吟诵式的圣咏，是为了不识字的平民百姓透过吟诵提高声调清楚地咬字使人明白经文。音节式圣咏有了真正的旋律，不过它基本上是一个音节一个音符。这些是语言性的音乐，是歌唱与说话之间的原

---

2 罗马、米兰、安提阿、亚历山大、君士坦丁堡、耶路撒冷各教会每个大城市都发展出一套自己的宗教仪式。风格各异的圣歌在罗马礼仪统一之后部分保存下来，比如西方教会的古罗马圣歌、安布罗斯（米兰）圣歌、贝内文托圣歌、莫扎拉比圣歌、高卢圣歌、凯尔特圣歌、萨伦圣歌和东方教会的拜占庭（希腊）圣歌、安提阿圣歌、埃及圣歌等。

始统一性表达，在所有古老的宗教中几乎都有类似的经文吟诵传统。纽姆式圣咏中歌词的音节包含了很多纽姆，这展示了音乐的语言性开始逐渐向音乐性过渡的苗头。在基督教中世纪欧洲的大约 1000 年时间里，占优势地位的就是这种语言性的音乐。

　　另一类风格的圣咏是音乐脱离歌词束缚而发展的，称为花腔式。这是格里高利圣咏里最为自由的妙曼花枝，也是单线条音乐旋律的彻底独立，而哈利路亚歌词演唱的华丽想象空间则影响了后来文艺复兴音乐的发展。源自希伯来犹太人的高雅颂咏传统，在这里明显不再是为了清楚表达文本的思想结构，而是希腊式对音乐表现审美的观念，是为了提升礼拜仪式的氛围而歌唱。这种引发情感共鸣和审美趣味的生物性的音乐自此一步步渗透进欧洲音乐世界的历史发展中，直至后来完全动荡分崩了教会世界，并颠覆排挤掉了语言性的音乐。[3]

二、二元对立论：神的代言抑或人的表达？

　　教父们对待音乐的态度很矛盾，虽然音乐带来的乐趣无法避免也令人沉醉，但基督信仰音乐化隐含的危险使教会的领导者和决策者们深为担忧。这种纠结体验最典型的还是奥古斯丁在其自传《忏悔录》中的相关论述："每当听到你的那些赞美诗和短歌，我的心房被你的圣堂中一片和平温厚的歌声所融化，我便忍不住岑参泪下！这种音韵透进我的耳根，真理便随之滋润我的心田，鼓动诚挚的情绪，虽是泪盈两颊，而此心决畅然。"（第九卷第七节）[4]"对听觉的快乐应采取何种态度：回想我恢复信仰的初期，听到圣堂中的歌声多少次感动流泪。现在，又觉得激动我的不是曲调，而是歌词，便重新认识到这种制度的巨大作用。于是，我在快感的危险中和具有良好后果的经验之间真是不知如何取舍，我虽则不做定论，但更倾向于教会的歌唱习惯，使人听了悦耳的音乐，但使软弱的心灵发出虔诚的情感。但如遇音乐的感动我心过于歌曲的内容时，我承认我在犯罪，应受惩罚，这是我是宁愿不听音乐的。"（第十卷第三十三节）

3　这里提到的语言性音乐以及生物性音乐的观点，参考 R·弗兰德，H·劳厄，金经言译《从若干崭新的视角观察音乐世界：开启音乐之门》，北京，人民音乐出版，2005 年，第 27-31 页。

4　[美]保罗·亨利·朗著，顾连理、张洪岛、杨燕迪等译《西方文明中的音乐》，贵阳，贵州人民出版社，2001 年，第 33 页。

这种矛盾源于古希腊的二元对立论传统，太阳神阿波罗的里拉琴音乐代表的和平、美好、理智与酒神狄奥尼索斯的阿芙洛丝管音乐代表的狂乱、放纵、感性的音响音效以及伦理观的对立，这对后世西方音乐的发展起到深远的影响。那么神圣之乐究竟是要神在地上无情感的神圣声音代言还是要俗世之人的感性表达？教会的选择是："音乐作为一种艺术本身，价值并不大，它的唯一存在理由将是作为教会的仆役。它陶冶信徒的心灵，增强他们的信仰，唤起他们的热忱。但要达到这一目的，旋律必须将首席让给歌词。"[5]

然而面对音乐发展势不可挡的趋势，教会一直试图力挽狂澜，但歌词与旋律的对立以及灵性与艺术的对立关系，自此成为教会音乐历史中最为尖锐的矛盾，但这却非常积极地影响了欧洲音乐史的发展。

随着音乐的发展日益精进，音乐完全脱离了歌词，成为一门独立发展的艺术。复音多声部的技巧开创了一个前所未有的艺术世界，二声部的奥尔加农、三声部的经文歌、四声部的弥撒曲逐渐提升和满足了人们对音乐艺术的需求，也极大促进了作曲家的热情。但对于掌管俗世灵魂的地上决策者们而言，干扰理智激发情感的声响需严厉驳斥，以免俗者忽略圣言。旋律和歌词争战主导地位的斗争一直存在于整个西方艺术音乐的发展历史当中，决策高层人士认为复调音乐过于繁杂的组织结构导致信徒听不清神圣的歌词，加上世俗因素（旋律）的渗入其中，也会导致信仰危机。

当教堂内神圣的歌声由单声部的主调音乐逐步发展到"有量"的多声部复调音乐，这引起教会领导者的批判，阿维尼翁的若望二十二世教宗斥责声最为严厉：1324-1325 年度的《教皇敕令》申明复调的各声部彼此乱窜，让耳朵遭罪并扰乱人们的奉献之心不能激发虔诚的情感。[6]

1562 年公会发表的一份报告说："整个歌唱的目标"不应该仅仅给耳朵带来空洞的愉悦，而应该使所有听者明白歌词内容，这样才能使他们的心灵渴望接近天堂的和谐，并使他们享受被上帝眷顾的喜悦……他们还应该把一切包含淫秽和不道德内容的音乐彻底从教会驱除掉，无论这些音乐是歌唱的或是管风琴演奏的。

5　[美]保罗·亨利·朗著，顾连理、张洪岛、杨燕迪等译《西方文明中的音乐》，第28 页。

6　[美]马可·伊万·邦兹著，周映辰译《西方文化中的音乐简史》，北京，北京大学出版社，2006 年，第 52 页。

但这种对音乐的责难，远超过对愈发繁复的教会礼仪和日渐腐朽的教会生活而产生的检讨。拉丁语罗马礼仪在中世纪长达 10 个世纪的时间里执行于各个非拉丁语国家，情况逐渐发生变化。各国普通教徒听不懂拉丁语，在完全不理解其意的状况下参与弥撒，由参与变成观望，对仪式和神职人员的神秘感日益加强，几近魔法巫术效益。在此层面上，弥撒仪式也越来越复杂，变成人们想方设法讨好神的一场献祭大戏，藉此作为神权代言人的神职人员们可愈发掌控民众。

从社会大环境而言，整个中世纪的宗教与民众生活紧密相联。当教堂内的礼仪越发繁琐成为官方仪式的符号且与民众的信仰生活严重脱节时，为了满足个人信仰上的需求，出现了民间各种崇拜方式，如玫瑰经、拜苦路、朝拜圣体等。因教会认为弥撒有献祭和功德效果，多做多得圣宠恩典，王公贵族和穷苦百姓又都多多奉献钱财以求神职人员为自己的需求做私人弥撒，这种风气日益严重并无节制。

"此举带来的其中一个效果是教会为方便神职举行这些个人弥撒，将祷文和圣经选读与圣咏合订一起，印成所谓《弥撒经本》（Missal）和不包括弥撒部分的《主教礼仪经本》（Pontifical）。礼仪中团体的小事更使到弥撒的侧重点被移。"[7]很多神职人员素质低下滥用职权，充分利用普通教徒的迷信来巩固自己的地位，并且生活腐朽道德败坏。上述诸种现象愈发剧烈引起教会的混乱，终于聚集演变掀起宗教改革的大浪。

面对外部世界的宗教改革对罗马教会前所未有的挑战和冲击，天主教于1545-1563 年召开特利腾（又译特伦托、脱利腾、天特等，Council of Trent）大公会议进行改革。大公会议以反宗教改革的抵抗精神对内部肃清，使教会礼仪和法规规范化，教廷和不同修道会的机构彻底改组，教士接受严密审查。特利腾大公会议以后，充满谦卑和刻苦精神的早期基督信徒特点重回教会，但是在礼仪和音乐方面仍将经历一个漫长的调整过程。

大会对礼仪规法的统一影响深远，但神圣庄严的罗马礼仪与普通教徒之间的真正联合却仍然无法达成。特利腾大会专门设立一个红衣主教委员会对教会音乐问题进行研究，议题有二：世俗因素的渗入败坏圣乐的纯洁性，复调音乐的复杂技术使歌词含混不清。有人主张根本取消复调音乐，有人竭力保护几百年音乐文化所造就的这门伟大艺术。

7 李炽昌等《基督教会崇拜的重探》，上海，天主教上海教区光启社，内部资料，2000年，第89页。

当人类事件的发展走向高峰或低谷的转折点时，总有非凡人物的出现并扭转局面，帕勒斯特里那就是拯救复调音乐命运的大师。他向保禄三世敬献了如丝绸般音符组合的《教皇马尔切里弥撒曲》，六个声部精妙模仿，在营造绝美天外之音的基础上清晰柔和地吐露每一个宗教神圣单词，帕氏完美高超的作曲技巧和拿捏精确的艺术风格得到了认可，及时地拯救了复调音乐。

虽然帕勒斯特里那的出现拯救了复调音乐，但世俗音乐和宗教音乐之间已划分出清晰的界限，教会要努力剔除神圣之中的世俗因素以达到净化目的。面对世俗音乐如火如荼的发展态势，政治经济文化格局的逐扭转，代表"神学谦卑婢女"的教会音乐之改革自此较教会礼仪之改革更为曲折。艺术音乐在教会内部的高度发展，从此逐渐滑向下坡，自此与教会分道扬镳。

由于宗教对音乐的实际功利性需求，极大地局限了这门艺术的发展空间，即便有帕氏这样的大师出现，也无可挽救教堂艺术音乐衰落的宿命。从此艺术音乐的自由世界转移方向走出神圣殿堂进入俗世百姓的现实生活，遭受排斥的器乐音乐和歌剧的发展此时正如日中天。而天主教会仍然在想办法肃清纯正圣咏中的"不洁"之音，因此曼妙的花唱之风被遏制掐死。失去自由的艺术音乐此后基本不再光顾教会，专业作曲家也为能拓展其事业的其他领域而才情激涨。天主教会的专业音乐水准一落千丈，立志从事教堂音乐创作的专业人士寥寥无几，此后虽有不少伟大的作曲家创作了很多优秀的教会音乐作品，但大部分只能在音乐会而不是在教堂仪式中展现。例如古典时期莫扎特的《C小调弥撒》、《安魂曲》，贝多芬的《庄严弥撒》等。与天主教誓反的新教，在巴赫之后的日子里，同样没有更专业的音乐人士和更优秀的教堂艺术音乐作品出现。

天主教的帕勒斯特里那和新教的巴赫终结了教会音乐的巅峰，自此之后进入世俗世界的西方艺术音乐高速发展，进入辉煌的古典及浪漫主义时期，由伟大的作曲家们奠定了西方古典音乐的霸权地位。

三、改革及命运：重整之后的回归

当复调音乐越高度发展之际，单声部的格里高利圣咏也就越受影响。伴随着中世纪的结束，辉煌鼎盛之后的圣咏也随之衰落。到了19世纪，由于多方面的影响，天主教会决定重整礼仪以及与礼仪密切相关的音乐，格里高利圣咏的命运随着19-20世纪的礼仪改革运动发生了变化。

　　礼仪改革运功的功臣归于非常重视文化的天主教隐修会团体-本笃会，1833 年盖朗热（Guéranger，）重建本笃会索莱姆（Solesmes）修道院，带头重振教会传统，他写了 15 册的巨著《礼仪年》和《礼仪制度》一书。一时间各派各说百家争鸣，德国神父葛丁尼（Cuardini）出版《礼仪的精神》一书，比利时蒙西泽修道院的玻度恩（Beauduin）以及德国玛利亚拉克修道院的贾西尔（Casel）和希威勤（Herwegen）都是礼仪改革运动的代表人物。1887 年第一本关于天主教礼仪的杂志《礼仪汇刊》在罗马出版。这些民间活动影响到罗马教廷官方的介入，礼仪改革进入实质性阶段并由上而下地展开。

　　自 20 世纪开始，多位教宗关心礼仪的发展并为此发表正式通谕。1903 年11 月 22 日，罗马教宗庇护十世（S.Pius X）颁布自动诏书《在善牧职务中》，被视为是天主教官方礼仪改革运动的开端。1909 年玻度恩在比利时马利内斯大会上提出为礼仪改革制定实际计划因此掀起教士礼仪改革运功，而大会最重要的实际计划是要求将拉丁文罗马弥撒经书翻译成各国地方语言以供平信徒参与礼仪活动。之后的欧洲历经两次世界大战，但礼仪改革运动的浪潮已从欧洲波及更广的世界范围内。1947 年 11 月 20 日，罗马教宗庇护十二世（Pius X II）颁布论教会礼仪的《天主中保》通谕，这是梵蒂冈第二届大公会议之前最重要的通用礼仪典章。接下来，庇护十二世组织了礼仪改革委员会，于 1951 年发布关于复活节前圣周礼拜及其规程的教令，1955 年发布"整顿圣乐"通谕，1958 年颁布谈及平信徒积极参与礼仪活动的"圣乐与礼仪训令"。礼仪改革的实际计划已逐步展开，1956 年召开的意大利国际礼仪大会肯定了礼仪革新的努力，官方支持并积极参与的态度终于为梵蒂冈第二届大公会议的召开酝酿好了土壤。

　　教堂音乐的改革更早于礼仪改革有了落实，其过程一波三折。特利腾大公会议时帕勒斯特里那重振复调音乐，但他修订格里高利圣咏的工作尚未开展就已去世。接手任务的是阿内里奥和索里亚诺，1614-1615 年他们修订的两卷格里高利圣咏集由获得教宗保禄五世钦准的美第奇出版社出版，这个美第奇版在音乐界被认为是灾难性的修订-增减花唱部和改编格里高利圣咏旋律，自由清唱风格的格里高利圣咏被硬塞进严格的节奏框架中，以便可以配上和声性的管风琴伴奏。19 世纪以德国里根思堡为中心创始的德意志全国则济利亚协会（1867 年）掀起的"则济利亚运动"是一场怀旧的革新，人们要再度复兴神圣安宁的格里高利圣咏和帕勒斯特里那复调乐风，不过里根思堡格里高利圣咏的基础却是美第奇版格里高利圣咏。而同时，本笃会索莱姆修道院的盖朗热宣称单声部的格里高利圣咏为教堂音乐的普遍准则且是唯一的教会理想。本笃会士们以极大的热情和科学精神长期研究古手抄本乐谱以校对印刷本的错误，其中莫克奥神父（André Mocquereau）研究并出版的全套十三册的《音乐古谱学》（又译《音乐古文书》Paléographie Musicale）是真正契合传统的里程碑式成果。

1903 年教宗庇护十世的自动诏书《在善牧职务中》颁布后，传统格里高利圣咏的尊严得到恢复并被规定须采用早期和纯正的数据来源，梵蒂冈版的格里高利圣咏歌本在已获得工作认可的本笃会负责下出版，并传发到每个教堂。但为格里高利圣咏的旋律恢复传统及其节奏问题却争论不休，配有和声伴奏的格里高利圣咏仍然广泛应用。1914 年接任的教宗本笃十五世（Benedictus ⅩⅤ）在制定教会法典中，明令禁止教堂内使用渗入放荡与不纯洁曲调的音乐。1922 年接任的教宗庇护十一世强调教堂的首选用曲为法定梵蒂冈版的格里高利圣咏，其次可选用复调音乐。1939 年接任的教宗庇护十二世在其《天主中保》通谕中，强调格里高利圣咏是"罗马教会的本有歌曲"，但不排斥能适合于圣礼的现代音乐。[8] 迄今为止，罗马教会从未正式允许用各地方言演唱格里高利圣咏以及用各地方言举行圣礼，但整个礼仪改革运动的发展和一系列充分铺垫已为具有礼仪改革运动具决定意义的梵蒂冈第二届大公会议做足预备工作。

20 世纪 60 年代召开的第二次梵蒂冈大公会议，决定了现代天主教音乐的发展方向，也是新旧礼仪的分水岭。该会文献《礼仪宪章》，对大势所趋造成的礼仪改革运动进行了革命性的决策。延续了千年的拉丁文宗教仪式和拉丁文格里高利圣咏，终于被允许翻译成世界各国的本地语言，这个重大的改变完全扭转了天主教礼仪和音乐的未来命运。

在宪章的基础上，礼仪宪章实施委员会定下了较为需要的主要规则，并发布"礼仪圣部训令——论圣礼中的音乐"一文，包括：几项普遍的规则，举行礼仪的人，论在弥撒中歌唱，日课经的歌唱，举行圣事、圣仪、礼仪年中特殊典礼、圣道礼仪及其他热心善工时的圣乐，歌唱礼仪采用的语言及维护圣乐遗产，为方言谱曲，乐器的圣乐，圣乐推广委员会等九个方面。这两部最重要的官方音乐文告清晰全面地为当代天主教会的音乐定位，其核心突出

8　参刘志明《额我略歌曲简史》，香港，公教真理学会出版，2008 年。

圣乐之神圣高雅的"圣"性，并侧重强调教会音乐激发宗教精神和精神品味的功用。

《礼仪宪章》第六章"论圣乐"整篇，主要强调圣乐的神圣性和格里高利圣咏（文献译为额我略曲）的使用指导，文中 118 和 119 两点特别引人注意："118 民众化的宗教歌曲，亦应加意推行，以便在热心善工内，甚至在礼仪行为内，根据礼规的原则与法律，能够听到信友的歌声。""119 在若干地区，尤其在传教区，某些民族有其固有的音乐传统，在他们的宗教与社会生活中，占有很重要的位置，就要予以应有的尊重及适当的地位……"[9]

此番论述拓宽了"圣乐"的涵盖范围，民众化的宗教歌曲和具有各民族音乐特色的圣乐可以成为发展和首肯的对象。其实，早在文献出台之前的几百年时间里，它们早已存在于天主教各地的传教区内，这份文件不过是大势所趋下的官方认证。梵蒂冈官方态度的转变，使曾经最为保守的天主教会形象换装，转而成为亲民牧灵的带领者。但教会保守人士最为担心的世俗流行音乐和异教民族音乐的文化元素，无法避免地与传统圣乐正面交锋，现代天主教音乐已走向多元化和流行化的趋势。由于现代世界各地的传统民族音乐均受到欧美文化和流行文化的冲击，因此天主教音乐面对的并不是民族化和多元化的难题，而是流行化和"世俗化"的侵蚀。

流行乐风带点宗教风情的歌曲成为席卷各地的风潮，这种音乐的源头是基督教的"敬拜赞美"和美国流行音乐文化。当基督教发展速度远远超过天主教，基督教音乐的"世俗化"同样胜于天主教，流行音乐的创作之风日趋兴盛。事态愈发走向两极：部分音乐专业人士试图在教堂内恢复伟大的传统圣乐，介于拥有专业人才的不同状况，复兴古典音乐的努力并不简单，教宗本笃十六世是力主复兴拉丁格里高利圣咏的主导力量。但对普通信徒来说，那些高难的音乐技巧和艰涩的神秘语言并不属于自己，流行的乐风和亲切的歌词最能体现个人所思所想，这才是属于自己的信仰表达。因此另一个极端是，越来越多的人被流行风格的宗教歌曲吸引，教会新一代的复兴似乎也与之不可分离。艺术性和通俗性、庄重感和亲和力，犹如理智和情感一般艰难地平衡在现代天主教会当中。

9　《天主教梵蒂冈第二届大公会议文献》，上海，天主教上海教区光启社，2001 年，第 138 页。

结　语

纵观欧洲音乐史，在一千年左右的中世纪里，教堂音乐是社会音乐发展的风向标。但宗教改革之后，历史的钟摆便已转向，社会音乐成为影响教堂音乐发展的引领者。由于失去其独特的社会领导地位，迄今为止教会人士依然为音乐及其他各层面的"圣""俗"之辩争执不休，但产生于天主教会的格里高利圣咏和复调音乐艺术，却是公认的令人骄傲的伟大文化遗产。格里高利圣咏历经了一个从诞生至今，从霸权统治地位到彻底没落直至今日再度被扶持的阶段。然而，歌唱的圣言依旧是格里高利圣咏的精髓，也是天主教礼仪音乐历经千年变迁来一直秉持的精神，正如它的另一个名称素歌（Plainsong）一样朴素而神圣。

肆、音乐（圣乐）是理性／禁欲的吗？
——奥古斯丁和加尔文的观点分析

西方音乐历史中理性/禁欲——感性/情感的二元对立思想是一条非常重要的主线，这对音本体的发展影响深远。天主教的奥古斯丁和基督教的加尔文是各自领域的代表人物，他们的音乐观不约而同有相似之处，其代表的音乐（圣乐）是理性/禁欲的理念倾向，深刻影响了西方古典音乐和基督宗教音乐发展的历史路径。

一、奥古斯丁的观点

以奥古斯丁为代表的早期教父们在肯定音乐的魅力之余，也极力避免被这种无形的可以牵引人心的形式所诱惑。在面对本以感性态势展现在世人面前的音乐时，教父们选择了理性，一切至善至美的绝对美的一切均指向上帝。此时世俗的、欢愉的、感官的音乐自然被区分了出来，有别于神圣的、崇高的、理智的音乐。"音乐的目的在奥古斯丁看来，应当是唤醒内心对神圣奥迹的记忆，并以对这一奥迹的不断回忆而完善与增强内心与至美的关系，这才是其形上音乐美学之目的。"[1]藉此由于对上帝美与和谐本性的极力追求，教会着重于"将旧约和新约与天体音乐和人体音乐、四福音与四线谱体态的比较"[2]，这种聚焦完全有别于人类诗舞乐合一的自然发展特性，造就了未来至关重要且极其独特的音本体及其美学的发展。

---

1 徐龙飞《循美之路——基督宗教本体形上美学研究》，北京，商务印书馆，2018 年，第 169 页。

2 修海林、罗小平《音乐美学通论》，上海音乐出版社，2002 年，第 202 页。

奥古斯丁看重的是音乐的伦理特性，因此对精神性和理性审美的向往便是他的主体观点，这也源于对古希腊美学的继承。古希腊神话中太阳神阿波罗弹的里拉琴代表和平、美好、理智与酒神狄奥尼索斯吹的阿芙洛丝管代表狂乱、放纵、感性的音响音效与之伦理观二元对立的矛盾传统就已展现在各类艺术作品中，对音乐强大感染力所影响的情感论的美学观初步形成。毕达哥拉斯学派特别提及音乐生理学色彩的"净化"教育功能，亚里士多德最关心的亦是音乐的道德教化作用。

柏拉图的美学理念则深刻体现了音乐的理性原则，他承认音乐的情感作用，但也惟恐失去节制而败坏道德，因而也压制情感。新柏拉图主义代表普罗丁并不排斥感性美，但强调心灵中理式的美更为高级，"理智世界"的音调美的存在是本源性的。奥古斯丁尤其与普罗丁的观点接近，他的长篇大作《论音乐》中的基本定论是美是被上帝所设置的，因此聚焦点不应是感官感受，而是作为受造者对上帝的认知。首先他承认音乐的美好，"听到你的圣堂中一篇平和温厚的歌咏之声，使我潸潸泪下。这种音韵透进我的耳根，真理便随之滋润我的心田，鼓动诚挚的情绪，虽是泪盈两颊，而此心觉得畅然。"[3]，但他很快觉察这其中的危险，他在接下来的[4]整段论述中便谈及这样矛盾的感受，他认为音乐（旋律）过于悦耳而超过歌词本身那便是犯罪。"但回想我恢复信仰的初期，怎样听到圣堂中的歌声而感动得流泪，又觉得现在听了清澈和谐的歌曲，激动我的不是曲调，而是歌词，便重新认识到这种制度的巨大作用。我在快感的危险中和具有良好后果的经验之间具是不知如何取舍，我虽则不做定论，但更倾向于赞成教会的歌唱习惯，使人听了悦耳的音乐，但使软弱的心灵发出虔诚的情感。但如遇音乐的感动我心过于歌曲的内容时，我承认我在犯罪，应受惩罚，这是我是宁愿不听歌曲的。"

他认为音乐应该是建立在理性基础上认知的一门学科/科学，简言之即是对上帝的认知，在此奥古斯丁已经奠基歌词更为重要的基本音乐要求。因为愉悦的声音直接导向身体的感觉，而他认为音乐是为了心而设置的。一切外在不过是俗物，他明确鄙视声音带来的身体愉悦，"声音之娱本来仅仅包围着我，控制着我，你解救了我。"[5]在他的《论自由意志》中，同时也提及对

3　[古罗马]奥古斯丁、周士良译《忏悔录》，北京，商务印书馆，2020年，第181页。
4　[古罗马]奥古斯丁、周士良译《忏悔录》，第230-231页。
5　[古罗马]奥古斯丁、周士良译《忏悔录》，第230页。

世俗生活歌乐的鄙视，因此在教堂外大行其道的器乐被明令禁止使用，仅有声乐的状况在教堂内维持了一千多年。

继奥古斯丁之后，中世纪最著名的音乐理论家波埃修斯（480-525）将音乐分为三类："有三种音乐：宇宙音乐，宇宙的'和谐'或秩序；人类（体）的音乐，高尚的、健康的身心次序；以及应用的音乐，人们所作的，可以听到的音乐。"[6]他完全继承了毕达哥拉斯并不顾及听觉和情感的音乐观，前两种是听不见的理性的和谐，第三种才是最不重要的音乐的形式，这里也可以对应中国传统美学的"天籁、地籁和人籁"一说。[7]波埃修斯和奥古斯丁同样视音乐的理性至上，对音乐情感的表达刻意避之或视而不见。

教父们对待音乐的态度其实很矛盾，虽然音乐带来的乐趣无法避免也令人沉醉，但基督信仰音乐化隐含的危险使教会的领导者和决策者们深为担忧，前文提及这种纠结体验最典型的还是奥古斯丁在其自传《忏悔录》中的相关论述，他们关注的是音乐在救赎之路上的作用。在这种观念下发展出来的格里高利圣咏，作为西方音乐和教会音乐的源头，其气质是从一开始就被定下了独特的基调。从古希腊的二元对立到由教父们奠基的音乐美学观源头，也注定了承袭毕达哥拉斯学派追求数字和谐音本体的西方音乐形态发展中，歌词与旋律的纠缠至今尚未方休。

二、加尔文的观点

加尔文通常被誉为"音乐清教徒"，在他所处的年代西方音乐发展早已脱离了奥古斯丁早期教父们的理性之路，在形式本体上高度发达。他们二人作为天主教和基督教不同时代篇章的代表，在面对音乐艺术的问题上有着相同的期许。不过加尔文的观点更为保守，情感与形式的对立在他这里似乎再次回到了禁欲的原点。但另一方面，在基督宗教世界中，他虽杜绝了包括音乐在内的天主教的一切，却为普罗大众的颂唱留下了一席空间，并深刻影响了后世基督教音乐的发展，这一点他和路德完全走在了两条路径上。

当然对音乐持最极端保守态度的并非加尔文，而是茨温利，不过他们都一致拒绝"罗马教皇派的魔鬼之作"——复调音乐。作为一位有相当音乐水

6　何乾三选编《西方哲学家文学家音乐家论音乐》，北京，人民音乐出版社，1983年，第26页。

7　《庄子·齐物论》提出"籁"当为"声音"，把声音分为"人籁、地籁、天籁"三种。

准的茨温利认为音乐仅应为个人使用，他反对崇拜中的一切音乐形式，而最理想的境界就是在上帝面前保持寂静，因为唱歌干扰这种内在对话，音乐的情感在此被彻底否定。

加尔文把音乐视为崇拜中导致会众注意力分散的不良因素，他告诫人们应竭力避免音乐所带来的审美愉悦，这和奥古斯丁等早期教父的观点完全一致。他将当时已成为天主教神职人员专利的音乐侍奉解放出来，使会众也有音乐颂唱的权力，因此他解散诗班，而他的信徒则做出拆除管风琴、烧毁乐谱等更甚之行为。加尔文对情感的压制表现在限制崇拜时使用音乐，如此一系列的措施造成他所辖区域两百年内未出现一位音乐家和画家，这样的效果即使在中世纪也未曾出现，这也是他被诟病之处。但他的本人目的则是表明对圣经无上的尊崇，并反对天主教复杂冗长的仪式和繁复的圣歌，这一切的形式高度外化也已经严重干扰敬拜本身的意义。因此，加尔文只为荣耀上帝的中心思想，强调上帝的主权及相信圣经的绝对权威的神学思想应用在音乐中，发展出了对今日圣诗有极大影响的韵文诗篇。这是大众、简洁和纯朴的会众诗歌的真正开始，与当时发达的艺术音乐有着截然不同的风格。

路德本人在之前已经作了开辟性的德语会众诗歌和众赞歌的创作，但与加尔文不同的是，他本人有着很高的古典音乐造诣，并对优美的拉丁圣乐传统有着很深的留恋，同时也深知艺术的能量并加以成功改造，不过这些对大部分没有受过教育的普通信徒而言似乎是不够的，他们仍难以诠释有一点点复杂程度的圣乐。基于此，以信仰和神学为首位的加尔文对圣乐有三项主张：音乐是为了使一般信徒能唱赞美神，所以应该是简单的；音乐是要直接献给上帝，所以崇拜献上赞美时应当心存谦卑；为达到上述原则的最佳方式就是-齐唱、一字一拍、没有伴奏地吟唱圣诗。加尔文教会的会众只被允许简单地吟唱诗篇，他邀请布邱负责音乐编辑将 150 篇诗篇改写成押韵的诗词，并配写单音无伴奏为会众的诗歌。一切似乎又回到了天主教的历史循环，不过他邀请的作曲家为这些韵文诗篇配上法德文世俗歌曲的曲调、格里高利圣咏的旋律或自创一些简单的乐曲，这些歌曲与传统教会音乐不同却充满舞曲风格，被称为"日内瓦的吉格舞"，由于编曲者的功劳致使一切不至于那么单调。相对于三项主张，加尔文亦明确提出圣乐使用的三项反对：反对圣咏及绝大部分的复调音乐，因为圣咏曲在崇拜中常形成个人表演，违反为荣耀上帝而颂赞的原则；反对天主教的经文歌，因为在其中对圣经经文有太多改变，并非完全出自圣经；反对以管风琴或任何乐器作为伴奏。这些具体的措施均是针对天主教的传统提出的，加尔文的观念真正意义上开启了会众诗歌的发展之路，这些被后来英美教会的诗歌所吸收发展，为日后大觉醒运动中会众信仰的复兴浪潮起到了非常关键的作用。

三、结论

奥古斯丁的美学源于古希腊美学和圣经思想，从教父时代开始，对于情感论的忽略，音乐只能是可以唱的福音书，它成为基督教信仰的中心媒体。因此，音乐需提供明确的为神圣语言和所有仪式的服务性，如同谦卑的婢女一般，而格里高利圣咏的特点、类型和发展空间无一不显示这一宗旨。这严格定义了格里高利圣咏独特的审美和既定的神学要求，它代表神圣临在人间的声音，没有情感和欲望，只有天堂神国的神秘圣洁。因此歌唱的发声、音符的添加、旋律的走向、歌词的改动等，任何一个细节的要求和变化都可能引发一场神学大战。这样影响巨大的观点使教会选择："音乐作为一种艺术本身，价值并不大，它的唯一存在理由将是作为教会的仆役。它陶冶信徒的心灵，增强他们的信仰，唤起他们的热忱。但要达到这一目的，旋律必须将首席让给歌词。"[8]在中世纪欧洲的大约 1000 年时间里，占优势地位的就是这种语言性的音乐。

随着时间的推移，引发情感共鸣和审美趣味的生物性音乐一步步渗透进西方音乐世界的历史发展中，直至后来完全动荡分崩了教会世界，并颠覆排挤掉了语言性的音乐。[9]第一次特伦托大公会议的召开亦是为了解决这个危险，直到帕勒斯特里那的出现才挽救了复调音乐。而到宗教改革时期，加尔文的音乐观对普罗世界没有什么影响，却对日后基督教世界的诗歌产生了极为关键的作用。他虽然似乎摒弃了天主教的所有，但在面对用音乐颂赞至真至善的信仰之时却与天主教会的目标一致，区别是天主教会选择了传统，加尔文选了普通信众。

8　[美]保罗·亨利·朗，顾连理、张洪岛、杨燕迪等译，《西方文明中的音乐》，贵阳，贵州人民出版社，2001 年，第 28 页。

9　此处提到的语言性音乐以及生物性音乐的观点，参 R·弗兰德，H·劳厄，金经言译，《从若干崭新的视角观察音乐世界：开启音乐之门》，北京，人民音乐出版，2005 年，第 27-31 页。

　　奥古斯丁深知音乐作为一种存在本身是善的，音乐的起始因、目的因毫无疑问和所有受造物一样都指向至善的上帝，而加尔文则亦以上帝的绝对权威为目的。他们不约而同对音乐的理性/禁欲态度，选择了歌词比旋律/音乐更为重要的发展指南。因此，纵观整个西方古典和基督宗教发展历史，由于这样的观点导致极具神圣气质的西方宗教音乐发生，却也局限了音乐自身的发展而致使艺术音乐最终离开教会展开一片全新的天地。回过头来，我们指出音乐（圣乐）的理性/禁欲亦是其中的一个代表性特征。不过，奥古斯丁和加尔文所担心的音乐指向的终极问题和困扰，至今仍在音乐界和教会中存在。

伍、音乐与灵修的当代发展模式
——以法国泰泽团体为例

泰泽（Taizé）是位于法国东部勃根地省的一个小镇，临近中世纪著名的克吕尼修道院。泰泽团体是 1940 年始建于法国泰泽的大公团体，作为基督宗教历史中不多见的跨宗派灵修团体，它的音乐风格与灵修模式正影响着整个欧洲甚至是全世界的教会。泰泽团体的创始人罗哲（Roger Schutz）修士是瑞士的新教徒，创办初衷是宗派合一修好，特别为弥补天主教与新教之间的裂痕。该团体始于新教背景，但制度和音乐与天主教修道及音乐传统有着深刻的渊源。

一、文化传承：修道团体与音乐

1、修道传统与泰泽团体

修道者对欧洲的宗教传播和文化发展做出了重大贡献，历史上产生过以生产劳动及修院活动为主的隐修会如本笃会及西笃会等；以铲除异端乞讨方式活动于民间的托钵修会如奥斯定会、加尔默罗会、方济各会和多明我会天主教四大托钵修会等；16 世纪之后以社会活动为主的新制修会如耶稣会以及近代在海外传教为主的诸多传教修会等。

与修道者共生的隐修制度是根据宗教戒律而实行的苦修生活方式，目的是从一个纷扰的世界中退离出来委身于信仰，入会男女要宣示清贫、贞洁和服从并终生独身。隐修制度没有被新教所接纳，不过后者仍保留了一些类似的灵修方式，如退修会（devotion retreat 天主教称为避静、退省）等。

盛行于中世纪的天主教修会由于容纳有限，专为申请入会的女信徒和男信徒分别组成第二和第三修会，如方济各的同乡女子圣吉亚拉创建的女修会称方济各第二修会（吉亚拉会）。普通男性在俗者组成第三修会，如多明我第三修会和方济各第三修会等，这些修会在母修会指导监督下运作。也有第三修会成员发修士愿成为在俗修士如加尔默罗第三修会，修士穿第三修会服如常人一样工作，但周末会去所属教堂做弥撒，第三修会今天仍然存在，法国泰泽团体的组织形式类似第三修会。

一百多名来自三十几个国家的天主教修士和具有不同新教背景的弟兄组成了今天的泰泽团体，这是一个当代的基督宗教跨宗派男性修道团体。[1]新入团体的弟兄经过一段时间的准备和决定会发终身奉献的永愿，院长给新兄弟戴上象征身份的戒指，自此成为泰泽修士的正式一员，修士们用婚姻的关系象征这样的团体独身生活。

他们不仅居住在法国泰泽本团体，也在世界各地参与救助和捐赠，或以小团体的方式居住在当地贫苦的普通居民当中，行动遍布亚非拉三大洲及世界各地，以实践信心在人间的旅程。基于泰泽团体对财物秉持"神贫"的态度，因此本身并不接受捐赠。修士们自己出版发行关于泰泽团体及音乐的书籍、镭射唱片、录影带、陶器、搪瓷挂件、工艺品以及小礼品等对外销售，其中书籍和唱片已翻译成多国文字（包括中文）在全世界指定地点销售。2018年泰泽团体授权 QQ 音乐及网易音乐等媒体，可以在中国大陆地区免费下载和收听部分泰泽歌咏，2019 年北京天主教小助手 APP 获得播放泰泽团体 19张 CD 的一年播放版权。2020-2021 年全球肆掠的新冠疫情为不受捐赠的泰泽团体带来了很大困境，他们赖以为生的手工制品在没有访客到来和邮政通道受阻的情况下无法进行销售。

2、修道传统与音乐

音乐为礼仪服务是天主教会的古老传统和延续至今的礼仪神学观，音乐的服务对象主要是弥撒和日课两大仪式。弥撒经历了一个漫长的仪式定型过程，而日课则源于公元初期使徒时代效仿犹太会堂的祈祷仪式，它的定型历史与修道院密切相关。音乐为这些重要的教会礼仪提供全面而谦卑的服务，

---

1 泰泽团体的驻地区会有一些女性修道团体，目的是为帮助女性来访者，笔者 2011年作为访问艺术家住在该团体的生活及信仰方面的事宜全部由法国某修女会成员负责。

中世纪修道院遂成为音乐发展的重要推动者，由此发展出的教堂音乐逐渐孕育形成西方古典音乐的早期源泉。

关于隐修主义（Eremitism）的起源，被世人所知的第一位修士是卒于公元 356 年的沙漠苦修者——东方埃及的安东尼。但早在公元 2 世纪，西方的基督徒已开始实践各样的苦修主义。公元 4 世纪上半叶，埃及的帕科米乌开创集体隐修制度："帕科米乌的修士被要求学会阅读，他们能够利用晚上的一段实践工作和冥想，还能参与白日和晚间的公共礼拜，这种仪式就像隐士的仪式一样，是由唱诗、祷告和跪拜组成的……到了主日，每日读经就换成唱圣诗。"[2]这些资料不仅展示了修士们的主要活动是独自祈祷、默想圣经、颂唱圣诗和手工劳作，以苦行清除杂念以更加接近上帝，也记录了日课的早期发展。

西方第一个宗教会规《教父会规》（Rules of Fathers，写于公元 5 或 6 世纪）中的《教父第二会规》中"简单提到（日课和祷告制度）已经牢固确立…赞美诗在日课里占据重要位置（尽管它们也被成为"祷告"。修士按长幼次序轮流唱《诗篇》。《教父第二会规》指定了后来被本尼迪克采纳的原则：祷告之前不可做任何事。）"[3]在此基础上，约公元 530 年，圣本笃（本尼迪克）会规已经有关定型的日课资料。从这个西方最早、影响力最大的本笃会开始就规定修士的主要任务是三件：礼拜、灵修和劳动。而早期的礼拜仪式主要还是诵唱《诗篇》和祷告，并非像后来那样举行公开弥撒和个人弥撒，即使这些活动也只对男人开放。后期的日课发展是在本笃会规的基础上略加修改成为西方天主教会标准的范本，并随着历史进程而修订，直至当代最新标准版本——梵蒂冈第二次大公会议 1967 年主教会议中的修订本。

日课也称时辰祈祷、每日颂祷，修道院举行每天八次的祈祷仪式，每隔三小时一次的读经、祈祷、吟诵诗篇和颂唱圣歌内容成为历史中快速推动教堂音乐发展的主力军。日课的目的是圣化一天的时间和劳苦，将一生的感悟于一天中体验醒悟，如此往复。这种严格的时间规划传统，促生了西方教会音乐创作的时间规律传统。除了在历史上推动教堂音乐的发展之外，修道院

---

2 [英]玛里琳·邓恩，石敏敏译，《从沙漠教父到中世纪早期：修道主义的兴起》，北京，中国社会科学出版社，2010 年，第 37 页。

3 [英]玛里琳·邓恩，石敏敏译，《从沙漠教父到中世纪早期：修道主义的兴起》，第 105 页。

在保护和重振历史传统上同样功不可没。服务于弥撒和日课的最重要音乐传统——格里高利圣咏在第一次大公会议之后走向衰落，今日的传承便是得益于 19 世纪法国本笃会的重拯。

二、共融祈祷：音乐、祈祷与灵修的合一

不同于传统日课中一天八次的祈祷内容，当代大部分教会及修会基本只保留了早课（祷）、晚课（祷）或其他时间的少数部分。泰泽团体每日有三次修士与访客聚集的祈祷活动：8：15 早祷、12：20 午祷和 20：30 晚祷（每周日 10：00 举行感恩祭以及 20：30 晚祷），这称为"共融祈祷"，它包括歌咏、读经和静默等，不同宗派的基督信徒在这个仪式中可以共同面对神圣者，这是"共融"目的之所在，七十多年来该团体始终并愈发合一地达到了这个景愿。音乐、祈祷与灵修合一的共融祈祷是泰泽团体的核心灵修生活，这个实践的成功已使该团体成为当代欧美年轻信徒的朝圣之地。

每当勃艮第山丘上的钟声响起时所有活动接连停止，人们三五成群沿路进入教堂。入口处会站着一些年轻人手持不同语言写成的"肃静"提示板，门口分布着歌篇和圣经单张。进入烛光闪烁、布满圣像和绿叶环绕的教堂时，可以看到人们面对祭台三三两两地席地而坐（跪）。穿白袍的修士陆续从殿堂中央进入，此时钟声渐弱，寂静的氛围逐渐弥散。当教堂内坐满了人时，整个泰泽完全安静下来，音乐、读经与祈祷开始，柔和静谧的音乐和安静放空的时间流淌在每一位参与者的集体咏唱和个人内心之中。

泰泽共融祈祷程序如下：歌咏赞颂：引子－诗篇；读经：旧约经文－四福音书－书信－简短章节；歌咏：应答对唱－歌咏－短诵；祷词：连祷文－代祷文－主祷文－结束祷文。

先由一位修士领唱赞美诗的第一节作为祈祷的引子，随即会众整体加入合唱，紧接着是一首诗篇的咏唱和一段不同语言的圣经诵读。由一节应答对唱打断诵读的声音，这时便引领会众整体重复歌咏一段默想式的短诵歌曲，以进入随后长达五至十分钟的静默时间。接着几位修士轮流领唱出连祷式的祈祷文，会众在每一句之后都以"上主，求你垂怜！"（kyrie Eleison）回应。然后修士诵读主祷文，并以几种语言读出简单的祝福祷文，与会众一起颂唱几首泰泽歌咏。这时修士们会起身离堂，人们会以为祈祷结束了，实际上第二部分正在展开，那就是以简单的泰泽旋律编织成绵延不断的祈祷之声，会

众可以随意愿离开。在晚祷之后，很多人会继续留下来祈祷直到深夜，会有一些修士逗留陪同并倾听他们的心声。

在共融祈祷开始之前，会众会提前参与排练歌曲，指挥只有这时才会出现。自己带乐器的人会在祈祷中伴奏，由于伴奏者都是访客，所以只有短短数天的练习时间，但成果却很显著。很多参加者都有一种观点认为唱歌是很困难的事，需要有天份和很长时间的学习，但来到泰泽就发现这不是必须的，因为所有的人在一起歌唱并彼此支持，同时独唱或领唱者是需要摒弃所有表演的元素并转变自己的声调以达到融合之美。这种排练的目的并不相同与合唱团演出前的彩排，指挥试图让会众理解，他们在唱什么、做什么以及为什么要练歌？泰泽歌曲的排练也努力达到使所有人在其中一齐祈祷咏唱。当所有的人能同心合一时，练习本身可以成为一个祈祷。这样可以帮助人们预备并投入共融祈祷，并明白这不是个人单独做的事情。人们在一起准备并共同献上自己的声音、能量和整个身心。不同的人能以相同的声音向同一的上帝歌唱，这是很简单又很有力量的祈祷。由于泰泽音乐是祈祷的一部分，很多音乐的完美指标如节奏、音调等都不可应用于此，但已无关紧要。它所散发出来的魅力使每位歌者、音乐创作人都会欣赏这里的音乐。参与者会感到融于比自己伟大的事件之中，这种感受无与伦比。

泰泽共融祈祷目前在全世界被广泛接受，中国大陆部分教会也逐渐采纳，[4] 实际上它的方式与历来信徒不同传统的礼仪方式或日课毫无分别。泰泽创办人罗哲鼓励年轻人"若是人知道与他人共融祈祷时咏唱，或个人静独时引吭高歌，竟能开敞人内在的自由！共融祈祷能使人默观复活主的临在，尤其是透过祈祷之美和圣歌的咏唱。"[5] 泰泽的共融祈祷可谓是奇迹般的存在——作为容纳了基督宗教不同派别的共同礼拜，这一点尚未有其他团体可以做到。

泰泽音乐与祈祷的风格整体是安静的，在这种默想式、简短而又空间无限的音乐中，沉浸在团体歌咏与祈祷的合一里，可以回到内心空间倾听圣灵微小的声音，在自己的静室中探求上帝。这不是旧约利未人歌唱的献祭和传统唱诗班的音乐赞美或当代敬拜赞美短歌的呼求，更不是个人音乐虔诚思想及音乐技巧的高超表达，这是团体的祈祷、歌咏和灵修，正犹如葡萄枝子连

4　中国教会对泰泽祈祷的接纳以天主教会为主，新教则整体趋于十分保守的崇拜观，这里涉及到当代中国福音派教会的崇拜发展问题，在此不赘述。

5　[法]泰泽团体，《泰泽颂赞之歌》，台北，光启文化事业，2002年，封尾。

于葡萄树上。泰泽团体始终秉持合一教派的理念开展修和工作，并为来自世界各地的青年们开辟了这个灵修中心。各宗派信徒在泰泽以歌咏祈祷的方式达到个人和整体神圣体验的自由与合一，目的是通过这样的灵修反省和复兴个人信仰，用安静、被转化的感觉唤醒内在力量，使其拥有一份能赋予生命的动力，将信仰实践于各自的国家和社区。

泰泽音乐通俗易懂却丰满和谐、井然有序又灵活可变，结合安谧默想的祈祷模式，构造成祥和的合一整体以触及内心深思和探寻灵魂的独特风格。如今，这个曾经异常平静的村落被誉为"信仰的泉源"，已成为现代年轻人的朝圣之地。因此接待访客特别是年轻是泰泽团体的重要内容，除了固定的祈祷时间外，每年的每一周都有不同国籍的年轻人参加以"内修生活与人类团结"为中心的聚会，使参与者把信仰与当代社会多元化的现实联系起来。其中有多个小组讨论特定的题目：如"宽恕是否[6]可能呢？"、"全球化的挑战"、"我们如何响应上主的呼召？"等，也有关于艺术和音乐的题目。

泰泽的生活一方面是在祈祷与内省之中体会与上帝的共融，另一方面是体验人与人之间的团结合一，两种经验息息相关。它提供了开放与聆听的氛围，使来自世界各地的年轻人发现能够在多元文化与基督宗教传统中寻找到一条相融的道路。这一点让身处充满分裂、暴力与伤害的世界中的人们，有足够的能源成为信心与和平的缔造者。泰泽提供给年轻人"信心在人间朝圣旅程"，这个活动的独特之处在于，它并不组织团体，而是邀请每个参加完信心之旅的青年人回到家以后，在自己的处境中活出他们已经知道的一切，以便更加体会自己的内在生命并意识到自己与其它同样寻求真正重要事物的人是彼此相联的。泰泽传递出的爱、信心、活出信仰与肢体合一的内涵不断地吸引来自各洲陆越来越多的年轻人，罗哲修士本人也成为青年人宗教信仰复兴运动的主角。

三、音乐特色：极简的普世风格

泰泽音乐作为最具标志性的团体特色，其发展历史是一个对传统学习、提升和再创的过程。20 世纪 60 年代梵二会议的礼仪改革取缔了传统的拉丁文仪式，随之教会音乐品质下降，传统圣乐和复调音乐的宝藏被遗弃。法国作曲家约瑟夫·热里尼奥神父早在仪式彻底变革之前已经预料到这场危机的

---

6 https://www.taize.fr/zh

存在，他所做的是为传统圣乐注入新的活力。他的作品广为流传，这些诗歌"用忠实于希伯来语的译文和简约和谐的曲调来咏唱……音乐异常简单，只需最为直接的重音音节的变调。"[7]泰泽团体采纳了这种简朴的观念，他们最初使用的就是热里尼奥以及16世纪的圣歌/乐。后来一些专业作曲家的加入，使泰泽歌曲慢慢形成自己的普世性风格。

泰泽在创办初期，修士们在团体生活中一起唱歌，其中有些人懂得音乐和谱曲，因此他们开始混声四部合唱和圣歌颂唱。最早只有泰泽修士住在这里没有访客，他们的祈祷方式是像隐修院一样使用较长的圣咏诵唱并全部用法文。60、70年代由于到访者越来越多，修士们感觉到不能继续采用旧有的祈祷方式，他们努力寻求新的途径好让到访者更容易投入祈祷。但除了人数方面有很大的增长之外，不同国家的到访者所说的语言成为新的障碍——教堂内要用多种不同语言祈祷，于是渴望在祈祷中合一的想法成为泰泽团体的目标。

由于西方教堂音乐传统中严谨的时间空间构成也带来了时间流动的障碍以及情感表达的问题，泰泽团体在写作音乐时便充分考虑到了这些。音乐上的改变是首当其冲的，一些法国的作曲家开始参与合作和探索。严谨的时间编排是西方音乐发展史上一个重要的特质，它影响着基督宗教礼仪形式和礼仪中音乐的运用。教会礼仪是经过精心设计、由严谨结构筑成的。例如在日课中，包括一首赞美歌、三首圣咏、一首答唱咏等，所有人都明确知道每一部分的需时。这种形式有其优点但同时也牺牲了艺术的自由空间，因此发掘一种较流畅的音乐风格在教会礼仪中很具价值意义，而这种风格是没有人知道开始和结束的。他们找到了一个渠道——重复性的短诵"所有人都能积极加入团体的祈祷中……使用纯正的音乐品质中的简单要素……让真正的祈祷者通过音乐表达自己……简短而琅琅上口的乐句能被所有人轻易地记住，这就是我们找到的一种解决办法。"[8]反复的祈祷短诵、不为每首歌设定时限可以使人们排除思想中的杂念，并帮助他们重拾祈祷久被遗忘的一面，就是付出时间与主相遇。在歌词上，由于拉丁文对任何人而言都是外语，它的中立色彩因素也被运用，其语音温和性的重音节与音乐的律动性贴切相配。曾困

7　[英]安德鲁·威尔逊-迪克森，毕祎、戴丹译，《基督宗教音乐之旅》，上海，上海人民美术出版社，2002年，第223-224页。

8　[英]安德鲁·威尔逊-迪克森，毕祎、戴丹译，《基督宗教音乐之旅》，第225页。

扰天主教仪式上百年的是否废弃拉丁语问题，因为泰泽的运用方式和目标作用的改变，其争论已不复存在。在唱颂圣歌时，领唱或独唱常轮流使用各国语言，这样的处理细节也为达到共融合一。教派的界限在泰泽祈祷中不复存在，它保留了教会的礼仪传统并将其简化，真正地转变成会众参与的共融祈祷。

因此，这些优美简洁承载深厚传统却又充满深情的短诵歌咏成为泰泽团体最引人瞩目的特点：优美静谧精心的音乐、逝去的拉丁语（成为没有障碍的语言）、简短的歌词（来自诗篇或祷文）以及重复性的咏唱直至深入人心，没有讲道和复杂的祭礼仪式，突破了核心的神学阻碍，仿佛回到旧约犹太人的祈祷中。另一个主要因素是，这些歌曲和祈祷仪式的伸缩性空间极大，可繁可简易于操作，却又充满了深邃的属灵涵义和内省的灵性之美。

混声合唱赞美歌、卡农曲、欢呼式的应答对唱（如 Alleluia）和连祷文的应答对唱（如 kyrie）是泰泽歌曲的特色内容。混声合唱赞美歌是由全体会众不断地重复唱颂同一段音乐，其中有些是富有默想性质和平静安详的。这类赞美歌的和声并不复杂但井然有序，如谱例 1《耶稣基督》遵循格式化的和声动向富有律动性和歌唱性。高音与次中音声部基本反向进行，中音和低音声部以同向进行衬托，四声部精心安排保持着传统基督宗教赞美诗的平衡。其小调式旋律带来的宁静优美以及和声的丰满和谐是泰泽音乐的特点。全曲仅两句歌词是同头变尾的结构，这种异常简短的风格摒弃了赞美诗分节歌的传统，将原来信息过多的内容变得简单易学，反复颂唱很容易深入内心，以此达到口唱心合的效果，这也实践着奥古斯丁"歌咏是双倍祈祷"的传统。

为了让全世界的参与者都可以学习歌曲，泰泽的多语种（包含中文）官网专门有"祈祷与歌咏"栏目，其中"学唱泰泽歌曲"中有上百首范例。每一首歌曲都配有可下载的乐谱和女高、女中、男高、男低各声部的 Midi 音乐以及四部混声伴奏和吉它伴奏的 Midi 音乐，其中编配优美、灵活多样的吉它伴奏 Midi 音乐是典型的泰泽风格。网络使泰泽歌曲流传更加迅速，今天的人们可以在欧洲、美洲，甚至在肯尼亚内罗毕的平民区或者印度的乡村里都能听到这些乐曲。

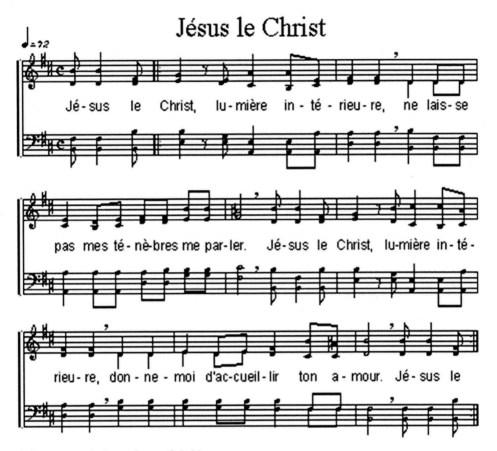

（谱例1：混声合唱《耶稣基督》）

（歌词大意：耶稣基督在我心中照耀，不要再让黑暗喋喋不休。耶稣基督在我心中照耀，打开心门迎接你的爱。）

　　这其中，音乐与祈祷的实践有泰泽团体刻意存留的传统：反复诵唱的歌曲类似古老的祈祷方式，如西方传统的万福玛利亚和东方教会的耶稣祷文，同时寻找新的歌曲、新的字句好深入年轻人内心也是一项持续的工作。古时的文章在充满天分的作曲家手中会得到全新的演绎，给祈祷仪式带来新的活力。泰泽短诵能引领人们进入合适的情绪和氛围中祈祷，在五至十分钟的静默时间内集中思想和沉寂身心，安静下来的心灵会期盼歌唱，这就是泰泽短诵所带来的效应。简单地咏唱歌曲是泰泽祈祷的核心，这样参与者既能理解歌曲又能领会它所表达的祈祷内涵。利用三言两语表达信仰的真谛，这种祈祷之乐提炼出音乐与祈祷中的简单元素将其融合，在朴素之上又不拘形式，使歌者同心合一地集体祈祷却又享受安详自在的个人体验，这看似矛盾的不同感受在泰泽共融祈祷中紧密相连、水乳交融。

　　当这些简单美丽的歌曲被集体颂唱时往往使到访者感到震撼，它们如同蕴藏于大海内部的无数声音在和谐地交响。其音乐不是供人欣赏的，它把参与者的注意力凝聚到对未知上帝本性的默想和认识之中，而在其中人们也能感受到上帝正透过音乐向寻找者启示他自己。泰泽团体的特色，也在于它指出了音乐究竟在什么地方是真正具有普世性的，即音乐不是单纯为享受而存在，它是通向神圣体验的媒介，其目的直指人们所凝视的终极上帝。作为教堂音乐美学的现代实践者，泰泽歌咏同样具有感化、启示和提升的力量，并忠实地实践着源自中世纪哲学观中音乐位于和谐之中，而和谐是上帝本性的美学传统。

第二部分　田野中的音乐与艺术

壹、山西临汾地区基督教诗歌

2003-2004 年期间，笔者对山西多地进行田野考察，对一些有代表性的基督教派别及个人进行采访搜集传统赞美诗歌和民间自创的诗歌。具体有山西师范大学王教授演唱的《席胜魔诗歌》、聚会处诗歌、洪洞教会灵歌、真耶稣教会诗歌、侯马教会耶稣家庭诗歌、平遥教会内地会诗歌和灵歌等。下文为搜集整理和记录的部分乐谱和歌词。

一、席胜魔诗歌和聚会处诗歌

席胜魔（1835-1896）山西平阳府临汾人，经历传奇，从大烟鬼变成一代著名的牧师，曾用山西地方民歌曲调创作诗歌用于传福音，集结成《席胜魔诗歌》，他也是创作中国风格基督教赞美诗的第一人。由于旧版诗歌本基本为歌词，乐谱流传的不多，老诗歌的传唱基本依靠口传。此曲由山西师范大学王教授演唱，他的祖上是跟随席牧师聚会处聚会的老信徒。下曲《人生好比一个蚕》也由他演唱。

劝信主歌-席胜魔诗歌

1=E 2/4

孙晨荟记录

5 1 │2 5 5 3 │2 2 2 5 │1 0 │2 1 6 1 │5 0 │2 1 6 1 │2 0 │1 5 1 6 │
比 我 年 迈 的 这 些 大 佬， 你 当 知 晓， 你 当 知 晓， 你 当 知
同 我 客 旅 的 这 些 朋 友， 你 当 考 究， 你 当 考 究， 你 当 考
共 我 海 内 的 这 些 弟 兄， 你 当 通 情， 你 当 通 情， 你 当 通
与 我 面 遇 的 这 些 姊 妹， 你 当 理 会， 你 当 理 会， 你 当 理

5 0 │5 2 5 │2 5 5 3 │2 2 │2 2 5 │1 0 │2 1 2 3 │2 0 │1 5 1 6 │
晓。 你 好 比 秋 天 的 树 儿 霜 降 早， 叶 落 而 又 落， 枝 上 站 不
究。 你 好 比 黑 夜 的 行 人 儿 行 差 路， 道 错 而 又 错， 只 管 往 前
情。 你 好 比 瞌 睡 的 汉 儿 到 天 明， 躺 卧 而 又 卧， 高 低 唤 不
会。 你 好 比 生 气 的 虫 儿 在 腹 内， 心 窄 而 又 窄， 气 得 了 不

5 0 │2 5 5 │2 5 5 3 │2 2 2 5 │1 0 │2 1 6 1 │5 0 │2 2 │2 2 │
牢。 何 不 想 你 桑 榆 晚 景， 时 光 近 了， 灵 魂 地 狱 缠
走。 何 不 想 你 快 马 鞭 策， 前 驱 深 沟， 临 崖 收 觉 悟
醒。 何 不 想 你 贪 恋 红 尘， 浮 生 若 梦， 临 崖 终 觉 悟
得。 何 不 想 你 呕 气 伤 肝， 多 病 多 累， 膨 涨 痨 喝

2 │2 5 │1 0 │2 1 2 3 │2 0 │1 5 5 1 6 │5 0 │2 1 2 │2 2 5 │1 0 │
怎 脱 迷？ 劝 你 信 耶 稣， 快 快 迟 将 主 靠， 将 主 靠， 将 主 靠
却 迟 后。 劝 你 信 耶 稣， 快 快 地 早 回 头， 早 回 头， 早 回 头
一 场 空。 劝 你 信 耶 稣， 快 快 地 求 永 生， 求 永 生， 求 永 生
害 了 谁？ 劝 你 信 耶 稣， 快 快 地 离 开 罪， 离 开 罪， 离 开 罪

2 5 5 3 │2 3 2 │2 │2 5 │1 0 │2 1 6 1 │2 — │1 5 1 6 │5 — ‖
残 喘 余 生 学 天 道， 同 到 乐 园， 任 尔 道 遥。
退 离 危 险 立 平 畴， 从 容 中 道， 天 国 优 游。
罪 人 称 义 进 天 城， 脱 然 无 累， 永 住 圣 京。
病 体 痊 愈 得 安 慰， 后 升 天 堂， 福 气 更 美。

人生好比一个蚕

灵歌土调（河西农村教会）

1=C 2/4

孙晨荟记录

5 6 i │6 5 3 │5 2 3 2 │1 0 │6 i 6 i │2 i 6 3 │5 0 │6 5 3 6 │
人 生 好 比 一 个 蚕， 咕 咕 喁 喁 过 儿 年， 吐 了

5 0 │6 5 3 6 │5 0 │5 6 i 2 │6 5 3 │5 2 2 3 2 │1 0 │3 2 1 3 │
丝， 做 了 茧， 变 成 个 蛾 儿 飞 呀 么 飞 上 天。 飞 到 乐

2 0 │3 2 1 3 │2 0 │5 6 i │6 5 3 │5 2 3 2 │1 0 ‖
园， 多 么 喜 欢， 哈 里 路 亚 我 真 喜 欢。

灵歌《人生好比一个蚕》采用了苏南民歌《紫竹调》的旋律，这种旧曲填词的方法十分常见，《老八板》、《孟姜女》、《茉莉花》等旋律也是传教士和本地民众喜爱换词的民歌，此法便利快捷但也属偷懒之为。聚会处属于地方教会，也称"小群"，这首是该会的诗歌。

二、洪洞教会灵歌和真耶稣教会诗歌

洪洞县李恩喜演唱数首灵歌，多为旧曲填词，对普通信众来说，这样操作使得要表达的心声和传递出的信息更多更容易，内容也透露出强烈的福音保守主义的神学观点。

福音民谣《信了耶稣好》歌词，曲调为革命歌曲《社会主义好》：1、信了耶稣好，信了耶稣好，信了耶稣你的罪也全免了，有多少免多少，即便你的罪比山还要高，只要你把罪担全交，主说你完全放心我再不提了，我再不提了。2、信了耶稣好，信了耶稣好，信了耶稣你就悔改重生了，保惠师倚赖到，撒旦魔鬼夹着尾巴逃跑了，心里充满平安喜乐，无形的美好天国马上就来到，马上就来到。3、信了耶稣好，信了耶稣好，信了耶稣你就被圣灵充满了，爱读经爱祈祷，脸上属灵慈悲也越飞越高，飞到空中与主相遇，飞到那荣耀天家任尔逍遥，任尔逍遥。

福音民谣《请看世上奔跑人》，曲调为校园民谣《外婆的澎湖湾》：请看世上奔跑人缓缓又慢慢，缓缓慢慢耗尽了他的血和汗，一生操心又传家业终日多忧伤，年老财散人轻看心中徒悲伤。不如信靠主耶稣还能救灵魂，信靠耶稣是真神才是人的真，知识上等名利富贵一切皆虚空，归向天堂承受永生快乐无穷。信耶稣，有永生，信靠耶稣有永生，基督救恩乃是救罪人，信靠耶稣乐无穷，信靠耶稣乐无穷。

弟兄姐妹啊（灵歌）

李恩喜演唱
孙晨荟记录

1=C 4/4

```
5  535617 | 6 - - 0 | 5 653212 | 3 - - 0 | 1· 2 3 5 | 6 6 3 2 i
弟兄姐妹 啊，    你可曾想 到，    在你走完世界的路程
```

```
3 5 6 2i | 6 - - 0 | 1· 2 3 3 | 5 653 - | 5 535617 | 6 - - 0 |
回 家 时，    那时天父要问你， 你如何回 答？
```

```
2· 3 2 i | 6 616 5 | 3 35321 | 2 - - 0 | 2· 212 | 55 30 |
你是欢乐，你是忧愁，你还是害 怕？    你若曾为主受苦，
```

```
5 535617 | 6 - - 0 | 2· 3 2 i | 6 616 5 | 3 35321 | 2 - - 0 |
天父是何心 情？    你若在世忙私欲，天父是啥态 度？
```

```
5 535617 | 6 - - 0 | 2· 37653 | 6 - - 0 | 2· 3 2 i | 6 616 5 |
弟兄姐妹 啊，    叹有今日 时，    殷勤做工向神 行，
```

```
3 35321 | 2 - - 0 ‖ 2 123 - | 5 543 - | 2· 37653 | 6 - - 0 |
好好地备礼 物。    一 生 主 保 咋 平 安？
```

```
6· 636 | 6 2316 | 2 727653 | 6 - - 0 ‖
怎能孤身回天家， 空手见天父。
```

亲爱的朋友
（山西眉户调）

李恩喜演唱
孙晨荟记录

1=C 4/4

```
5  556i65 | 4 - - 3 | 2321 71 232 | 1 - - 0 | 1· 2 5 - |
亲爱的朋 友，    我劝你早回 头，    在 世上
只要你信靠 主，    勇敢地往前 走，    苦 水
亲爱的朋 友，    你不要泪水 流，    生 活
```

```
6i654 3 | 2312 5 3 | 2321 71 232 | 1 - - 0 ‖
咱不能 永远长久， 永远长 久。
也能 变成美酒， 变成美 酒。
从来 就是这样， 你不要太难受。
```

亲爱的救主啊（灵歌）
（第二段歌词）

李恩喜演唱
孙晨荟记录

1= C 4/4

```
6 6  6 7 2 7 6 | 5 - - ♯4 | 3 3  2 ♯1 2 3 ♯4 3 | 2 - - 0 | ♯1· 2 3 3 3 3 |
亲爱 的 救 主 啊，    你爱 我 过于 自  己。     你  为我 受苦 在

5· ♯4 3  3 | 2 2  3 5 6 1 7 | 6 - - 0 | 2 2  2 1  1 2 | 3 5 ♯4 3  3 |
十 字架 上，你让 我认 识了 你。      即便 有恶人 他 们起 来

6  6 2 7 6 5 ♯4 | 3 - - 0 | 2 2  2 1  1 2 | 3 5 5 ♯4 3  3 - | 2 2 2 3 5 6 1 7 |
攻 击 我，     你总 是暗 暗地 护 庇着 我，    把我 藏在 你的 怀

6 - - 0 | 6· 6 6 6 5 6 1 7 | 6 - - 0 | 5· 5 5 ♯4 2 3 5 4 | 3 - - 0 |
里。    你 不嫌我 卑    贱，    你 不嫌 我空    虚，

2 2  2 1  1 2 | 3 5 ♯4 3  3 | 2 2 2 3 5 6 1 7 | 6 - - 0 ‖
我行 为也 不如 他 人美，    你却 不把 我忘 记。
```

灵歌《亲爱的救主啊》歌词："亲爱的救主啊，你今在哪里？自从我心中有了你，昼夜思想你。特别是在那患难困苦的遭遇中，我更是加倍地需要你，连声呼求你。你是我的依靠，你是我的需要，每当我面临着困苦忧伤，你总是把我拥抱。亲爱的救主啊，你爱我过于自己。你为我受苦在十字架上，你让我认识了你。即便有恶人他们起来攻击我，你总是暗暗地护庇着我，把我藏在你的怀里。你不嫌我卑贱，你不嫌我空虚，我行为也不如他人美，你却不把我忘记。亲爱的救主啊，谁能与你比？你是荆棘中的百合花，唯有你最美丽。你那诚实无伪的爱感化了我，我愿意终生服侍你，永远属于你。你对我抱希望，你交我的任务，真理的圣灵时常在我心中指引我。亲爱的救主啊，我再求求你，在这黎明前的黑暗里，求你加给我勇气。在这黎明前的黑暗里，求你加给我勇气。"这首歌创作于 20 世纪 80 年代，当时歌舞厅兴起，信徒认为这是对灵魂的败坏，在一片哭声和悔罪的情感中这首歌曲由此产生。

以下是真耶稣教会的传统诗歌和民间自创灵歌，真耶稣教会作为具有典型意义的地道中国本土教会，1917 年由魏保罗创办于北京。

顷刻间
真耶稣教会诗歌132首

1= D 2/4

孙晨荟记录

```
5  5 7 | 6  -  | 7 2 6 5 | 3  -  | 6 5 6 5 | 6  -  | 1 2 ＃4 3 | 2  -  |
顷  刻 间，   主 来 接 我，   真 上 天 庭   去 国   围 绕 宝 座   年，
七  千 年 满 后，   同 到 世 间，但，   设 立 太 平 天   众 快 活   次 万 主   般，
老  请 看 那，   名 叫 撒 旦，   诱 惑 摔 下   永 末 次 痛 哭   站 立   反，
再  看 那，   末 日 新 天 新   地，   有 义 都 居 在 中   众 圣 团   圆，
```

```
‖: 5· 3 5 3 | 2 3 5 1 7 | 6  -  :‖
   躲 躲 躲   躲 避 大 灾   祸。
   管 管 管   管 理 全 地 火   面。
   反 反 反   反 动 天 火 可   怜。
   炼 炼 炼   炼 得 真 永 火 炼。
   断 断 断   断 定 永 火   年。
   欢 欢 欢   欢 乐 到 万
```

一心信靠我恩主
真耶稣教会诗歌56首

1= C 4/4

孙晨荟记录

```
5  6 5 5  6 5 | 5  5 1 1  6 | 6  6 5 5  6 | 6  6 5 5  -  | 5  6 5 5  6 5 |
一 心 信 靠 我 恩 主，   往 前 走   往 前 走，   战 败 一 切
一 心 信 靠 我 恩 主，   往 前 走   往 前 走，   往 前 走 不
一 心 信 靠 我 恩 主，   往 前 走   往 前 走，   主 在 前 边
一 心 信 靠 我 恩 主，   往 前 走   往 前 走，   跟 随 主 不
```

```
5  5 1 1  6 | 6  -  1 5 | 5  -  -  -  | 1 3 2 1 | 6  1 5 5  -  | 1 3 2 1 |
恶 风 俗，   往 前 走，   常 常 救 世 人 的 命，   时 刻 靠 你 心
敢 退 步，   往 前 走，   天 天 祷 告 祈 求 主，   日 日 为 主 努 力
引 导 路，   往 前 走，   言 语 行 为 效 法 主，   为 主 在 我 天 家
怕 吃 苦，   往 前 走，   不 多 时 同 众 徒 弟，
```

```
6  1 5 5  -  | 5  6 5 5  6 5 | 5  5 1 1  6 | 6  -  1 5 | 5  -  -  -  ‖
主 修 行，   这 样 为 你 主 精 兵，   往 前 走。
念 圣 书，   这 样 为 信 心 你 能 坚 固，   往 前 走。
多 劳 苦，   这 样 为 你 何 等 门 徒，   往 前 走。
得 安 息，   这 样 享 福 气，   往 前 走。
```

好小孩儿
真耶稣教会诗歌70首

1= E 4/4
孙晨荟记录

```
3  3 2 1  2 | 3  3 5 3  2 | 1 2 3  2  2 | 2  2 1 1  —
好  小孩儿  爱 天 父，   时 常 靠赖  主  保 护，
好  小孩儿  怕 有 过，   时时用功  不  懒 惰，
好  小孩儿  若 学 善，   必得大福  在  天 堂，

5  1 1  2 | 3  3 5 3  2 | 1 2 3  2  2 | 2  2 1 1  —
爱  学 真 理  念 爱 圣 书，   时 常 赞 美 言  主 耶 稣。
顺  从 永 靠  母爱 耶 稣 怀，   不 使 恶 魔鬼  出 于 口。
那  时 永 靠  耶 稣 怀，   再 无 魔 鬼 害 他 来。
```

（叠句）

```
5  1 1  2 | 3  3 5 3  2 | 1 2 3  2  2 | 2  2 1 1  —
求  上 主  使 我  如 此，   我 情 愿 做  主 孝 子。
求  上 主  使 我  如 此，   我 情 愿 做  主 孝 子。
求  上 主  使 我  如 此，   我 情 愿 做  主 孝 子。
```

真教会必然兴起
（真耶稣教会诗歌）

1= F 4/4
孙晨荟记录

```
1 2  3· 2 | 1  3 5 2  2 | 3  5 5  — | 6  5 3  2 |
真 教 会    必 然 兴 起，  因 为 是    神 的 能 力，

1 2  3· 2 | 1  3 5 2  2 | 3· 5  3· 2 | 2  3 2 1 | 1
为 荣 耀    基 督 耶 稣，  赞 美 神    哈 利 路 亚。
```

这首诗歌是每次在聚会的祷告最后主祷文结束时会众演唱，这相当于真耶稣教会的会歌。

奉主耶稣圣名受了洗（灵歌）

1= C 4/4
孙晨荟记录

```
3 5 5  3 5 5 | 6 6 i 6  5· 6 | 3 3 5 3 2 2 2 1 | 2 2 2 3  2 —
奉 主 耶 稣  圣 名 受 了 洗，  我 的 罪 孽 洗 净 在 主  宝 血 泉 源 里。
我 们 受 洗  真 是 父 旨 意，  效 法 主 在 约 旦 河 里  受 了 大 水 洗，
耶 路 撒 冷  门 徒 等 圣 灵，  全 体 跪 下 大 声 祷 告  圣 灵 大 降 临，
受 了 圣 灵  有 了 真 秘 权，  总 要 信 心 行 为 诚 实  常 讨 主 喜 悦，
快 信 耶 稣  能 得 大 福 气，  道 路 真 理 生 命 在 主  耶 稣 教 会 里。

i· i i 1 2 3 3 3 2 | 3 2 i i 6· i | i i 6 i 2 3 i 6 | 5· 3 5 6 5  —
多 年 疾 病 主 有 能 力  信 者 必 痊 愈，  我 心 欢 喜 行 父 旨 意  祷 告 求 安 息。
主 对 尼 哥 底 母 夜 里  谈 论 董 生 理，  不 从 水 和 灵 生 不 能  天 一 共 十 二 人。
地 大 振 动 病 如 同 就 是  神 迹 随 着 你，  保 罗 在 以 弗 所 这 样  圣 洁 爱 主 灵 里 跳 舞  做 天 父 儿 女。
放 胆 讲 道 医 病 赶 鬼  圣 灵 改 变 你，  见 主 能 说 天 国 话 语  万 言 为 凭 证。
劝 你 快 来 虚 心 领 受
```

救主耶稣（灵歌）

孙晨荟记录

1=C 2/4

A段

```
3 5 5 6 | 5 - | 6 1 2 1 | 6 - | 2·1 6 1 | 4 5 | 2 5 3 2 | 5 - | 1 5 1 | 5 4 2 |
救 主 耶 稣，  主 耶   稣，  救 主 耶 稣 基 督 受 尽 万 般  苦，   死 特 为 赎 罪 牵，
```

```
5 1 5 4 | 2 - | 5 4 2 | 1 2 | 2 1 6 ‖ 1 1 3 2 1 2 | 2 5 5 2 3 | 5 1 | 5 2 1 2 |
特 为 赎 罪  牵，   要 救 咱 脱 离 罪 奴。 曾 离 了 天 庭 撇 下 荣 耀 的 圣 父，各 样 富 贵
```

同尾

```
3 5 | 2 3 2 3 | 5 6 5 | 5·6 1 7 | 6 6 7 6 5 | 3·5 6 1 | 6 1 6 5 3·2 | 1 - |
尊 荣  一 切 所 有 都 撇 尽， 一 千 九 百 多 年 以 前 降 生 犹 太 国  的 伯 利  恒。
```

```
1·2 5 3 | 2 - | 1·2 1 6 | 5 6 5 | 6 1 2 | 1 7 6 5 6 1 7 | 6 - ‖ 6 1 1 2 |
卧 在 马 槽  中，  救 主 本 来 极 富 荣，为 了 你 我  成 了 极 贫 穷。 飞 鸟 有
```

B段

```
6 7 6 5 | 3 5 3 5 | 6 - | 6 1 1 2 6 7 6 5 | 3 6 | 5 6 5 2 | 3 - | 1 1 3 2 2 1 |
窝， 狐 狸 有 洞， 惟 有 人 子 没 有 枕 头 的 地 方， 思 想 主 是 怎 样
```

同尾

```
1 1 | 1 6 ‖ 1 1 3 2 1 2 | 2 5 5 2 3 | 5 1 | 5 2 1 2 | 3 5 | 2 3 2 3 | 5 6 5 |
为 咱 受 穷。 不 但 受 贫  穷，主 还 替 咱 舍 命，死 在 十 字 架 上， 双 手 双 脚 一 齐 钉，
```

```
5·6 1 7 | 6 6 7 6 5 | 3·5 6 1 | 6 1 6 5 3·2 | 1 - | 1·2 5 3 | 2 - | 1·2 1 6 |
浑 身 上 下 宝 血 鲜 红 流 出，实 在 可  怜 难 形 容。 忍 痛 六 点 钟，  哀 苦 圣 父
```

```
5 6 5 | 6 1 2 | 1 7 6 5 6 1 7 | 6 - ‖ 1·2 3 5 | 6 - | 1·2 3 5 | 6 - | 6 1 2 |
不 留 情，大 声 喊 叫 直 至 丧 了 命。 天 地 都 黑 暗，幔 子 裂 两 半， 地 震
```

C段

```
1 7 6 5 6 1 7 | 6 - | 6 1 2 6 1 6 5 | 5 5 5 2 3 | 5 - | 6 1 2 6 1 6 5 | 5 5 5 2 3 |
墓 开 崩 裂 了 石 盘， 去 世 圣 徒 复 活 显 现， 进 了 圣 城 多 人 看
```

```
5 - | 5 1 5 | 1 2 3 | 5 1 5 | 1 2 3 | 3 6 | 5·6 5 2 | 3 - | 1 1 3 2 2 1 |
见， 因 主 赎 罪 成 功，原 罪 尽 都 舍 清。门 徒 把 主 埋 坟  茔， 三 日 复 活 起 来
```

同尾

```
1 1 | 1 6 ‖ 1 1 3 2 1 2 | 2 5 5 2 3 | 5 1 | 5 2 1 2 | 3 5 | 2 3 2 3 | 5 6 5 |
出 离 墓 坑。 屡 次 而 显  现，给 众 门 徒 们 观 看，四 十 日 以 后 天 使 接 主 升 了 天，
```

```
5·6 1 7 | 6 6 7 6 5 | 3·5 6 1 | 6 1 6 5 3·2 | 1 - | 1·2 5 3 | 2 - | 1·2 1 6 |
常 常 替 人 殷 勤 代 祷，坐 在 圣 父 宝  座 的 右  边。 圣 灵 降 下 凡  震 动 门 徒
```

出黑暗，赐人权柄 胜了撒旦 权。　赐人 生命 接受新命 令，　认识

基督 乐从主命 令，　得重 生 有永 生 盼望进天 城，　与主同得 胜，　也与主

一同 得 荣。要与主同 钉 不让旧生命发生，只 顺从主 的 圣灵来的新命 令，

言语行为 一举 一动 只从圣灵 来 的微小 声。　安 息主手 中　负主的轭

极轻 省，无 论何 往 灵中常安 静。　为 耶稣 受苦反得 荣，　一生 满心荣主

名，　常 常欢 侯救主降 临 接迎。要与主同 工 赔上自己的性 命，为 主的

缘 故 爬上山岭 各县 城，要把主的 救恩 福音 传给普世 罪 人都当 听，

使人得永 生，　帮 助圣徒 同得 胜，同 享 天 国 千年福乐 荣。　学主身受

苦，　攻克自 己，　杀灭众仇 敌，　当做兵器。荣耀归 主，荣归

三 一，颂 赞 不 息。

这是一首由晋南民间戏曲剧种迷胡调（亦称曲子，清曲、眉户戏）填词的灵歌。

三、平遥教会——内地会诗歌和灵歌

在平遥教会采集的诗歌主要是内地会的赞美诗和灵歌。中华内地会（China Inland Mission，CIM）由英籍戴德生牧师 1865 年创办，是一个超宗派跨国家的差会组织。该会采取下层民众的传教路线，完全尊重中国民风民

俗，西人教士从生活、语言、服饰和发型等彻底中国本地化，在中国广大乡村有深厚的群众基础。

我从前风闻有你

平遥信徒演唱
孙晨荟记录

1 = C 3/4

```
3 5 1 | 2 - - | 2 2 1 | 2 3 - | 3 5 1 | 2 - - | 2 2 3 | 2 1 - |
 我 从 前     风 闻  有 你，  我 现 在     亲 眼   见 你。

3 - 3 | 3 - 3 | 2 1 1 | 5 - - | 5 3 2 1 | 2 - - | 2 2 3 | 2 1 - ‖
因 此 我   厌 恶 自 己，  在  灰 中   深 深  懊 悔。
```

本曲第一和第五小节第二拍音符"sol"唱成接近三度的下滑音，其他处也有一些滑音韵腔。这首歌曲是内地会国籍杨牧师到平遥传教，带来了以内地会《颂主圣歌》和聚会处诗歌本，还有一些自创或当时流传的灵歌和经文歌曲。信徒没有歌本，也不识谱，因此学习方式是传抄歌词，笔者几乎在每一处信徒家中都能见到泛黄的抄本。据信徒讲述，这位杨牧师是孤儿，由当时的内地会外国传教士抚养成人，在旧时的洪洞道学院学习神学、西医等知识。由于自小随外国人习得西洋音乐，练就一副优美嗓音，并能演奏六角小手风琴、脚踏风琴、锯琴、铃鼓等乐器。内地会的传教模式是走街串巷深入民间，杨牧师的每一次乡村布道多为露天搭台，长达数十小时，有百多人从四面八方赶来听道，当时环境恶劣并无更多的遮风挡雨防暑避寒之处，但讲员在没有任何扩音设备的状况下始终颇富激情，讲道中还适时穿插唱诗和音乐，由一人统领整场，好赖全凭一副嗓门和热情的坚持，听众也以极大的热情回应，常是头顶雨雪站立在场中无人离去。杨牧师的美声唱法至今让老信徒钦佩不已，在采访时他们随时模仿他当年的演唱风采，此间传递出的信息让笔者觉察到这位牧师对每首赞美诗的诠释声情并茂，并有相当的音乐造诣。在没有更多的圣经和诗歌本的情况下，为了更好地传教，创作灵歌和赞美诗成为最重要的方法。杨牧师也谱曲作词编写了不少诗歌，至今人们还在传唱，赞美诗歌成为信徒获得力量和安慰的流动神学讲章，至于哪一首究竟是谁作词作曲，人们已经混淆不清也并不在意，仅笼统说一句诗歌由某某传唱而已。

主的爱（灵歌）

平遥信徒演唱
孙晨荟记录

1= D 2/4

```
6 3 | 2· 1 | 6 2 1 | 3  3 | 3 2 2 1 | 2·  1 | 6 2 1 | 1 6 5 |
主的 爱，   主的 爱，吸 引 你我到他 怀，   主的 爱。 又相 亲，

1 6 5 | 1 2 3 | 5 3 2 | 3  3 | 3 2 2 1 | 2·  1 | 6 2 1 ‖
又相 爱，常相 会，莫离 开， 手 拉 手儿上天 堂，   主的 爱。
```

登山（灵歌）

平遥信徒演唱
孙晨荟记录

1= D 2/4

```
3  1 | 3  1 | 2· 1 2 3 | 3  1 | 2  1 | 7  6 | 2· 1 7 6 | 5  — |
登 山，登 山，同 登属灵 高 山；登 山，登 山，步 步入云 端。
进 深，进 深，我 们务须 进 深；进 深，进 深，步 步只向 前。

3  1 | 3  1 | 2· 1 2 3 | 3  1 | 3  5 | 1· 6 1 2 | 3  2 | 1  — ‖
登 山，登 山，同 登属灵 高 山；进 入 云 中与主 面 对 面。
进 深，进 深，我 们务须 进 深；把 船 开 往开往 水 深 处。
```

此曲是杨牧师与信徒一起爬山赶路至疲惫时，即兴唱出这首"登山、登山、同登属灵高山"诗歌鼓舞大家继续前行。这首灵歌铿锵有力，简洁短小，将登山的行为与信仰的追求巧妙结合。

亲爱的弟兄和姐妹（灵歌）

平遥信徒演唱
孙晨荟记录

1= D 4/4

```
3  1 2 3  1 2 | 3  5  3  — | 5  3 2 1 2 3 2 | 1  1  1  — |
亲 爱的弟 兄 和 姐 妹，   主 里相爱 甜赛 蜜，

3  1 2 3  1 2 | 3 3 5  3  — | 5  3 2 1 2 3 2 | 1  1  1  — ‖
同 一心灵 同一脚 踪，   手 拉手儿 上天 庭。
```

此歌共有五段，曲调最早刊见《民众圣歌集》[1]第53首《小孩歌》：

F调 4/4 耶稣救主爱小孩　　童歌

```
3 1 2 3 1 2 | 3 5 3 - | 3 1 2 3 5 | 3 2 1 2 - |
```

1. 耶稣　救主　爱小孩，　一见　小孩　笑颜　开，
2. 温柔　耶稣　真可爱，　欢喜　祝福　众小　孩，
3. 小孩　心里　爱耶稣，　耶稣　心里　爱小　孩，
4. 我们　大家　心里面，　谦卑　天真　像小　孩，

```
2 6 1 2 6 1 | 2 2 2 - | 5 3 2 1 2 3 2 | 1 1 1 - ‖
```

1. 叮咛　吩咐　众门徒，　让小　孩　到　跟前来。
2. 大人　不失　赤子心，　让小　孩子　上前来。
3. 快带　小孩　信耶稣，　快快　到祂　跟前来。
4. 方才　可以　进天国，　放心　到主　跟前来。

弟兄姐妹啊（灵歌）

平遥信徒演唱
孙晨荟记录

1 = F 4/4

```
5  5 3 5  6  1·  3 | 2  1 2 3  2 3  5  -  | 1  6 5  1  6 5 |
```

1 弟兄　姐妹　啊，　须要　祷控　告，　千总　辛能　苦我们
2 虽然　受逼　迫去　路见，多被　席预　好，不琴　万使　瑟明糊告
3 主来　接赴　我婚　的，预也　备戴　楚可　身麻　玉光糊
4 空耶　中稣　走看　见，筵冕　都要　怜，金不穿常　常祷
5 耶眼　　　　不　实　在　怜

```
3  3 5 6  1  5 6 5 | 5  7 1  2 2 2 3 | 5· 3 2  3 2 1  -  ‖
```

为的是　上天信　堂了，　那时　候，何等　荣耀。
冷淡做　起不　歌舞　祝福干，因为　时　主我　说远也　把变
洁得　白眼　细神　擦　快乐　和　理求

20世纪50年代临汾地区主要有三位农村传道人：杨非吾（霍州内地会）、高传信（侯马耶稣家庭）和王建孝（沁源传道人）。此曲是王建孝牧师在信仰与生活上受到磨难时，创作的诗歌。

---

1 1931 年出版的《民众圣歌集》，由著名神学家赵紫宸作词和燕京大学音乐学主任美籍传教士范天祥编曲，是中国第一本本色化圣诗歌本，曲调皆从民间乐曲改编并配和声，为广大民众而作，但又是质量上乘的佳作。该歌集 2010 年由商务印书馆整本辑于《赵紫宸文集（第四卷）》中。

十三月开花歌
（孟姜女调）

平遥信徒演唱
孙晨荟记录

1＝F 4/4

此曲套孟姜女调，与原曲一样配了 12 段，这种手法作歌在民间十分普遍。

我这个大罪魁呀

平遥信徒演唱
孙晨荟记录

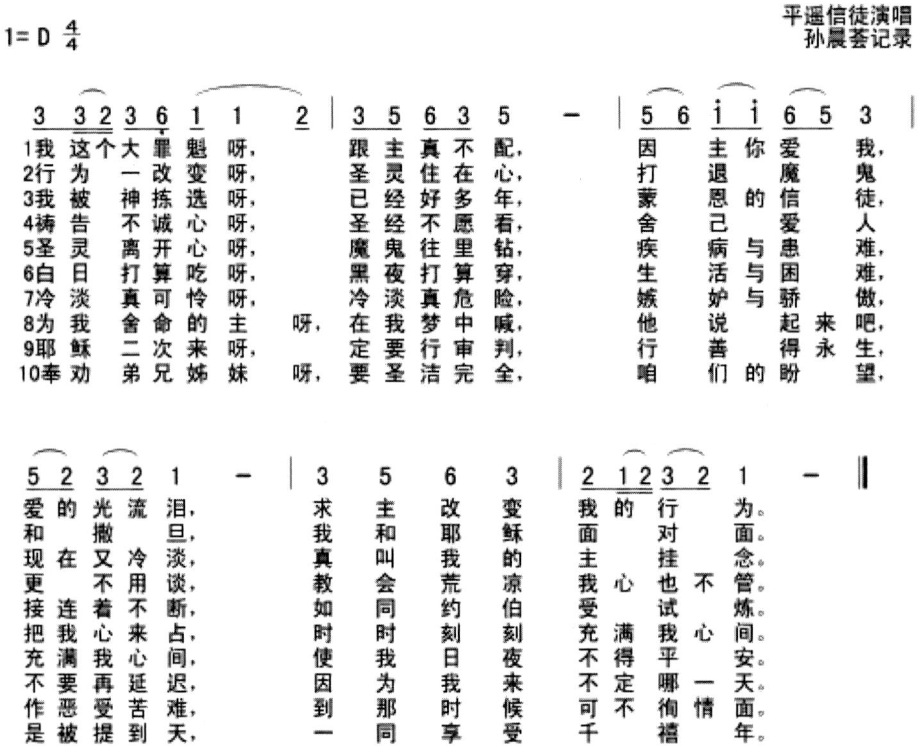

以下歌曲皆为王建孝牧师创作，曲调多套用传统民歌，仅作歌词记录：“《我是天父小娃娃》：1、我是天父小娃娃，在天父面前，好与他说话。无惭愧无惧怕，昼夜喊爸爸，头戴救恩帽，身穿公义褂，满面有荣光，好像百合花。天父看见，心中喜悦，怎能不爱他。2、我是耶稣小弟弟，抱我在怀里，知寒又知饥。赐灵水赐灵粮，时常笑嘻嘻，脚穿福音鞋，手拿得胜旗，口唱救恩歌，声音入云里。欢喜跳跃，跳跃欢喜，跑到乐园里。3、我是圣灵小学生，天天派功课，昼夜永不停。或向左或向右，道路指分明，除掉我疑难，开启我愚蒙，忧愁他安慰，与我表同情。好保惠师，足前明灯，引我到天庭。4、我是天国小子民，天使奉父命，将我路来引。搀我手扶我身，服役如仆人，遇见危险时，卫护我脚跟，不叫我跌倒，不叫灾来临。日夜往来，见我父神，报告甚殷勤。”此曲由平遥信徒演唱，《苏武牧羊》调，王建孝牧师被日本宪兵队抓捕后，一直演唱这首诗歌，这是老一代信徒主日学的诗歌。

《假神歌》该曲曲调不详："你们都请坐，听唱假神歌，可怜我总过糊涂人太多，可怜我总过糊涂人太多。有假就有真，有真就有假，你不分真假救主最伤心，你不分真假救主最伤心。金门抬头靠，土地坐中间，他一年四季不语又不言，他一年四季不语又不言。"

用山西平遥民歌《夸土产》填词的《夸天国》，前 13 段歌词："弟兄姐妹仔细听，我给大家唱首赞美诗，诗内记载天国的事，要注意，把心收在我这里。1、世界的尽头神起头，义人发旺神国度，荣华富贵福禄寿，只等着，复活的义人去享受。（诗 22：7；路 14：13-14）2、天国的君王主基督，秉义行政治万国，诸王都要敬畏他，服侍他，万族事奉耶和华。（诗 72：11；赛 32）3、那时候的光景真是美，新天新地新世界，从前天地都卷起，如卷书，脱掉旧衣换新衣。（赛 34：4）4、那时候天下享太平，没有战争与刀兵，干戈打成农具用，止战争，互不侵犯真和平。（弥 4：3；赛 2：4）5、那时候三光加倍增，日头要加七倍明，月亮要向太阳明，亮晶晶，光天化日满地红。（赛 30：26）6、那时候的人都改变，必死的变成不死的，羞辱的变成荣耀的，奥秘事，朽坏的变成不朽的。（林前 15：51-54）7、那时候的节气要改变，随时撒种能收验，五谷长的如同树，真茂盛，按时下雨随人意。（诗 72：16）8、那时候树儿不落叶，叶则是医药的良药，凡树都结好果子，都可吃，每月结出新果子。（启 22：2；结 47：12）9、那时候的自然真稀奇，春夏秋有无冬季，终年常青花遍地，真秀美，到处发出馨香气。（亚 14：10）10、那时候的众源敞开着，流油流酒流蜂蜜，舀上奶乳洗了足，不可惜，上好的麦子给你吃。（伯 29：6；诗 81：16）11、那时候的国民有福气，有名的植物神兴起，境内没有饥荒的事，赞美主，上帝亲手养育你。（结 34：29-30）12、那时候的建筑明如水，宝石作了房根基，彩色宝石垒墙壁，真美丽，各等器具是金精的。（赛 54：11-12）13、那时候的金银代铜铁，黄铜代替树和木，山上的石头代替铁，众磐石，变成了琉璃彩色的。（赛 60：17）"此曲由王建孝牧师用圣经经文编词 30 段，非常受信徒欢迎。

贰、Gregorian Chant in Tibet——维也纳 国际圣咏会议发言稿（中译）

2011 年笔者获邀参加在奥地利维也纳召开的国际圣咏协会第 16 次年会
（International Musicological Society study group Cantus Planus ,Sixteenth
meeting），同行专家为中央音乐学院音乐学系西方音乐史教授余志刚。作为亚
洲的唯一发言代表，本人为来自世界各地的圣咏研究专家介绍我 2010 年出版
的第一部专著《雪域圣咏——滇藏川交界地区天主教礼仪音乐研究》的基本
内容。会议发言原为每人 10 分钟，但由于题目独具特色和代表性，大会主席
为本人史无前例地预留 30 分钟作专讲和提问，会后反馈十分热烈。

（第一版《雪域圣咏——滇藏川交界地区天主教仪式音乐研究》的封面和封
底，2010 年香港中文大学天主教研究中心出版）

以下为本次会议英文发言稿的中译：

很高兴能参加这次会议。我今天要讲的题目，是我这本书的主要内容。这本书 2011 年由香港中文大学天主教研究中心出版。全书讲述了罗马天主教的礼仪和音乐是如何在中国藏区本土化的。封面上的照片是我用傻瓜相机拍摄的藏族人的神山——梅里雪山。2009 年我在中国藏区实地考察了四个月，与藏族和其他少数民族的天主教徒一起生活与祈祷。100 多年前，法国和瑞士的传教士来到藏区传教，这些人便是当年教徒的后裔，发展到现在大概有 3 千人左右，是一个奇特的少数群体。

我考察的地点位于中国西南部三个省的交界地区，这片区域有很多学术上的名称。这里的交通非常不方便，属于高海拔的高原地区，人们一般会觉得呼吸困难，很容易患上高原反应。这里人们的生活也极其贫困，而大部分的教堂就建立在海拔 3000-4000 米左右的雪山和峡谷的深处。我们知道，藏族人几乎是全民信仰藏传佛教的，他们拥有独一无二并且根深蒂固的宗教文化传统，因此这个地区存在天主教是一件不可思议的事情，而这个情况在中国也没有多少人知道。

早在 17 世纪，葡萄牙耶稣会士就进入西藏深处的古格王朝传教，但教堂和所有的成果都毁于后来王朝的内部战争。如今，只发现了唯一的一件考古文物——一个骷髅面具，它用于藏族传统的祭祀神灵的宗教戏剧中，面具糊满了葡萄牙文的圣经纸张。这是证明天主教早期在西藏存在的唯一证据。

现在我们进入藏区，仍主要经过这样弯曲狭窄，并且非常危险的道路。当你在充满异域风情而又神秘的藏区发现天主教堂时，这真是一件令人非常诧异的事情！这两张图片都是在原来旧址上重建的教堂，左边的这张图片，是位于中国云南省的一座藏族天主教堂。右边图片里的教堂位于西藏，它的外表按照藏族传统建筑风格设计，内部却是罗马教堂式的结构。当你进入教堂，就能看见藏族的天主教徒用藏文祈祷，并用藏语和汉语唱着传统和现代的圣歌。

中国很多古老的文化都毁于 20 世纪 60-70 年代的一场文化大革命中，其中建筑被毁、书本被烧，教堂的相关资料现在很难找到。我很幸运在这些藏族的天主教堂里，以及很小的地方图书馆中，发现了几十本残存下来的原版格里高利圣咏的歌谱。它们都是一百多年前由西方传教士带到中国来的，大多是梵蒂冈、法国以及比利时的版本。如今在中国，这些珍贵的历史资料很少有人知道，只有极少数的人才有学术研究的能力去了解这段历史和这些书籍。这本书的封面被教徒用红色的布包起来，上面绣满了代表吉祥幸福的彩色的动植物，如仙鹤、鹿和桃树等。

我发现的唯一一本藏文的格里高利圣咏歌谱，给我的考察带来了最大的惊喜。不仅因为它的罕见，更是因为今天的人们还在唱着里面的歌曲。虽然他们既不懂乐谱，也不明白歌词的含义。这些藏文歌词是拉丁文翻译成藏文的拼音，用藏传佛教中诵经的字体抄写下来的，所以今天的藏族人也不明白它的意思，因为这些是音译，而不是意译。这本口袋式乐谱，1894 年在法国出版，一些教徒的手中还保存有完好无损的原书。在一些地区，教徒们还有相关的手抄本，而这两种乐谱的区别仅在于藏文字体的不同。

书中的乐曲总共 22 首，由当年的法国传教士编写，用于普通教徒的演唱。这是全书的所有曲目，右边是中文译名。当年，学习了藏语的传教士们将部分原曲的旋律，或替换、或简化、或变动，以适应藏文发音和藏民的音乐习惯。而藏民在百年的口头流传中，也把这些歌曲唱得藏族风格十足。很多乐曲已经完全不同于原来的旋律，这是罗马天主教音乐在中国本土化的典型范例。

在听藏族人演唱格里高利圣咏之前，我首先给大家听两首藏族传统音乐，这样可以稍微了解他们的音乐传统，歌曲都选自 CD 世界屋脊的音乐。第一首是藏传佛教的诵经音乐（播放 40 秒），第二首是藏族民歌思乡曲（Nostalgia）（播放 30 秒）。

下面我们来了解这本藏文的格里高利圣咏乐谱。Hymus,此类歌曲在这本乐谱中的数量最多。我们可以听 veni creator 这首圣咏，原曲 31 秒是从网络上下载的，藏民的演唱（播放 1 分 08 秒）是我的现场录音。这首圣咏的乐谱基本忠于原曲，只是在某些换气和音符的连接上根据藏语的发音做了小小的调整。每首歌曲我会播放完整的一段，这样可以听出它们之间的差异。

Asperges Me （播放 33 秒）这首歌曲，此书的改编者套用了另外一首著名的 Lauda Sion Salvatorem（播放 13 秒）的旋律。我们可以看到旋律完全一样，但是藏族人的演唱已经使我们听不出来原来的曲调了。

Dies irae 这首著名的末日审判歌曲，可能是全曲太长，此书的改编者只采用了原曲（播放 1 分 12 秒）的第一段旋律部分，并且一直重复到乐曲结束，这里因为篇幅的原因，我没有展示出全曲的乐谱。而藏族人的演唱则展现了另外一种乐谱和风格，这是我参加一场藏族天主教徒葬礼上的现场录音（播放 51 秒）。两种版本我各放两段，听起来完全不同。

最后我为大家播放一首圣诞节的颂歌（播放 56 秒），这首乐曲具有中国的五声调式风格，我并没有找到对应的格里高利圣咏原曲，也许它是其他圣歌的改编，如果哪位知道的话，可以告诉我。

我们可以听出来，藏族人唱的圣咏明显慢了很多，没有太强的节奏性，并且加入了很多当地人的装饰音等等。藏族人唱圣歌都是通过口头的代代传承，乐谱文本仅为它们提供一个歌词的提示。藏族的天主教徒几乎已经把格里高利圣咏变成了藏族风格的圣咏，而一百多年前传教士在编写时，考虑到文化与文字的差异，对乐谱进行了一些简化的变动，以便藏民能够学会，这就是我们今天看到和听到的藏文格里高利圣咏曲集。

藏文格里高利圣咏仅是书中的一部分内容，更全面的音乐以及礼仪的介绍在这本书中已经做了详细的研究，尤其是他们过圣诞节、复活节等大节日的方式非常具有藏族特色，这里就不多说。

我们总结关于藏族的天主教文化，今天所看到的，是一个多元文化的混合体。这些人的信仰是罗马天主教的、伦理是中国-藏族式的，而仪式则是中西混合的。虽然是一个四不像，但正是这样，西方的天主教才得以在中国西藏这片神奇的土地上生存至今。

我的演讲到此结束，谢谢大家！

叁、澳门宗教音乐[1]

澳门总面积 23.8 平方公里，人口 43 万，被视为是东西方文化的交汇处。这里的居民信仰宗教的历史悠久，现在各种中西宗教的信徒在澳门总人口中占据很高的比例。漫步澳门街头，刚穿过一座色彩明艳的南欧式小教堂，邻街就看见了一个被树木荫蔽的中国古庙宇；当目光正被路边摆满了鲜花供品的高大香岸所吸引时，却不经意地在某家大门前的角落里发现了悄悄燃香的小巧神龛。无论是本土的佛道宗教还是外来的基督信仰,在澳门这片弹丸之地上都拥有自己的一片天空。教堂里庄严肃穆的合唱圣咏和民间中锣鼓震天的神功戏曲同时在这里传响并延续了百年。也许澳门是时下流行的倡导"宗教对话"以实现和平理解的人士们实现理想的好场所。

一、西方圣乐

现代世界中，基督宗教的广义划分是三大类别：天主教、东正教、新教。只是在中国，人们习惯上把新教称为基督教。这三大类别虽然是出于同一根基，但由于各自神学观点上的差异，因此延伸出来的宗教艺术的枝子就各有特色。

天主教是西方理性思维的产物，欧洲历史上几乎每一位重要的音乐家都对教堂音乐的发展作出过贡献，宗教是西方传统音乐发展的最大力量。天主

---

1 本文是 2004 年为庆祝澳门回归五周年，应澳门政府邀约，中国艺术研究院派遣六位专家赴澳门考察，为澳门撰写一系列艺术文化丛书作为学术献礼。笔者负责澳门宗教音乐篇，对本土澳门的天主教、新教、道教、佛教以及神功戏的音乐和仪式做了较全面的考察并撰写此文。

教非常重视礼仪，教会所用的敬拜仪式是固定的并且处于核心的位置。高耸的教堂、庄严的管风琴、训练有素的唱诗班、高度艺术化的圣咏以及繁杂仪式的完美结合历来成为了人们感受上帝神圣性的代表。

东正教是东方神秘主义的象征，它在东欧影响最大，尤其是俄罗斯和希腊。其延续下来的礼仪传统可直接追溯到早期教会的基督教类型。音乐在东正教礼仪中的地位极其重要：除了讲道、默祷和背诵信条以外，一切都是歌唱。圣咏是单声部的，最多加一个低音声部，从来没有乐器的参与。单纯的人声再加上明晃的烛光、精美的圣像、绚丽的礼服和程式化的礼仪，会使走进东正教堂的人们犹如置身于天国梦幻之中。

新教与天主教、东正教礼仪最大的不同源于其神学思想的差异，它摒弃了外表的华丽和形式的复杂，将信仰的一切归于简单与纯朴，所以新教教堂单从外表上看就能和其它的相区别。教堂内没有圣像、华服和复杂的圣咏，并且尽可能地融入普通人的现代生活中。由于新教的教派众多，风格也不完全相同，但总体上来说新教的礼仪是相对简单的，音乐风格是令人感到熟悉亲切的，其中有太多的流行音乐和民间音乐的因素。例如现在华人教会非常流行并广受欢迎的《赞美之泉》音乐系列，在其旋律写法、和声走向、乐曲编配、歌词创作以及演唱风格等音乐要素上完全使用流行音乐的手法。并且在新教的礼拜或其他活动中，基本上都可以看到电声乐器（队）的加入。音乐的艺术性被削弱，功用性大大增强。

1、古院乐音

大三巴，亦称三巴寺，是远东第一所西方大学—"圣保禄学院"的音译名。有关它的由来还需要了解一些基督教的知识：这个宗教的最大使命就是宣教，历时历代的无数信徒们都在这个使命上忠心耿耿地尽职尽责，而东方曾经是他们的一块心病。历史上，在唐朝和元朝时期基督教就已经两次传入中国，但终归是好景不长。终于在16世纪的50年代，天主教传教士因着葡萄牙人踏上了中国的土地—澳门，而这第三次的尝试才慢慢地打开了被传教士们称之为"磐石"的大门。任何事业的开展都必须得力于人才的培养，所以由耶稣会建立的澳门大三巴—"圣保禄学院"的最主要目的就是培养入华的天主教传教士，同时也利于葡萄牙外交与商业事务的拓展。它前后历时241年，遭遇了三次大火，最后只存留了成为今天澳门旅游景点标志的教堂前壁—大三巴牌坊。

　　大三巴—圣保禄学院完全采用欧洲中世纪大学的教育模式，课程设置有人文学科、神哲学科和自然学科，其中人文学科里就有音乐课。在史料中有一些是对圣保禄学院里有关音乐的记载：除了课程里有音乐课的设置以外，在相关音乐的点滴记录中无不透露出这所学校所具有的欧洲大学的传统和教会学校的特征。

　　在 1597 年范礼安为学院制定的校规第一章"各科共同规则"中记载着"假期之后，新学年的课程于 9 月 15 日上午开始……在教堂主店摆放一张桌子，下面铺设地毯。桌子上供奉十字架，两侧摆放一对点燃的银蜡烛。在十字架下摆放一本弥撒书，翻到唱诗班要咏唱的那段。"[2]一位 1620 年任耶稣会视察员的报告中记录着学院管理规定"（校规内容第 6 条）每天必须进行应答祈祷，演唱连祷等圣歌。"[3]天主教是如此完整地保留着自己的传统，以至于上述的记录在今天的天主教会里同样能看到。

　　记载日本传教士的使者在圣保禄学院里举行音乐会"旅途中他们没有荒废时间，而是学习弹奏各种乐器……他们一人弹竖琴，一人弹击弦古钢琴，另外两人拉小提琴。"[4]对学生考试或学位答辩则有较详细的描写"和欧洲大学惯常做法一样，在学院教堂里将艺术硕士授予那些当之无愧的人。所有候选者都在朋友和教父的陪伴下，骑着马，携带着风笛，从他们的家乡赶来。"[5]"艺术班的首次口试或称'石上考试'按如下方法进行：教室布置完毕后，院长和主考教师入座，然后在音乐的伴奏下庄严地将一块石头搬进考场。主考教师发表一篇简短讲话，讲话结束后再次奏乐。接着，考生脱帽站在赤裸的石头后面就考试一事发表另一篇讲话，讲话结束后到自己的座位上，然后再次奏乐。奏乐完毕，考生走过来坐在石头上面。此时，主考教师开始进行考试。"[6]"…桌子上面放着每个考生的答辩论文，进场时要奏乐。奏乐完毕，只有第一天上午主考教师在椅子上就考试事宜作一简短发言。发言结束时要再次奏乐。"[7]"10 月 21 日是'贞女殉难日'…这一天要对九至十五或二十

2　李向玉《澳门圣保禄学院研究》，澳门，澳门日报出版社，2001 年，第 99-100 页。
3　李向玉《澳门圣保禄学院研究》，第 106 页。
4　李向玉《澳门圣保禄学院研究》，第 15 页。
5　李向玉《澳门圣保禄学院研究》，第 97 页。
6　DOMINGOS MAURÍCIO GOMES DOS SANTOS，S.J.孙成教译《澳门远东第一所西方大学》，Fundação Macau-Universidade de Macau，1994 年，第 49 页。
7　DOMINGOS MAURÍCIO GOMES DOS SANTOS，S.J.孙成教译《澳门远东第一所西方大学》，第 50 页。

篇有关神学的论文进行大型答辩会…入场时有音乐伴奏，然后根据 1591 年颁布的 Ratio Studiorum，就新学年开始要发表一篇致辞，并再次演奏一段音乐。接着便依据对神学课程校内活动的规定开始进行答辩。"[8]

1583 年 9 月 21 日，星期三，"圣马太使徒节"，准传教士陆若汉（João Rodrigues Girão）等人受到了圣保禄学院同事们的盛情接待。在书信中他这样写道：接待我们的教士和孩子们来自乐声悠扬的学院，当我看到他们做完礼拜，吟唱着赞美诗迎接我们的景象，我兴奋得几乎将过去几个月付出的艰辛抛诸脑后了。[9]

另外，学院大教堂中的管风琴非常出名，有不少文人墨客对它留下了诗文。明代诗人屈大均在《广东新语》卷 2《地语.澳门》中提到：一寺日三巴，高十余，丈若石楼，雕镂奢丽，奉耶稣为天主居之。……男女日夕赴寺礼拜，听僧演说。寺有风乐，藏革柜中，不可见，内排牙管百余，外按以囊，嘘吸微风人之，有声呜呜自柜出，音繁节促，若八音并宣。以合经呗，甚可听。[10]

管风琴是教堂音乐的标志性乐器，若瑟·蒙坦耶神父曾记载道"（圣保禄学院教堂）旁有一条走廊，连接北面的大学。……唱诗班席位十分宽敞，那里有两座风琴，大小各一。"[11]这件乐器在当时引起了很多人的兴趣，明万历年间官员王临亨在他撰写的《粤剑编》一书中就有对管风琴和古钢琴的记录"澳中夷人食器用无不精凿。有自然乐、自然漏。制一木柜，中笙簧数百管，或琴弦数百条，设一机以运之。一人扇其窍则数百簧皆鸣；一人拨其机则数百弦皆鼓，且疾徐中律，铿然可听。自然漏，以铜为之，……。"[12]

文人梁迪在《西堂集·外国竹枝词》卷 2 中更是对圣保禄教堂的管风琴极尽华美赞叹之词。该书作于康熙四十八年（1709）：西洋风琴似笙而大，以木代匏，以青金作管，以革囊鼓风，所奏之声闻百里。友人亦傅见自澳门归而仿作，因命同歌：西洋风琴似凤笙，两翼参差作凤形。青金铸管当偏竹，短长大小递相承。以木代匏囊用革，一提一压风旋生。风生簧动众窍发，牙

8　DOMINGOS MAURÍCIO GOMES DOS SANTOS，S.J.孙成敖译《澳门远东第一所西方大学》，第 52-53 页。

9　布罗基〈穿越印度天主教士通往东亚的必经之路 1570-1700〉，《澳门文化杂志》秋，2003 年总 48 期，第 47 页。

10　李向玉《澳门圣保禄学院研究》，澳门，澳门日报出版社，2001 年，第 112 页。

11　汤开建〈16 世纪中叶至 19 世纪中叶西洋音乐在澳门的传播与发展〉，《学术研究》，2002 年第 Ⅵ 期，第 50 页。

12　陶亚兵《明清间的中西音乐交流》，北京，东方出版社，2001 年，第 111 页。

签夏击音砰訇。奏之三巴层楼上，百里内外咸闻声。声非丝桐乃金石，入微出壮盈太清。幽如剪刀裁绣阁，清如鹳鹤唳青冥。和如莺燕啼红树，哀如猿猱吟翠屏。或如边关晨吹角，或如军垒夜传钲。或如寒淙泻三叠，水帘洞口流璁玶。或如江涛奔万马，石钟山下闻嘈呔。过如狮吼莲花座，裂石破云天震惊。或如龙吟水晶阙，老鱼瘦蛟舞纵横。或如嗀鼍摩又轴，回环气力九牛并。或如蒲牢敲百八，振荡心魂群动醒……[13]这首诗不仅介绍了管风琴的形制、演奏法，而且以大篇幅着重描写管风琴的声音效果。这件乐器所具有的恢弘的音响、强有力的音乐表现力被作者在诗中淋漓尽致地描述了出来。

只可惜圣保禄学院在历经了 1595、1601 和 1835 年的三次大火后，有关这座管风琴和除了前壁外的这所宏伟教堂的一切事物，人们就只能靠着史料去发挥自己的想象力了。

2、礼仪传统

天主教的礼仪内容十分丰富，简单地可划分为七大圣事和八大瞻礼。七大圣事（又称圣礼）是它的核心礼仪：圣洗（洗礼）、坚振（由主教按手并敷油于教徒头上以坚定其信仰）、告解（原文意为"忏悔"）、圣体、终傅（为临终时的信徒敷擦"圣油"）、神品（也称授职礼或祝圣神父、主教）、婚配。与天主教相同的是东正教的也认为圣事有七件，而新教仅承认"洗礼"和"圣餐"两件为圣事。天主教其他的礼仪还有：祈祷、讲道、祝圣、朝拜十字架、圣像崇拜等。所有礼仪的仪式是固定的。

在七大圣事中，圣体圣事是基督教会生活的泉源和高峰，它的意义在于十字架上基督的献祭。圣体圣事的礼仪是在弥撒中完成的，而弥撒一般在周日举行。弥撒的基本结构从其形成直到现在仍旧保持原貌，它分为两大部分："圣道礼仪"是以诵读福音书为核心和"圣祭礼仪"是领受圣体的仪式，在分发饼酒的圣餐礼中达到整个弥撒的高潮。这些仪式有很强的戏剧性，而庄严华丽的音乐就伴随其左右，包含以下程序：

进台经：由诗篇和交替圣歌（唱诗班分成两部分相互呼应）组成，在主持弥撒的主祭和众神职人员进场时唱交替圣歌。慈悲经：常规弥撒的第一段，由三句歌词组成"天主，怜悯我等；基督，怜悯我等；天主，怜悯我等。"荣耀经：常规弥撒的第二段，内容是对主的称颂和荣耀。祈祷文：由主祭向弥

---

13 李向玉《澳门圣保禄学院研究》，澳门，澳门日报出版社，2001 年，第112-113 页。

撒仪式参加者诵读祈祷经文，朗诵风格。使徒信书：由副主祭诵读，内容是圣经上记载的一些事件，也是非常简单的朗诵风格。进阶经：独唱者站在讲经台台阶上吟诵的圣咏，是独唱与唱诗班合唱交相呼应的应答形式歌唱，旋律精细，具有装饰性。哈利路亚：赞美经，来自古老犹太语，意思是"主啊，赞美您"，是整个弥撒仪式中最具装饰性的，为歌词的一个音节对应少则十几个音多则五六十个音的花唱段落。福音书：包括从讲经坛取福音书，由副主祭读经，音调完全是吟诵式的，旋律非常简单，内容是耶稣的预言教导。信经：这是最后加入到弥撒中来的，主要是齐唱，表现相信耶稣在福音书的教导，旋律性不强，一个音对应歌词的一个音节式类型。信经结束了弥撒的第一部分"圣道礼仪"，开始了得二部分"圣祭礼仪"。奉献经在奉献仪式的行进、祭坛点香、洗手，准备无酵饼和葡萄酒（汁）的过程中唱歌，旋律比较装饰化。序祷：由独唱和唱诗班合唱的应答式圣歌，内容表现对主的感谢。圣哉经：由三个"圣哉"歌词为一节，赞美歌唱，意思是"神圣"。羔羊经：常规弥撒的最后一项仪式，与慈悲经和圣哉经一样包含有三重祈愿。圣餐经：专用歌词，来自福音书，在分发饼和酒时歌唱。会众散去：应答式。神父说"去吧，你们离开"；众答"感谢主"。弥撒到此结束。

正是这一套繁杂而程式化的固定性礼仪从而成就了西方音乐史上诸多伟大的宗教音乐。

一位 1900 年曾来过中国名叫 G.维沃勒尔斯（G·Wwulersse）的法国人在他的《古老的中国及其资料》一书中记录了有关澳门的见闻，其中他写到了一次有士兵参加的有意思的弥撒仪式：大门旁，百姓们坐在低矮的板凳上；士兵们集中在大殿中央；市民教徒们坐在靠近讲道台和唱诗班的椅子上。唱诗班的成员分别排成队站立在圣坛两旁。随着十一时钟声的响起，主持人走上讲台，士兵们把刺刀插在枪上。突然间音乐响起。效果特别的音乐似乎让人难以接受，因为乐队演奏的仿佛是一首舞曲。不过，一阵过后，人们不再惊讶。尽管场面新奇、粗俗，却很壮观。随着人们下跪或合手祈祷，士兵们收起刺刀全体跪下，而后一声号响使全场鸦雀无声……[14]

天主教会所有的节日被统一称为"瞻礼"，这些节日是为了纪念历史上和圣经里所记载发生的各种重要事件和死难的重要人物。纪念圣人的节日大

---

14 布朗科〈十九世纪最后一年的澳门〉，《澳门文化杂志》秋，1997 年总 32 期，第 134 页。

多数仅为一天，而重要的节日往往要持续好几天。天主教重要的节日有八大瞻礼：耶稣复活瞻礼（复活节）、圣神降临瞻礼（五旬节）、圣母升天瞻礼、耶稣圣诞瞻礼（圣诞节）、诸圣瞻礼（诸圣节、万圣节）、圣母无染原罪瞻礼、大圣若瑟瞻礼、耶稣升天瞻礼。不同的节日造就了西方音乐史上不同的音乐体裁：受难曲、清唱剧、康塔塔等。而新教最重要的节日只有"圣诞节"和"复活节"。由于节日众多，天主教会往往印刷发行"瞻礼单"，并且在日历上也都明确注明节日的内容和日期，供人们参考，信徒一般都是要参加这些活动的。

《利玛窦中国札记》中记载"1582 年时，葡人在澳门建起了一座'圣马丁圣乐堂'。"[15]在法国耶稣会传教士裴化行著、萧浚华译的《天主教十六世纪在华传教志》一书中记录了澳门 1563 年的教会节庆活动"1563 年圣主日内—复活前之一星期（4 月 4 日）举行庆祝圣妇味落尼加（Ste·Veronique）游行大会，……恭奉圣体在市内游行，以音乐舞蹈相伴……。"[16]

一位当时在圣保禄学院的耶稣会士观察家这样描述道"每到星期天和宗教节日，教堂中总会有大批的群众随着风琴的音乐声唱赞美诗、祷告，在一些特别重要的节日中还会在执事和副执事的带领下做弥撒……唱诗班也是由我们在学院中就读的孩子们组成的。"[17]

1596 年月 1 月 16 日的《澳门圣保禄学院年报》记载了"圣母献瞻节"当天的演出活动"圣母献瞻节那一天，公演了一场悲剧，……演出在本（圣保禄）学院门口的台阶上进行，结果吸引了全城百姓观看，将三巴寺前面街道挤得水泄不通，……因为主要剧情用拉丁文演出，为了使不懂拉丁文的观众能够欣赏，还特意制作了中文对白……同时配音乐和伴唱，令所有的人均非常满意。"[18]

在 1962 至 1965 年召开的第二次梵蒂冈大公会议后，允许各地的天主教会可以用自己当地的语言来举行礼仪，拉丁文不再一统天下。虽然现在澳门天主教堂里的仪式既有葡萄牙文、英文也有粤语和国语，但还是以广东话举

15　（意）利玛窦、（比）金尼阁，何高济等译《利玛窦中国札记》，北京，中华书局，1994 年，第 146 页。
16　陶亚兵《明清间的中西音乐交流》，北京，东方出版社，2001 年，第 111 页。
17　布罗基〈穿越印度天主教士通往东亚的必经之路 1570-1700〉，《澳门文化杂志》秋，2003 年总 48 期，第 48 页。
18　李向玉《澳门圣保禄学院研究》，澳门，澳门日报出版社，2001 年，第 91 页。

行的居多。基本上所有仪式的程序都不会改变，不过内容已经简化了很多，完完全全按照传统内容进行的礼仪仪式已不多见。《颂恩—信友歌集》是澳门天主教堂里使用的一本会众演唱的诗歌本，由香港教区礼仪委员会主编，香港天主教教友总会编辑，公教真理学会出版。封页有"感恩祭程序及选曲原则"介绍（即弥撒仪式），从这里可以参考现在香港澳门地区天主教会的实际礼仪情况。图表中的与传统的形式没有多少改变。只不过前后的具体称谓有所不同，内容也按实际情况加以调整。其中"进台咏"就是"进台经"；"垂怜经"为"慈悲经"；"荣福颂"为"荣耀经"；"第二篇读经"为"使徒信书"；"福音前欢呼"为"哈利路亚"；"亚肋路亚"即是"哈利路亚"的拉丁文发音；"预备祭品歌"和"献礼经"为"奉献经"内容；"圣圣圣"是"圣哉经"；"亚孟"是"阿们"的拉丁文发音；"天主经"和"天下万国"为"主祷文"；"羔羊颂"为"羔羊经"；"领主咏、领主后咏、领主后经"是"圣餐经"的内容。"遣散礼"类似"会众散去"的意思。

这本诗歌本还在分题索引里详细提到了各种礼仪时的歌曲目录，如前面图表的"感恩祭"中每一部分的选曲曲目；教会礼仪年：将临期、圣诞期、主显期、四旬期、圣周、复活期、升天及圣神降临期的歌曲曲目；七大圣事时所选的曲目；早晚夜祷时的曲目等等。所以，天主教教会的礼仪传统是被严格遵守的，礼仪音乐也是被严格要求的。

3、吴历美文

吴历，吴渔山（1632-1718），书画家亦擅奏古琴，清代天主教中国籍神父。本名启历，改名历，号墨井道人，教名西满·沙勿略。约在康熙十四年（1675）受洗入教，二十一年（1681）随传教士柏应理到澳门圣保禄学院。第二年入耶稣会，攻读拉丁文、哲学和神学。著有诗文《墨井诗钞》两卷为《桃溪》、《写忧》、《从游》三集的合并；《三巴集》一卷包括〈岙中杂咏〉三十首，〈圣学诗〉八十二首；《三余集》八十九首。

《三巴集》中的大部分内容与天主教有关，是吴渔山作于圣保禄学院学习期间。作者对西方宗教音乐的千丝万情在其诗文中流露无疑：〈感咏圣会真理〉第五首"广乐钧天奏，欢腾会众灵。器吹金角号，音和凤狮经。内景无穷照，真花不断馨。此间绕一日，世上已千龄。"[19]宏伟华丽的大三巴内管风琴

---

19 章文钦〈吴渔山天学诗研究〉，《澳门文化杂志》春，1997年总30期，第128页。

乐声悠扬配合诵经祈祷听道，这样美妙的宗教生活在今天也是吸引人们来教堂的一个重要原因。而吴渔山更是这样描述他听道时的感受：〈感咏圣会真理〉第八首"褆福佳音报，传来悦众心。灵禽栖芥树，小骑击萄林。遍地玫瑰发，凌云独鹿深。登堂无以献，听抚十弦琴。"[20]作者如此享受地写出他的愉悦心境，可见天主教信仰对他的影响之深，以至于吴渔山后来成为最早由第一位中国籍主教罗文藻所擢升的 3 名中国籍神父之一。

〈圣学诗〉之〈咏圣会源流〉第八首颂咏了祝圣即授圣职礼仪时的场景："荣加玉冕锡衣金，血战功劳赤子心。万色万香万花谷，一根一杆一萄林。牣灵饫饮耶稣爵，跃体倾听达味琴。圣圣圣声呼不断，羔羊座下唱酬音。"天主教礼仪的华丽仅在"荣加玉冕锡衣金"半句诗文中就体现了出来，最后"圣圣圣声呼不断，羔羊座下唱酬音"这一句描写的就是会众欢呼演唱弥撒曲的"圣祭礼"之圣哉经称颂基督耶稣神圣之名的情形。

圣像出游这一传统直到今天在澳门还被保留着，这是信徒表示虔敬和信赖的方式之一。有很多人参加，还有游行路线沿途的住户响应（摆放鲜花、点燃蜡烛、放置圣像等），后来还有军乐队的加入。现在每年的天主教圣像出游已经成了澳门特色活动。〈氹中杂咏〉第四首就描述了抬着圣徒沙勿略像出游的场面"捧蜡高烧迎圣来，旗幢风满炮成雷。四街铺草青如锦，未许游人踏作埃。"[21]〈氹中杂咏〉第二十七首还记录了当时圣诞节的节庆"百千灯耀小林崖，锦作云峦蜡作花。妆点冬山齐庆赏，黑人舞足应琵琶。"所谓琵琶，可能是指小提琴或吉他。

在《三余集》中吴渔山有"半桐吟"诗："遇斫名焦尾，直与太古通。初含西妙响，再奏道徂东。"大概是记他用所制作的古琴弹奏中西两种音乐；而"牧羊词"中"前引唱歌无倦惰，守栈驱狼常不卧"句，则反映了他时常歌唱赞美诗的宗教生活。[22]

值得一提的是，吴渔山用中国传统音乐的曲牌和古歌填词而成的弥撒和赞美诗歌词《天乐正音谱》，使他成为中国创作天主教圣诗的第一人。《天乐正音谱》共有南北曲九套、拟古乐歌二十章。其中南北曲九套，是以曲牌填词写成。下面摘引其中片段及全部套曲曲名：

---

20 章文钦〈吴渔山天学诗研究〉，《澳门文化杂志》春，1997 年总 30 期，第 130 页。
21 章文钦〈吴渔山天学诗研究〉，《澳门文化杂志》春，1997 年总 30 期，第 131 页。
22 陶亚兵《明清间的中西音乐交流》，北京，东方出版社，2001 年，第 124-125 页。

（一）弥撒音乐〔南吕一枝花〕：来亲弥撒经。莫不相冲凛。诣台将祭也。礼尤兢。仪注西秦。〔把〕谦躬谨行。萃我一堂忻信。〔红钠袄〕：〔我等〕拜台前。〔将〕三位称。〔却原来〕内包含。无别性。〔只为〕造成物我功难馨。〔使我〕享用生存何现成。各虔祈、悔罪经。除免我罪〔者〕因其敬。听诵古经一段于台左也。〔一似〕古圣当年求降生。〔绣太平〕〔绣带儿〕：开天路、垂慈汲引。救我人、堕孽灵魂、〔听〕台中正读西音。基利厄勒依算。〔醉太平〕三声。连祈九遍为分形。把两手、分开赦允。从教自省，天神歌奖。世人称庆。

以下具体内容均省略（二）称颂圣母乐章（三）敬谢天主钧天乐（四）喻罪乐章（五）悲思世乐章（六）警傲乐章（七）戒心乐章（八）咏规程〔原注：仍用弥撒词调〕（九）悲魔傲

在上述九章套曲之后，又有拟古乐歌二十章，即《每瑟谕众乐章》每瑟今译摩西。现仅摘引前三章，其余略。每瑟谕众乐章〔原注：每瑟遗命已毕。乃赓歌逾众日。〕（一）请天民。听我吟。透入人心。譬草木。雨露深。蓬蓬勃勃难禁。（二）我愿天主。丕显圣名。达环宇。暨八？。请众同声。齐赞尔光荣。允惟尔、至美浑成。允惟尔、至善充盈。无瑕无玷。无改无更。（三）至公天主。至义天主。实为尔之大父，念伊生身勤育。换恩爱尔。深恩重重难数尔忒亏子道、违规矩。从兹后、弃捐尔为尔。领洪恩、如兹报补。[23]

《天乐正音谱》是中国人创作的最早的一部大型的具有中国艺术风格的天主教圣诗。另外，吴渔山《墨井集》中的一首诗"仰止歌"，在 1920 年由裴昌年配上中国传统乐曲"云淡"，首先被刊印在 1936 年的中国教会自行编辑的第一部大型基督教（新教）赞美诗歌曲集《普天颂赞》中第 30 首。现收录在中国大陆新教教会通用的中国基督教（新教）两会出版的《新编赞美诗》第 386 首。

4、神职乐人

神职人员具有较高的音乐素养是天主教会的一个优秀传统，16-18 世纪来澳门或途经澳门进入内地的传教士有很多就是精通音乐人士或音乐家。据汤开建在其《16-18 世纪经澳门进入中国内地的西洋音乐家考述》一文中考证并归纳，此时期有史书记载的音乐家有名者 23 人、无名者 9 人。[24]以下略举一二：

---

23 章文钦〈吴渔山天学诗研究〉，《澳门文化杂志》春，1997 年总 30 期，第 125-126 页。

24 汤开建〈16-18 世纪经澳门进入中国内地的西洋音乐家考述〉，《西北第二民族学院学报》，2001 年第 3 期，第 25 页。

利玛窦（Mattheo Ricci 1552-1610），意大利人，最著名的传教士。1582 年来中国传教，曾携西洋乐器等物进北京献于明万历皇帝，为中国宫廷学琴人员谱写《西琴曲意》，并且是较系统地向欧洲介绍中国音乐第一人。他以尊重中国文化的传教方式打开了明清时期天主教在中国的传播大门。利玛窦和在他以后来华的耶稣会传教士们开辟了中西文化交流"西学东渐"和"中学西传"的历史。

徐日昇（Thomas Pereira 1645-1708），葡萄牙著名音乐家，1672-1673 年在澳门圣保禄学院学习。他以清朝宫廷乐师尤其是康熙皇帝的音乐老师而闻名。擅长演奏并制作西洋乐器，著有《律吕纂要》一部关于西方音乐理论的书籍，成为 17 世纪西乐东传的代表人物。

德理格（Theodoricus Pedrini 1670-1746），意大利人。1710 年抵达澳门，擅长音乐和绘画，会制造乐器，而且是一名作曲家。后进北京担任宫廷乐师并参加《律吕正义·续编》一书的撰写工作，遗作有奏鸣曲 12 首（小提琴独奏与固定低音谱）。他是继徐日昇之后又一名以精通音乐而著名的传教士。

钱德明（Jean-Joseph-Marie Amiot 1718-1793），法国人。1750 年抵达澳门，擅长演奏长笛和古钢琴。并且学习研究中国音乐，著有《中国古今音乐记》一书，为中西音乐文化交流做出了重要贡献。

历史上，长期在澳门本地的神职音乐家有：马玛诺（Manue Rodrigues 1659-1703），是由圣保禄学院培养出来的一位澳门本土音乐家；江维沙（Joaquim Agonso Goncalves），葡萄牙人，1814-1841 年生活在澳门，曾在圣保禄学院教音乐课，创作了许多作品："在重大节日里，圣若瑟教堂里奏响的是江维沙作曲的音乐，由他的学生演奏，由优秀的男高音演唱"（汤开建 2002：53）；玛吉士（Jose Mareinho Marques），土生葡人，江维沙的学生，曾撰写《音乐要素》一书；这里不一一列举。

现在澳门天主教的神职人员们继续在为本地的教会音乐及公共音乐教育事业的发展上努力着，这些中外籍神职音乐家们不仅创作传统的拉丁文礼仪音乐，也积极创作中文礼仪音乐。他们活跃在澳门的音乐舞台上，并为本地的音乐教育事业做出了很大的贡献。

颜俨若神父（António André Ngan 1907-1982），澳门人，1973 年被教宗保禄六世封为"蒙席"荣誉头衔。他作有中文弥撒曲，并精通多国语言，曾担任圣乐艺术礼仪教区委员会成员等职务。

司马荣神父（Wihelm Schmid 1910-不详），奥地利人，1939 年来澳，主持圣若瑟修院复音乐团，同时担任澳门警察银乐队指导员 12 年之久。曾任澳门圣庇护十世音乐学院教授和慈幼中学院长，他创作了很多中文和拉丁文的圣歌，同时也为警察乐队编写了很多乐谱并且经常公开演出。

区师达神父（Áureo Castro 1917-1993），葡萄牙人，1958 年在澳门圣若瑟修院教授圣乐，1960 年兼任利宵中学歌团教师。图 23、241962 年创办澳门圣庇护十世音乐学院，同年成立"复音合唱团"，并和其友人组织和创办了"澳门室乐团"，1990 年获得澳门总督颁授的文化功绩勋章。他毕生致力于音乐事业，创作了键盘乐（钢琴、管风琴）、宗教音乐、合唱曲等作品，澳门天主教教区曾出版了"欧师达神父钢琴与管风琴音乐全集"。

澳门基金会 2002 年出版了欧师达神父钢琴作品 CD，包括了他的全部钢琴音乐，图 26、27、28、29、30 其中《澳门景色》（Cenas de Macau）、《小妹妹舞曲》图 31（Danças da Siu Mui Mui）和《离恨》图 32（Nostalgia）这三首作品都是以五声音阶旋律和以中国式节奏为基础而创作的。《澳门景色》（Cenas de Macau）这首作品有三个乐章，用音乐描绘出澳门的三幅风景画：第一幅画如祷告一样，在澳门平静的日子，夕阳泛影，渔舟唱晚；第二幅画绘出了作者在"塔树"顶准备哲学考试时目睹到的景色：僧侣们在三巴仔街的旧塔顶上诵歌；图第三幅画是回忆 1937 年澳门第三次欢迎澳督 Tamagnini Barbosa 时从青洲到妈阁庙的龙舟赛渡的欢快场面。[25]

圣若瑟修院曾经在内部发行了两本一套的圣乐作品集，里面收集了在澳门的天主教神父们所写的音乐作品共 224 首，用葡萄牙文和拉丁文印刷。1996 年由圣奥斯定堂圣乐团主编的第一本适合广东话咏唱的天主教圣歌集"嘤鸣集"出版。可以看出，澳门天主教的音乐在继承优秀传统的同时，也在努力地发展着。

二、福音之声

1、历史回响

1807 年（嘉庆 12 年），英国伦敦传教会的罗伯特.马礼逊成为第一个来华的基督教传教士，他以澳门为基地进行工作。马礼逊的中文老师是一个来自

---

25 Áureo Castro piano works CD，林敏柔 Margaret Lynn piano，澳门基金会，2002 年，第 19 页。

北京的中国天主教徒殷坤明（Abel Yun），从一开始，他就劝说自己的中文老师和仆人们"只要他能让他们和自己在一起，他就每天为他们读经书（圣经）的影印本……他也试着让他们和他一起唱诗和祷告，虽然他并不奢望他们作得如何。"[26]由于当时澳门天主教会的压迫，马礼逊平时在广州的寓所中进行家庭礼拜，只有周日才能到澳门举行正式的礼拜仪式。"他…继续为安息日的公共晨祷服务，由于在澳门外侨中有以消遣娱乐度过安息日之夜的习俗，所以马礼逊通过开办晚间讲座，带领他们进入一种更高的愉悦境界。在为侨民进行的晨祷结束后，他再为中国人举行一次晨祷。他在为中国人举行的圣事中甚至得到了更大的快乐，他从未省掉唱诗这一步骤，自己常常从头至尾参加整个唱诗过程。在祷告的间歇，他负责读经。或是倾听孩子们复诵赞美诗和经文。"[27]

马礼逊的印刷工人蔡高成为了中国的第一位基督教徒，后来另一位印刷工人梁发成为了中国第一位基督教牧师。梁发为其妻洗礼的仪式曾被记录了下来："……于是他在村中一个简陋屋子中举行洗礼，用饭碗代替洗礼盆，在场者只有他们夫妇两人。先是他读几段圣经，然后作一回恳切的祈祷，唱一首圣诗；最后将圣水洒在其妻子头上，算是洗礼仪式完毕，即为入教。"[28]从如此简单的洗礼仪式可以看出，当时基督教处境之艰难困苦。

1818年马礼逊编译了第一本基督教中文赞美诗《养心神诗》，由于基督教的传播一开始就采用中文进行圣经和赞美诗的翻译，并且以后还有方言及少数民族语言圣经和赞美诗的翻译或编写，这些措施就解决了语言沟通问题也成为基督教的信徒人数快速增长的原因之一。而天主教直到20世纪中期召开第二届梵蒂冈大公会议时才允许天主教的布道语言由拉丁文改为民族语言。

马礼逊历经13年编写了第一部英汉字典《华英字典》。在其中的"音乐"条目中，他不仅介绍了欧洲音乐音阶，又介绍了中国一些乐器的制作、工艺和材料；并且"他举了各种例子，拿欧洲的说法和中国对比，最后附后中国古代音阶和欧洲的对照表，先列五线谱，然后是对应的'角、羽、徵、半、商、商、半'，在下面为'合、士、乙、上、尺、工、凡、五、六、仕'，最

---

26 汤森，王振华译《马礼逊——在华传教士的先驱》，河南，大象出版社，2002年，第82页。

27 汤森，王振华译《马礼逊——在华传教士的先驱》，第205页。

28 郑炜明、黄启臣《澳门宗教》，澳门基金会，1994年，第72页。

后才是'D、E、F、G、A、B、C、D、E、F'。"[29]这样就使得中西音乐知识一目了然。

　　1839（道光十九）年，毕业于耶鲁大学的美国基督教传教士撒母耳·布朗（Samnuel Robbins Brown）在澳门创办了中国近代第一所西式学校—马礼逊学堂。这是一座基督教教会学校，课程设置既有中国传统的四书、诗经、易经等，又有西方的天文地理、数学、物理、化学、生理卫生和音乐等等。自此，基督教教育事业慢慢拓展开了。现在澳门基督教教会也很积极地参与社会福利和教育事业，现有学校9所，教堂54间，福音机构18间，社会慈善服务机构10间等。

2、基督教礼仪

　　基督教的礼仪是在天主教礼仪基础上简化而来的。天主教的七大圣事中，基督教只承认圣餐礼和洗礼两件为圣事。基督教的主要节日也只有圣诞节和复活节以及复活节前的受难周。基督教周日的仪式被称为"礼拜"。参考中国基督教协会出版的《崇拜聚会程序与礼文》一书中的"主日崇拜程序"，再与前面所提到的天主教弥撒仪式相比较，可以看出两者的异同。

　　主日崇拜程序（第一式）

　　（1）序乐（唱诗班、讲道人、主礼人顺序进堂入座）

　　（2）默祷（唱诗班唱"主在圣殿中"《赞美诗新编》396首）

　　（3）宣召（主礼人可从本书附录的始礼经文中选读一、二段）

　　（4）唱诗（赞美之类的诗歌）　　　　　　　　　　　　　众立同唱

　　（5）祷告（主礼人领祷）　　　　　　　　　　　　　　　众立

　　（6）主祷文（主礼人领祷）　　　　　　　　　　　　　　众立同诵

　　（7）启应经文（主礼人启，会众应）（可选用附录启应经文）　众坐应

　　（8）献唱（唱诗班献唱）　　　　　　　　　　　　　　　众坐

　　（9）读经（主礼人读切合证道之经文）　　　　　　　　　众坐

　　（10）唱诗　　　　　　　　　　　　　　　　　　　　　众坐或立

　　（11）报告（主礼人可作简要的堂务方面的报告）　　　　　众坐

　　（12）证道（证道前后可由证道人领祷）　　　　　　　　　众坐

---

29 谭树林〈马礼逊与近代中西文化交流〉，《澳门文化杂志》春，2003 年总 46 期，
　　第 192 页。

（13）唱诗 众立

（14）祝福（主礼牧师或长老） 众立

（15）阿们颂（《赞美诗新编》400首、三叠或四叠） 众立同颂

（16）默祷 众坐

（17）殿乐 众散

主日崇拜程序（第四式）（摘选自《普天崇拜》）

（1）序乐

（2）唱诗（主礼人先报告唱诗第几首，众立同唱。唱诗班、讲道人，主
礼人由十架前导入堂） 众立同唱

（3）宣召（主礼人可读附录的始礼经文一、二段） 众立

（4）肃静歌（唱诗班唱"主在圣殿中"） 众坐

（5）劝众文（主礼人立读） 众坐

（6）认罪文（会众随主礼人同读） 众跪或坐

（7）解罪文（主礼牧师立读） 众跪或坐

（8）主祷文（主礼人领众同诵） 众跪或坐

（9）启应文〔可选用附录启应经文，主礼人启，会众应〕 众坐

（10）荣耀颂（《赞美诗新编》392首） 众立同颂

（11）都来颂（《赞美诗新编》387首） 众立同颂

（12）宣信《使徒信经》 众立

（13）读经（主礼读或邀请其他长老、执事读，应读旧约、新约各一
篇〔段〕）。 众坐

（14）祈祷（主礼人可读下列祷文或选读其他祷文） 众跪或坐

（15）献唱（唱诗班献唱或会众同唱圣诗） 众坐

（16）证道 众坐

（17）唱诗 众坐

（18）报告（主礼人或其他长老、执事报告） 众坐

（19）奉献 众坐

（奉献可用捐袋或捐盘，由主礼人交给预先安排的长老执事等人，向会
众收取奉献主礼可先宣读下列经文，内容略，此时可由唱诗班唱奉献诗，长
老、执事们收奉献，直到收齐奉献，把捐袋〔盘〕交回主礼人，放于圣台上。
会众众立同唱献礼诗《赞美诗新编》393首）

（20）唱诗　　　　　　　　　　　　　　　　　　　　　　众立

（21）祷告　　　　　　　　　　　　　　　　　　　　　　众立

（22）祝福（主礼牧师祝福）　　　　　　　　　　　　　　众立

（23）阿们颂（《赞美诗新编》400 首，三叠或四叠）　　　众立同颂

（24）默祷散会　　　　　　　　　　　　　　　　　　　　众坐

（25）殿乐　　　　　　　　　　　　　　　　　　　　　　众散[30]

澳门当地的基督教周日礼拜仪式基本上和上述形式相同，在具体曲目的选择上，各个教堂均有自己的安排和特点。基督教的婚丧礼仪是比较有特色的。在澳门，天主教和基督教的丧葬仪式基本相同，分为安息礼拜、大殓礼和安葬礼拜三部分。现例举仪式程序，可以了解其音乐的运用方式。

A. 安息礼拜

（1）会众起立，主席宣召，读圣经，如约翰福音 11 章 25 节"耶稣对他
　　　说，复活在我，生命也在我。信我的人，虽然死了，也必复活。"[31]

（2）唱诗，如《奇异恩典》或《恩友歌》

（3）祈祷

（4）读经如诗篇 90 篇 1-12 节、如启示录 14 章 13 节、或提摩太后书

---

30 彭圣佣《崇拜聚会程序与礼文》，上海，中国基督教协会 1993 年，第 3、7-13 页。

31 中国基督教协会《圣经·新约》，上海：中国基督教协会，1998 年，第 119 页。

4 章 6-8 节等。

（5）唱诗班歌唱：此部分不一定每次都有，根据情况而定。一般演唱
　　《靠近真神怀中》、《我们聚集在生命河边》、《天父看顾歌》等此
　　类诗歌。

（6）讲道

（7）对死者生平的介绍

（8）为家属祈祷

（9）致谢及报告

（10）唱诗：会众起立唱诗，如《天父领我歌》，歌词如下：天父领我，我深欢喜！蒙主引导心中平安！无论日夜动静起坐，有主圣手时常领我。天父领我日日领我，天上慈父亲手领我！惟愿跟随不离右左，因蒙主恩亲手领我。有时遭遇困苦忧伤，有时大得喜乐安康；似海翻腾，如山稳妥，或危或安天父领我。我愿紧握恩主圣手，甘心乐意随主行走，遇祸遇福两般皆可，因主我父圣手领我。到时行完一世路程，靠托主恩完全得胜；死如冷河我不怕过，独赖天父至终领我。

（12）祝福

B. 大殓礼

（1）读经，如约翰福音 14 章 1-3 节

（2）放置棺木

（3）祈祷

（4）瞻仰仪容

（5）出殡

C. 安葬礼拜

（1）致词：读一段圣经，如腓立比书 3 章 20-21 节

（2）祈祷

（3）唱诗，盼望类的诗歌，如《仰望天家歌》《赞慕福地歌》

（4）公祷，共诵主祷文[32]

　　基督教的丧葬仪式又被称为"追思礼拜"，其悲痛欲绝式的场面并不常见。由于音乐紧紧伴随其间，再加上祥和平静的氛围反而能使人产生对未来的盼望，这也许是它的宗教魅力之一。

3、文化盛事

　　1990 年，澳门基督教各宗派携手合作成立了"澳门基督教联合会"，这是澳门基督教史上的一件大事。"基督教文化节"就是由澳门基督教联合会主办并且联合各教会与基督教团体同参与的，这是自 1998 年以来每年一度的文化宣教活动，是澳门基督教界的文化盛事，其目的是通过丰富多采的文娱活动与澳门市民共同分享基督教的信仰。这些活动在本地社会上有一定良好的反响。

　　1997 年夏天在澳门大学校园内举办的"澳门大学基督教文化周"拉开了澳门基督教文化宣教活动的大幕。当时澳门还是由有天主教背景的葡萄牙政府所管制，能在大学校园里举办大型的基督教文化活动是没有先例的。1998

---

32 禤伟旗、胡国年主编《中华民俗大全·澳门卷》，中华民俗大全澳门卷编辑委员
　　会，2003 年，第 406-410 页。

年首届基督教文化节在澳门市中心议事亭前地（喷水池广场）举行，参与主办的有六家机构。该届文化节的主题是"动力信望爱"。活动内容除了大型展览和摊位游戏以外，还有舞台演出、音乐表演，由培正中学银乐队、澳门室乐团成员等进行演出。

1999 年澳门回归年第二届基督教文化节开幕，参与主办的增加到十一家机构。开幕式由香港基督少年军风笛队助阵表演。该届的主题是"心灵回归"，其内容上增加了基督教历史回顾的演讲和亲子教育活动。2000 年第三届文化节的主题是"新千年.新人类"，协办单位增添到 17 家。这一届活动中最引人注意的是两场音乐会：在议事亭前地举行的"基督教流行音乐会"和在澳门大学文化中心举行的"你是王"大型音乐敬拜布道会。

2001 年第四届的文化节主题是"跨世纪.展风采"，有艺术、康体、音乐（如圣乐文化周等）、学术教育、社会生活等三十多项活动。2002 年第五届的文化节主题是"传因为你"，并在濠江中学举行了相应的综合性主题音乐会，内容有唱诗歌、舞蹈、话剧表演、演讲等，其目的是让年轻的信徒通过认识澳门教会史，承接传福音的火炬，委身于宣教使命。

2003 年第六届文化节的主题是"和平频道 Channel【P】"，目的是向未信者传达平安、宽恕、接纳的信息。内容如下：开幕礼（巡行、步操、诗歌、影音及特别活动）；福音电影"源来是爱"；录像媒体演绎"激门的终极"；幻灯影像分享会"和平近在咫尺"；民歌晚会（"民歌"指"民谣"）；闭幕敬拜赞美会；种籽行动"爱在澳门"。

2004 年第七届文化节的主题是"关怀尽在你、我、他"，该届文化节更多地体现了基督教的社会服务行为。内容有：开幕礼（社会服务巡礼摊位、澳门基督教掌故实录、基督少年军步操表演、书摊）；社区关怀行动；篮球文化比赛；家庭同乐日；讲座"青少年如何面对潮流文化的冲击"；感恩会。

每一届文化节的举办都有大量的音乐内容，除了开闭幕式音乐表演以外还有专门的音乐布道会、音乐感恩会、流行音乐会、民歌晚会等，其完全采用流行音乐的样式，非常受年轻人的欢迎。文化节的活动丰富多彩，为人们了解澳门基督教的状况提供了一个非常良好的机会。澳门基督教资讯网 www.m-ccc.org 是介绍澳门基督教的网站，对有关澳门教会的各种活动进行了较全面的报道。该网站还创办了音乐频道，是首创的澳门基督教网上音乐台。澳门基督教资讯网是能较全面地了解澳门基督教的网络平台。

三、本土净音

1、正一道曲

道教是中国土生土长的宗教，有"全真派"和"正一派"两大派别之分。澳门保存有较正统的道教史迹如在三巴门约建于 1891 年的吕祖仙院。现在澳门的道教除了其寺庙以外，还有一些慈善机构和正一派的散居道院。道教寺庙有妈阁庙、吕祖仙院、哪吒庙、关帝庙、康公真君庙、莲溪庙、北帝庙、包公庙和各区的土地庙等。这些庙宇都各自独立管理所有事务，每年都会举办各种活动。正一派的散居道院有吴庆云道院、陈同福道院等八间。慈善机构是全真派的信善二分坛、信善祖坛、云泉仙馆等。

道教音乐也有"全真派"和"正一派"之分：全真派在全国通用范本《全真正韵》，称"十方韵"，另外各地还有融入地方音乐特色的"地方韵"；正一派的道士是散居在民间不出家的俗称"伙居道士"，其音乐与民间乐曲紧密相联。

由于历史的原因，澳门的正一派道教音乐至今能较完整地保存下来。它除了有民间音乐的因素以外，还大量吸收了广州三元宫、应元宫、罗浮山中虚观的宫观音乐。1968 年，澳门吴庆云道院的吴玉生道长与他的弟子们在第一届香港道教联合会下元法会上表演了澳门正一派音乐。六七十年代吴玉生道长把正一派音乐传到香港，并把正一派道教音乐从民间伙居带回到宫观庙宇里去了。

道教音乐按其功用可分为三类：出家道士早晚功课的课诵音乐、节庆活动祭曲（称打醮）和超度亡灵的法事活动（称斋事）的斋醮音乐、民间道曲。道教音乐的韵腔分"阳韵"（为神奏唱的）和"阴韵"（为魂灵唱的），器乐曲牌分为"正曲"（为神演奏的）和"耍曲"（娱乐性表演如澳门正一派道曲可配合管乐演奏粤剧的八仙贺寿、大开门、玉皇登殿等曲牌。）。其界限分明并且表演对象是不可以混淆的，但是澳门的正一派道曲对"阳韵"和"阴韵"的界限却并不明显，只是根据经文的字数谱写上不同的曲调而已。其音乐的曲调大致分为以下几类："赞"—著名的乐曲有《步虚》、忏本朝礼—约有十条乐曲、吊挂——曲谱中有宫观形式的也有选编与粤剧小曲的、念诵式的唱法等。在音乐的节奏上，同一首乐曲中有 4/4、3/4、2/4、1/4 不同的拍子，由领唱者根据需要决定演唱不同的节拍。

澳门正一派所用的伴奏乐器有吹管乐、弦乐、打击乐和法器。吹管乐为合唱伴奏，弦乐为独唱伴奏，打击乐器也是广东粤剧中常用的如双皮鼓、沙鼓、大钞、高边锣等，法器有磬、木鱼、面磬、大鼓、小鼓、忏锣、引磬、手钟。

在斋醮活动中，有五个主要的职分：主持者称为"主科"其手持磬或真言，音乐领唱者称为"监斋"其右手持鼓左手持面磬，掌管一切宣意祝供和照顾"主科"需求的称为"都广"，手持木鱼唱诵节奏者称为"侍经"，管理香烛等事物者称为"值坛"。他们各司其职共同配合礼仪活动的进行。

道教的仪式称为"科仪"，具体的内容有很多，而且各地方可根据当地的风俗进行设置，不过仪式的安排是有规律的。现举澳门正一派科仪中的"先天济炼"为例，"先天济炼"是广州三元宫及应元宫传下来的经典，澳门正一派所用的韵腔大都是保留三元宫道士所咏的曲谱。"[33]

先天济炼纲次：

(1) 启师：道教法师（称"高功"）在鼓乐中上香叩拜，首先诵念"三天三境"或"道德真香"祝香赞向太乙救苦天尊焚香，然后"玉楼巍峨"吊挂，高功焚香，步入金门，带领众人进入严肃的道场，稽首礼拜道经师三宝。然后法师头戴紫金冠，身披云鹤氅，足蹈无忧履，将自己变为救苦天尊。

(2) 朝位：法师朝拜众神及介绍自己与幽魂认识。

(3) 高功升座：回到法坛首先唱诵"天泉一派流"水赞，"都广"净坛后，拜请法师升座，法师在鼓乐声中登坛。登坛后唱第一首韵腔"十方灵宝"。第二首韵腔太乙吊挂"众等事心皈依救苦天尊"。诵念"静水咒"，高功洒净坛场。第三首韵腔"道由心学"，法师和众人向诸神仙上香。

(4) 请五天尊及功曹：法师请五姥君，咏"太上大道君"十多条吊挂，请五方天尊来赴道场协助赈济幽魂，然后再请功曹传奏天庭。

(5) 请圣：法师请道教各路神灵赴斋筵。

(6) 五供：咏唱"五天姥"及"五供养"十条吊挂。"五供养"斋主还备香花灯水果五供品向神仙们献上。再诵太乙大赞。

(7) 破丰都：唱丰都咒"茫茫丰都中"。

---

33 吴炳鋕〈澳门的正一派音乐〉，《中国道教》，1997 年第Ⅲ期，第 38 页。

（8）振金铃扬召幡：法师功振金铃扬召经幡，目的使亡灵听见铃声，看见经幡，赶赴道场闻经听法。

（9）召请：法师依仗太乙救苦天尊之法力，召请各类孤魂来赴法会享用施食。

（10）叹骷髅（昨日荒郊）：此曲也称《庄子叹骷髅》，为了召各类亡者骷髅来临法筵。

（11）阎罗文（大众歌罢坛前）：法师用经文向孤魂解说。

（12）破九幽：法师奉请十方救苦天尊再施法力破九幽，拯救长年锁于十八层地狱的受苦者。

（13）宣十伤符命：为让各类孤魂陶魂铸魄，释放亡者生前罪孽。

（14）五厨经：诵念"悲夫长夜苦"，法师施法遍洒甘露。诵"一气和太和"—"五厨经"，奉请东王公、西王母、救苦天尊烹调法食，让各类孤魂享受仙餐。唱诵"东极宫中"太乙赞。

（15）叹孤放食：达仪式高潮，令各类孤魂野鬼得餐法食，各得饱暖。音乐此时也由缓到急。

（16）闻经受戒：为让他们永辞长夜之苦刑，常享天堂之快乐，孤魂沐浴更衣，听法师说经教化及传九真妙戒。其后，在高功带领下皈依向三宝，并赐文牒随诸神仙及护送神兵升天而去。

（17）功果回隆送圣回宫：咏"炉烟复郁"，法师向各路神仙逐一拜谢及拜送功曹。[34]

1999 年澳门回归，澳门道教吕道会信善坛在沙梨头坊众学校操场举办了澳门回归祖国祈福法会，其道教的仪式、神像、服装和音乐都在这次活动中一一展现出来。这是澳门三十多年来最隆重和难得一见的道教道场活动。2001 年三月澳门道教协会成立，其成立目的是为推广宏扬中国道教文化，加强本地道教团体及人士之间的联系，促进与海内外道教团体的交流。澳门道教协会自成立以来，定期举办中国道教文化推广日活动"透过不同形式的道教文化项目—音乐会、科仪、展览、武术及道服表演等，让大众了解道教对中国文化的影响和贡献。"[35]

---

34 吴炳鋕〈澳门的正一派音乐〉，《中国道教》，1997 年第Ⅲ期，第 38-39 页。

35 禢伟旗、胡国年主编《中华民俗大全·澳门卷》，中华民俗大全澳门卷编辑委员会，2003 年，第 416 页。

澳门吴庆云道院还保存了一些广州三元宫的道教科仪典籍（见表一）；河北省满城县玉京山（玉山）的净供科仪典籍（见表二），广东各地的道教场所则根据自己的风俗习惯对其加以修整。

表一：现存于澳门吴庆云道院的正一派科仪一览

清坛科仪	黄坛科仪	忏　本	功　课	幽　科
太上开启	灵宝开启	玉皇忏*	太上玄门早晚堂功课经*	玉山净供（见图表二）
祝星延寿	发奏	朝天百拜谢罪百忏*	高上玉皇本行集经*	先天济炼*
午朝诸天	诣灵	三元灭罪水忏	度人经	金刚水幽*
延生礼斗*	破狱	东岳赦福灭罪宝忏	血湖经	青玄济度
辞坛送圣	沐浴	十王忏	生天得道经	
	关灯解结散花	九幽忏**	诸品经（常清静经、禳灾度厄经、消灾护命经、生天得道经）	
	忏悔	洞元度人宝忏	诸天无上真经	
	灵宝朝元行道度亡宝忏	三官赦福灭罪水忏		
	黄箓灯			
	辞亡饯别过桥辞坛			

*广州三元宫藏版　　　　**新加坡云霞徐道院藏版

表二：玉山净供科仪

玉山净供	凤城镜湖道院	清光绪十九年（癸巳）
玉山净供	铁城逸德堂藏板	民国七年（戊午）
玉山净供	太和道院 粤东南邑鳌溪合真堂藏板	清光绪六年（庚辰）
玉山净供	杖国道者陈蕴石手录	民国四年（乙卯）
玉山炼度（太上炼度出食金科）	澳门周贯一（升真）手录	清光绪二十年（甲午）
青玄炼度	古城通元观	清雍正（癸丑）
玄门炼度	澳门吴谒元手录	民国二年（癸丑）

| 玉山净供 | 澳门吴玉生手录 | 中华辛卯年 |
| 玉山炼度 | 澳门吴玉生手录 | 中华巳酉年（1969） |

36

2、佛香缭绕

澳门的佛教历史悠久，最古老的寺庙有一段这样的记录"现在位于美副将大马路的普济禅院，原名观音堂，在昔日望厦村的东面，所以名观音堂，是因供奉观音菩萨。望厦村中，西缅早有一所观音古庙，为土著村民所建，规模很小，每年观音诞时，只许村民拜祀，以至当时留澳的福建籍人士无法入内参神，愤然另行筹集资金，兴建观音堂，三百多年来，陆续发展为现在庄严宏伟的普济禅院。"[37]澳门有三大著名的古刹：妈阁（祖）庙、观音堂（普济禅院）、莲峰庙，另有庙宇 40 多间。一座庙里通常供奉有佛、道、儒、民间俗神等等各路仙家。澳门佛教主要有禅宗、净土宗和密宗三大类别。

澳门历史上最有影响力的佛教组织是由尹法显居士创办的"澳门佛学社"，该社曾在 1951 年 8 月出版《无尽灯》创刊号。1990 年 3 月"澳门佛教联合会"成立，并在 1996 年 9 月在澳门菩提禅院召开了"澳门佛教总会第一次筹备会议"，同年 10 月"澳门佛教总会"正式成立。

1991 年澳门佛教青年中心成立，该中心为吸引年轻人参加经常举行多种多样的活动，除了固定的每年佛诞节等佛教节日的活动以外，还有在平时举办的如佛学基础班、念佛晚会等的固定课程。尤其是中心举行的青年社团活动十分丰富，并且紧紧与社会生活相联系，如公关艺术、电脑应用、辩论技巧等之类的培训和讲座。青年中心还时常举办卡拉 OK、摄影、辩论等大赛，还有对外文化交流及社会公益活动等等内容。藉此慢慢地扩大了澳门佛教青年中心的影响力和知名度。

1992 年初在香港成立了国际联密慈航会，在澳门本地设有分会址。该会经常举办法事活动，1992 年 6 月邀请了密宗白教之督般宁波本到澳门说法，这是澳门密宗佛教发展的一个里程碑。2003 年 2 月 12 日，澳门慈航寺暨国际联密佛教慈航会澳门分会举行盛大的新址开光典礼。新址慈航寺全寺金碧

---

36 吴炳鋕〈澳门的正一派音乐〉，《中国道教》，1997 年第Ⅲ期，第 39 页。

37 何建明《澳门佛教》，北京，宗教文化出版社 1999 年，第 239 页。

辉煌，庄严华丽，完全依照西藏密宗寺院的传统布置。所有佛像全部在尼泊尔定做，并出自名家之手，这在香港和澳门地区是非常少见的。

2004 年 1 月 10 日，澳门佛光协会与澳门禅净中心举办了本年度第一个大型活动"庆祝澳门佛光协会成立 8 周年暨癸未年岁末围炉合家欢"斋宴。晚会上首先表演的是佛光舞蹈团的"街舞"，充分展现了佛教青年人士的青春活力和现代气息。演出内容丰富多彩，最后由佛光协会圣歌班演唱的《红尘》和《念佛入心田》两首歌曲作为本次晚会的压轴节目结束。

2004 年 3 月由海峡两岸三大语系八大丛林的一百多位出家人组成的"中华佛教音乐展演团"前往澳门、香港、美国洛杉矶和旧金山、加拿大温哥华进行巡演。3 月 17 日晚，在澳门文化中心大剧院进行首演，特首何厚铧也观看了本场演出。参加演出的团体有台湾佛光山梵呗赞颂团、福建厦门南普陀寺、广东乳源云门寺、广东汕头安寿寺、河南嵩山少林寺、甘肃夏河拉卜楞寺、北京雍和宫以及云南西双版纳总佛寺等著名寺院。这次演出汇集了中国汉传佛教、藏传佛教和南传佛教三大支系的佛教音乐，并且在表演上融合了佛教舞蹈、少林工夫等多种艺术形式。由两岸僧人共同参与诵念《洒净祈福》拉开了演出序幕，这本是佛教驱除邪恶、祈求吉祥的一种宗教仪式，藉此开场可谓意义悠长。众僧们分别用汉语、藏语和巴利语念诵，并且手持大悲咒、祈福经、吉祥经诵念为众人祈福。各寺分别表演了存留完整、原汁原味的中华传统佛教音乐。最后由两岸僧人共同诵念《三宝颂》以祈求世界和平、人类安详结束。

由澳门佛教总会创办的期刊杂志《澳门佛教》是了解澳门佛教及相关动态的最直接的媒介，该杂志创办了网站 www.macau-buddhism.org，全文刊登，亦可进行分类和日期检索。

3、梨园灿光

神功戏这一传统，现在存留于香港澳门地区。每当举行庆祝神诞（神祇的生日）、打醮等宗教活动，就会演戏配合，以此娱神娱人而达到"人神共乐"，这时所演出的戏曲被称为神功戏。澳门的佛教寺庙莲峰庙和道教庙宇吕祖仙院的大殿内均张贴了"神诞表"以提醒信徒。[38]

---

38 禤伟旗、胡国年主编《中华民俗大全·澳门卷》，中华民俗大全澳门卷编辑委员会，2003 年，第 435-436 页。

佛教莲峰庙神诞表

二月二十九	观音诞（观音诞生）
三月初八	痘母诞
三月十五	医灵诞
三月二十三	天后诞
三月二十八	仓颉圣诞
四月十七	金花夫人诞
四月二十八	神农诞
五月十三	关圣帝诞（关帝诞生）
六月初三	韦驮诞
六月十九	观音诞（观音得道）
六月二十四	关帝诞（关帝升天）
七月三十	地藏王诞
九月十八	沮诵圣诞
九月十九	观音诞（观音升天）
十月初二	将军诞

　　莲峰庙的神诞表是以供奉在该庙的九大神的神诞为主的，这九大神是属道教的天后娘娘、关帝，属佛教的观音菩萨、地藏王菩萨、韦驮菩萨，属民间俗神的金花夫人、痘母元君、仓颉、沮诵、神农大帝、医灵大帝。庙中还有如土地公、门官、贵人禄马等其他民间俗神。各路神仙不分门派汇集于一堂，这正是澳门庙宇的一大特色

道教吕祖仙院神诞表

车公诞	正月初二		
三元诞	正月十五	七月十五	十月十五
观音开库	正月二十五晚谢库	二十六晚开库	
土地诞	二月初二		
文昌诞	二月初三		
洪圣诞	二月十三		
包公诞	二月十五	五月十二	八月十五
转运石将军诞	二月初十	四月初八	八月初五

观音诞	二月十九	六月十九	九月十九
北帝诞	三月初三		
准提观音诞	三月十六	六月十六	
天后诞	三月二十三		
吕祖诞	四月十四	八月初四	
金花诞	四月十七		
华佗诞	四月十八		
紫薇诞	四月十八	十月二十七	
城隍诞	五月十一	七月二十四	
关帝诞	五月十三	六月二十四	
五通诞	五月初五		
雷神诞	六月二十四		
和合二仙诞	六月二十四		
地藏王诞	七月三十		
侯王诞	八月十六		
华光大帝诞	九月二十八		
北斗九皇诞	九月初九		
信女花女　弟子花仔　四季平安　敬奉长年油　运运亨通 祈求平安福　生意兴隆　吕祖院内　多谢神恩			

可以看出，吕祖仙院内供奉的神祇也是佛道及民间俗神皆俱，而且种类和数量繁多。而信徒不管是在禅院还是在道观，他们的参拜更是集佛教的上香诵经、道教或民间的备三牲、焚纸烛与一身，真可谓"见佛就拜，见庙烧香，八方神圣，统统拜来"。

神功戏就是为了歌颂神祇的功德而唱给神听的，也是唱给人听的戏。澳门的神功戏传承自岭南历史悠久，演出的剧种多为粤剧，像马师曾、红线女等这样的名角都曾在这里演出过，马师曾还为莲溪庙赠送了牌匾。澳门神功戏的演出对象大多为道教神祇。

1839 年法国画家博尔杰（Auguste·Borget 1808-1877）在澳门给他的朋友写信道"这个国家的宗教思想实质上与我们的宗教思想不同，尽管它的祭礼同天主教有许多类似之处。神父对喜剧是绝对禁止的，而和尚对他不仅容忍，还允许在庙宇附近搭戏台。我看一个戏班子在圆窗前面的空地上竖起了几根竹竿，背靠大海搭起了一个戏台，上面盖着席子。和尚们常常在庙院里一边抽着烟斗一边看戏。"[39]

这种奇光异彩的东方宗教演出活动想必一定对博尔杰留下了非常深刻的印象。他在《中国与中国人》一书中详细记载了澳门最古老的神诞—妈阁庙天后诞的神功戏场景"这里有一个节日，延续十五天。在十五天内，这块空地热闹非凡。临时搭起了各种各样的小摊。每天早晨许多小船把货运给卖小吃的摊挡，因为人川流不息，到了晚上，食品就所剩无几了……如果说庙前空地上挤满了各行各业的人群以及看热闹的人们的话，那么庙里却是无人问津。早晨有个别虔诚者来祭台前拜佛，白天则杳无一人，人们都被戏吸引了，神仙为快乐——人民的好神仙——让出了自己的宝座"热闹非凡的景象让他继续写道"我靠着护墙，观看在我面前拥挤的人群，社会各阶层的人混在那里，有乞丐，有瞎子，有海员，有游客，甚至于还有穿着豪华的阔老。在这狭小的空间里，大家熙熙攘攘挤成一团，富人们穿着长衫，扎着腰带，腰带上挂着烟袋和烟斗，不时取出使用，身后还披着大衣，他们时而摆动大衣当扇子，时而用他擦拭额头滴下的汗珠。""中国人太喜欢看戏了，有的人找不到座位，就爬上了戏台的竹竿上。"[40]

历史上，澳门有近三分之一的庙宇曾经举办过神功戏，但目前保留与恢复演出的只有七家：沙梨头土地庙、雀仔园土地庙（土地诞），氹仔北帝庙（北帝诞），妈阁庙（天后诞），路环谭公庙（谭公诞），三巴门哪咤庙（哪咤太子诞），莲溪庙（华光诞）。妈阁庙和谭公庙演出神功戏的剧目常常有《六国大封相》这一出讲述六国联手抵抗秦朝的大戏。澳门神功戏演出程序如下：一、搭建戏棚和牌楼；二、金猪拜神仪式；三、醒狮酬神仪式；四、演戏。[41]

现在，这项活动中拜神的含义不似以往，戏码的内容也多迎合观众口味。虽然它是澳门地区颇有特色的文化遗产，但在当今观众的选择多样性以及地域文化的全球化大潮冲击下，这种民间传统文化与其它种类的民间艺术同样面临着继承和发展的考验。

---

39 陈栋〈天府瑶光灿百载神功戏〉，《MACAU 澳门杂志》，2001 年总 22 期，第 36 页。
40 陈栋〈天府瑶光灿百载神功戏〉，《MACAU 澳门杂志》，2001 年总 22 期，第 36-37 页。
41 陈栋〈天府瑶光灿百载神功戏〉，《MACAU 澳门杂志》，2001 年总 22 期，第 41 页。

肆、田野中的教堂建筑

　　2003-2014 年期间，笔者在中国各地关于基督宗教仪式与音乐的田野考察中发现，南北两地的中西风格以及少数民族风情的融汇，在本土教堂建筑中均有不同程度的展示。考察区域主要集中于西南地区（云南、四川、贵州、西藏）、华北地区（北京、天津、河北、内蒙古、山西）以及华东地区部分城市。

　　明清时期天主教的第二次入华拉开了中西文化交流的真正篇章，至近代一些传教士和艺术家曾努力探索中国文化与天主圣教及基督精神相结合的可能性，在建筑、美术、雕刻等领域留下不少闪光之作：如天主教辅仁画派及其代表人物陈路加（缘督）、刘河北、陆鸿年等，音乐家江文也的天主教圣歌和圣咏系列作品以及近代各具特色的教堂建筑及壁画等。此类本土化佳作大多产生于 1922 年意籍刚恒毅枢机主教担任宗座驻华代表之后至 1950 年期间，这也是中西文化融合的高峰期。此后经过三十多年的沉寂，1980 年代开始全国各地的教堂建筑陆续恢复重建或修复，新教堂也如雨后春笋般涌出，建筑风格以欧式为主千篇一律，偶有中式及、融合或现代风格，但大多数鲜有审美及艺术深度。在笔者十多年来涉足西南、华北、华东、西北以及华南多地关于本土基督宗教文化的田野考察中看到，那些遍布各地历史积淀下的仿西式教堂建筑群、矗立于田野村头华丽秀雅的中式或中西融合式教堂，以及更有不少粗俗简陋混合模仿或现代的教堂带来的视觉冲击之外，更多是对相关历史文化的思索。

一、田野中的教堂建筑

　　1922-1933 年刚恒毅主教在华任职期间，已经较深入地谈及中国天主教艺术问题并竭力推动天主教艺术中国化进程，至今看来，他的观点仍具有学者的眼光和前瞻性。刚氏曾指出"切忌为不加思考地把西式和中式的因素揉合一齐，而形成互相抵触的怪物。一个没有一致性，独特性与华丽性的混合建筑，远不如一个纯西洋式的建筑物来得更好。"[1]遗憾的是，这类被他斥为怪物的建筑（不仅仅是教堂）在如今的中国大地上随处可见。此处虽然说的是宗教艺术，但刚氏指出的已经是中西文化碰撞以来至今存在的硬伤。笔者在田野中所观察到的教堂建筑主要有三类：仿西式、仿中式或中西合璧式，以下选取部分：

1、仿西式建筑

（1）早期仿西式建筑

20 世纪 20 年代之前，基督宗教各艺术门类在中国的发展以西洋风格为主。浙江宁波天主教堂始建于 1872 年（清同治十一年），1899 年（光绪二十五年）增建钟楼，是早期本土西式教堂罗马哥特式风格建筑代表之一，现为第六批全国重点文物保护单位。教堂位于宁波老外滩，2014 年 7 月发生大火，砖木结构的主教堂着火，附属建筑群幸存，后重建未能恢复与原建筑的精美程度。

失火之前的宁波天主教堂（孙晨荟摄）

天津西开总堂为天主教天津教区主教座堂，是天津市最大的罗马式建筑，1916 年由法国传教士杜保禄（Paul-Marie Dumond）主持修建，入选第三批中国 20 世纪建筑遗产项目。

---

1 刚恒毅〈中国天主教美术〉，转引陈耀林编《中国天主教艺术》，石家庄，河北信德室，2003 年，第 11 页。

天津西开天主教堂（孙晨荟摄）

　　这类早期的仿西式天主教堂有罗马式、哥特式以及巴洛克式等建筑风格，其中以哥特式居多。现今多为重点文物保护单位，而大教堂建筑群更是各地的地标式建筑，如上海徐家汇天主教堂（哥特式）、广州石室圣心天主教堂（哥特式）、济南洪家楼耶稣圣心主教座堂（哥特式）、沈阳南关天主教堂（哥特式）、太原圣母无染原罪主教座堂（罗马式）、青岛圣弥厄尔教堂（哥特式）、北京西什库北堂（哥特式）、北京宣武门南堂（巴洛克式）、北京王府井东堂（罗马式）、北京圣弥厄尔教堂（哥特式）等。

（2）当代仿西式建筑

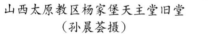

山西太原教区杨家堡天主堂旧堂　　　　山西太原教区红沟天主堂及圣教
（孙晨荟摄）　　　　　　　　　音乐会（孙晨荟摄）

这类仿欧式建筑均为1980年代之后重建，在北方各地尤其是天主教大省河北、山西境内较为多见。如今太原教区的一百多所教堂除了古建筑外，此类风格的占八九成左右。

2、仿中式建筑

（1）早期仿中式教堂

云南大理古城天主教堂——圣三堂始建于1874年，重建于1930年，主堂为传统白族民居三叠水模式一高二低，与欧式教堂建筑外形寓意颇有暗合，是近代宗教建筑的精品之作，现为大理市重点文物保护单位。

云南大理古城天主教堂（孙晨荟摄）

　　云南白汉洛天主教堂位于怒江傈僳族自治州贡山怒族独龙族自治县境内，法国传教士始建于 1898 年，1905 年毁后重建，为中西结合的木构建筑，材料均为当地藏族教友的马帮队伍从云南剑川翻越碧罗雪山运送至此，耗时三年左右。现为云南省重点文物保护单位，照片左一为现今教堂壁画主要修复者。

云南怒江州白汉洛藏族天主教堂

（中间二人是本人和先生，两侧为云南藏族天主教友，旁边为当地藏族常见的杆栏式民居）

（2）当代仿中式教堂

山西太原教区洞儿沟圣母七苦山是太原地区著名的朝圣地，山脚下的教堂建于 1939 年，为罗马式十字架形名"露德圣母堂"。经过之字形十四处苦路一路攀爬到达山顶，穿过"上天之门"便能看到两座极为醒目的古典中式建筑——仿故宫太和殿的圣母大殿和仿天坛祈年殿的圣母大殿前广场中央的祭坛。圣母大殿内部屋顶均为仿中式藻井装饰，绘有中华圣母像[2]等中西融合的圣像画。而如此从山下的欧式教堂一路艰辛重走苦路，到最终望见天门中式圣殿的朝圣之路不仅带给观者强烈的视觉冲击，也是十分独特的文化体验。

山西太原洞儿沟七苦山圣母大殿与祭坛（孙晨荟摄）

3、中西合璧式

1925 年刚恒毅主教聘请意大利本笃会艺术家葛斯尼神父设计一系列中国建筑风格的中西融合式教堂以及天主教辅仁大学校园，香港圣神修院也是其中之一。该修院原为刚主教成立培训华南地区修道者的华南总修院，为中国宫廷建筑主体揉合意大利的建筑艺术风格。

---

2 中华圣母像为仿制河北保定东闾圣母像，法国油画家依照慈禧太后体态服装原样式画像，作为圣母子像款式，刚恒毅主教等曾将东闾定为全国性圣母圣地。

香港圣神修院（孙晨荟摄）

　　位于四川省甘孜藏族自治州泸定县磨西镇贡嘎雪山脚下的中西合璧式天主教堂，由法国神父始建于 1918 年，后因 1935 年红军长征路过此地在教堂神甫楼召开"磨西会议"而闻名，而毛泽东夜宿教堂并有神父为其做西餐一事已是历史典故。

四川甘孜泸定海螺沟磨西天主教堂（孙晨荟摄）

云南怒江傈僳族自治州重丁村天主教堂始建于 1935 年后被毁，1996 年按原法国老教堂样式设计重建，教堂正面图案绘有耶稣背十字架、圣家族及天使。天使围绕上方用藏文书写"钦崇天主 万有之主 天主万有之上"，两边模仿白汉洛教堂绘画风格。

云南怒江重丁村藏族天主教堂（孙晨荟摄）

西藏芒康县盐井天主教堂 1855 年由法国传教士创建，位于上盐井村，是西藏全州唯一的教堂。现建筑为 1990 年代后重建，主教堂为藏式建筑外形与欧式建筑的混合体，并建有钟楼一座，教堂两边的神甫楼为传统藏式木质结构。

二、教堂建筑与声响构建

传统西式教堂的建筑构造除了视觉审美的营造和力学工程学的创举之外，还特别具备声学音效。教堂乐器的配备、唱经楼的设计以及钟楼的构造无一不成为教堂整体视听效

西藏上盐井村天主教堂（孙晨荟摄）

果的天国展示，中国近现代教堂中的这些相关配套设施在历经浩劫之后如今
大多数已毁或放弃或在重建中。

1、唱经楼

在传统的教堂设计中，唱经楼（亦称音乐楼）的位置多在教堂入口方向
的二层，登楼之人可直面教堂主祭台并俯视堂内全景，这种设计科充分地使
歌唱之声利用教堂拱顶或尖顶结构有效地传导至教堂的每个角落，造成极佳
的回声音效和来自"天堂之声"的视听效果，从而更增添了歌唱在宗教仪式
中的神圣地位。

明清时期，利玛窦在北京宣武门最早建造教堂的计划因条件有限，建成
一个中式厅堂的两层楼房以便信徒做礼拜。规模虽小但按欧洲样式设计，
"大厅长 70 尺，宽 35 尺，门楣、拱顶、花檐、柱顶盘悉按欧式，唱诗班席
升上三级台阶"。[3]民国时期河北永平府（今秦皇岛市卢龙县）教区主教座
堂内有东西两座唱经楼，逢大礼庆典时，两班人马对应和声唱诗气势恢宏。
如，1932 年武主教入味增爵会（遣使会）50 年的金庆典礼：……一部神学
修生则赞祝之。又一部修生。与男公学全体。分登西东二楼。担任唱经。由
汪神父等导唱。汪公精于歌经。四音和并。指挥得法。缓急高低。抑扬合拍。
极为悦耳……[4]

山西太原天主堂的二楼唱经楼为传统教堂的建筑设计，是从人声发音考
虑在音响和美观上达到的最佳位置。文革期间摧毁了教堂的所有物品，所幸
保留其建筑结构，因此唱经楼至今仍在使用。此区域面积宽广，可容纳数百
人，举行仪式是，各式乐队与唱经班齐聚于此颂歌奏乐。现今的河北宣化天
主堂在原有样式上翻新修建，大堂正门上方的音乐楼仍然保留，但当年的那
架从法国进口的管风琴已毁，如今专为唱经班唱经和管乐演奏设计的楼上配
有一架双人压风、双层键盘管风琴。

新式的教堂建筑中已没有唱经楼，唱经班演唱时多在侧祭台位置附近。
这反映出现代教会音乐观和实际音响的实际变化：音乐已经从神圣走向人间，
格里高利圣咏已被近现代圣歌取代，空灵通透的直声发音已改为亲切通俗的
流行唱法，不再需要来自"天堂"自上而下的天籁。这是梵二会议后天主教

3　（法）裴化行《利玛窦神父传》，北京，商务印书馆，1993 年，第 618 页。

4　《圣教杂志》1932 年第 12 期，第 756 页。

礼仪改革形成的趋势，天主高高在上的神圣之音成为了亲和民众牧养灵魂的人间之声，二楼唱经楼取缔的象征意义即在此。如今，除了保留至今的老教堂外，有唱经楼的教堂已不多见，它的使用程度则更低。一些乡村新建的小教堂会考虑留有唱经楼的位置，或是对传统样式的继承但极少用或不用，或是对唱经楼音响效果的留恋使用。

2、钟楼

钟楼是传统教堂的建筑设计，敲钟为通告信徒参加教堂活动。因其目的性明确，因此对钟的声响质量要求较高，需传达至三五里之外方可。大教堂的铜钟为齐边型，通常有多座，敲钟人会手脚并用同时操作几口大钟，敲击时不同声响代表各样含义。钟声缓急有哀乐之分，乡村地区还有午时念三钟经的三钟铃以及通告丧事的丧钟。

山西太原总堂的钟楼毁于文革期间，在老信徒的回忆中，其乐音缭绕传遍四方难以忘怀：天主教太原教区主教座堂……系古罗马式，坐东向西，堂顶高 20 米，堂顶有南北相望的两座钟楼，南端的钟楼上有三口大铜钟，钟的口径一米，钟楼前的圆窗内装有表轮，与铜钟相接，很准确的报时报刻，三个铜钟的音，分别是 do，re，mi，刀，来，米，或写 1，2，3，报时敲 do，报刻敲 mi，一般不用 re，三口钟同时使用的时候，是在教会过瞻礼主日，提醒教友进堂，由专人操作。过去多年是由管理圣堂的武银海先生操作，右脚用铁丝或麻绳连接钟楼上的 do，左、右手拉着 re 和 Mi，操作起来是一种美妙动听而有节奏的音乐。现将回忆起的钟声写出几句，以歆读者：

瞻礼主日的钟声是快节奏，是喜乐的感觉：例

12321- | 32321- | 33231- | 22321- | 1123- | 3321- |

332321- | 222321- | 33321- | 2232321- | 11231- | ……

追思亡者瞻礼拉的较慢，教友们称"苦铃"：

3-2-3-1- - | 2-2-3-2-1- - | 3-3-2-3-1- - |

2-3-2-1- - | 2-2-3-1- - | 2-3-2-2-1- - | ……[5]

落成于 1866 年 3 月 28 日哥特式建筑的献县教区耶稣圣心主教座堂呈十字形，面积为 1500 平方米，可容纳 2000 余人。其钟楼高 33 米共 3 层，悬有

---

5 李毓明、李毓章编《天主教山西省太原市主教座堂百周年特刊》，香港跑马地乐和道，2006 年，第 28 页。

三口法国铸造的巨大铜钟，以轮敲击，每日清晨弥撒时鸣其一，遇行大礼时，则三钟齐鸣，声音可闻七八里。[6]建于 1893 年西南蒙古教区哥特式风格的三盛公主教座堂高 10 米，可容纳 3000 余人。教堂钟楼约高 10 米，内有铜钟两口，击之声传十余里。[7]

如果经济条件允许，现今的教堂尽可能配置两至三座的铜钟，在新建教堂时也会考虑建造多达大中小三座不同的钟楼。例如，现河北宣化天主堂建有两座各有楼梯可供上下的钟塔，内置法国进口铜钟两口，为三度音程，其声能传至数十里之外。教堂在中世纪村落中是权力和虔诚的象征，高耸的钟楼敲响时预示人们核心生活的开始。旧时的中国，教堂的钟声曾代表一方强行立足之异域文明的宣誓。如今的中国，钟楼在教堂的角色已逝去，更无技艺精湛的敲钟人，它正用自己的方式融合于本土文明之中。

西藏上盐井村天主教堂钟楼
（孙晨荟摄）

有形文化遗产代表的教堂建筑如何跨越地域种族以及形式文化之障碍表达无形的基督之精神？与使徒时代不同的是，那时可以将罗马万神殿毫不犹豫地改造为敬拜上帝之殿，似乎文明并未成为负担。而基督宗教艺术在经过两千多年的发展后，承载深厚辉煌的西方文明进入中国之时，注定要面对艰难不平凡的融合改造之路，在此可以把教堂建筑或艺术本地化问题放入整个历史层面中。

将耶稣及圣母的服饰面貌改为本国人之外形，将异教寺庙改为教堂，将圣歌赞美诗改为本族小调等举措，在中国、日本、非洲以及拉丁美洲世界各国历史中屡见不鲜。例如，在瑞士日内瓦基督教联合礼拜堂内可以看到全球

6　李锡辉神父 http://xianxiancc.org
7　宝贵贞、宋长宏《蒙古民族基督宗教史》，北京，宗教文化出版社，2008 年，第 204 页。

各民族风情的基督教物品，在意大利或梵蒂冈的弥撒大礼、天主教世界青年节等国际聚会中同样能看到不同服饰不同人种不同传统的礼仪及艺术。

跨入神学层面一步，从创世纪巴别塔之后的说万国语言的万民，在新天新地中将如启示录中所言"从各国各族各民各方来的，站在宝座和羔羊面前"敬拜。藉此转回艺术领域，具体到建筑、美术、音乐等各门类，即如同万邦的语言一样仍以各自的特色而不是大一统之作为不同种族的表达方式。因而，在各地传教区涉及宗教艺术定位的问题上，神学思考尤为重要，基督宗教艺术的中国本土化问题在近代天主教传教史中曾有过远见的讨论。

刚恒毅枢机主教 1922 年作为第一位罗马宗座驻华代表，1923 年撰写报告书曾详细讨论传教区的宗教艺术问题，1932 年再次撰文探讨中国的天主教艺术。他撰有 "中国天主教美术"、"天主教艺术在中国"、"传教区的新艺术"等文，是对中国天主教艺术风格定位问题之探讨。他希望中国天主教艺术（特别是建筑）能放弃西方的形式，采纳本国已有的优美风格。这里并不讨论刚氏关于在中国运用西方艺术不适宜的观点对错与否，他的年代距今接近一百年之久，中国社会和文化已经发生了巨大变化，但至今他的观点仍在存在诸多洞见。刚氏力推采用中国艺术的决定性运动，也承认本地艺术的观点立刻带来了异议和难题。今天这些难题并未过时，教内人士依然为此争论不休。如何有节有度而又合宜地发展本土的天主教艺术？ 现当代关于天主教艺术最重要的权威指导性文献，是 20 世纪 60 年代第二次梵蒂冈大公会议颁布的《礼仪宪章》中的相关篇章。多样性和本土化从来都是文化发展的必要道路，正如天主教会誉为最正统的格里高利圣咏并不是单一或正宗文化的成果一样。而从中国近现代教堂建筑经历的西式、中式、中西合璧式、现代式等样式来看，中国天主教艺术（也包含新教）的本土化和多元化也是未来发展的必然趋势。

伍、田野笔记——滇藏川交界地区天主教与基督教音乐考察

本文是笔者 2009 年期间前往云南省怒江傈僳族自治州泸水县、福贡县、贡山独龙族怒族自治县，四川省甘孜藏族自治州康定县、泸定县以及西藏昌都市芒康县纳西乡上盐井村进行藏族天主教和傈僳族、大花苗基督教音乐（还涉及彝族、小花苗、怒族、独龙族等其他少数民族）考察的部分田野笔记，相关课题的具体内容已出版《雪域圣咏》和《谷中百合》[1]两本专著。

2009-1-7（周三）

采访云南怒江州泸水县百花岭基督教会带领人李忠文长老（百花岭农民合唱团团长），47 岁。农民合唱团 1999 年成立，迄今 10 年，实质是百花岭教会唱诗班，共有百十来人，男低男高音声部各 3、40 人左右，女声部人员较多，40岁以下的为女高声部，40 岁以上的为女中声部。从谈话的语气听，高低音的分部取决于年龄大小，年纪越长越唱不动，所以高低音分法如此。成员最小10 多岁左右，最大有 80 岁。

注册的农民合唱团没有太多收入，与旅行社签订合约的情况如下：带团30 人以上，每人头旅行社收取 40 元，其中 20 元为旅行社进账，20 元为合唱团收入。30 人以下，每人收费相对提高。其他的演出机会并不太多，时常有

1　孙晨荟《雪域圣咏——滇藏川交界地区天主教仪式音乐研究》，香港中文大学天主教研究中心，2010 年。《雪域圣咏——滇藏川交界地区天主教仪式与音乐研究》（增订版）（上、下），台北，花木兰文化出版社，2016 年。《谷中百合——傈僳族和大花苗基督教音乐文化研究》（上、下），台北，花木兰文化出版社，2015 年。

政府牵头的活动，利用这个特色文化吸引目光。作为怒江州的文化资源之一，政府也有补贴，但这正是谈话中长老们最无奈的地方。比如某年某次的文化演出，州政府补贴合唱团每人每天15元，不管食宿路费误工费等，而每次演出完，这笔少得可怜的补贴费常以各种借口拖延以至于最后完全"忘记"。合唱团成员全部是基督徒，绝大部分是农民，以种田、种甘蔗、养猪为生，每次有演出任务，作为歌唱信仰的内容部分，农忙其间人们也会停下手中的农活参与进来。女性成员占6-7成，男性成员占4-3成，老年人居多，年轻人多外出打工闯荡世界，途中也有放弃信仰的，留在村寨中的多为父辈老人们，所以教堂中年轻人的身影少了很多，但村中读书的孩子们依旧延续着父辈的信仰。谈话中笔者问道李长老如何带领这个合唱团继续发展，他回答想法很多，但做起来困难重重。

2009-1-8（周四）

六库-福贡9：30-13：00，33元/人，到县城买光盘

福贡-贡山15：00-18：00，30元/人，宿通宝酒店100元/晚

2009-1-9（周五）

早9点到贡山天主教堂，找虎俊杰主席，烟熏火燎的房间中间是炭盆，大家围着烤火，屋里很暗，挂满了烟熏肉类，我被呛得厉害，看样子人们都习惯了。70岁的虎主席有严重的支气管炎和肺气肿，仍然坐在火塘边。大妈是藏族，其他都是怒族，人们都说藏语，但除了虎主席没有几个会看藏文。10点搭车出发，虎主席是一位老司机，原是县交通局副局长，前行的公路就是他在任是修的。随行懂一点汉语和藏语的28岁法国天主教徒汉森带着捐助孩子的奖学金进村，肖飞雄修士同路。（捐助款每人每月250元人民币）

前往丙中洛红塔小学：捐助两位孩子，一男一女，学校正在考试，下午放寒假。我给孩子们买了泡泡糖，他们蜂拥过来非常开心，并且有很多人看见没有糖的同学，会告诉我让我发给他们。一路上看见孩子们用头背带背着自己的行囊走上回家的山路，我们的车路过时，他们都会停下脚步为我们行少先队礼。他们大多流着鼻涕，黑黑的小手，在这么寒冷的冬天，穿着薄薄的衣物单鞋走上几十里的山路，弯腰驼背扛着行李回家。

（给丙中洛完小的孩子们发泡泡糖）

前往重丁村天主堂：遇见几位游客，教堂门前在铺路，几位工人在打钢钎很乱，友人们在教堂内大声问东问西，还有一位试图使劲敲响钟楼的古钟，被我制止。肖修士一路讲解教堂的历史，碎石路上我们还发现当年被红卫兵砸碎的雕花汉白玉拉丁祭台的碎石。

前往秋那桶村天主堂：相当偏僻的村子，加上是冬天，路过传说中最美的翁里怒族村都没有太多的风景。秋那桶更是贫穷，手机完全没有信号，我们进入捐助的孩子家中，黑黑的木房中间仍是烟熏火烤的火盆，一位 90 多岁的怒族大妈靠在仅有一线光的小窗户下一动不动烤火。进入房间，眼睛对光和烟的适应能力必须增强，我不停地流眼泪，他们招待我们吃了丰盛的午饭，那么穷困的人家摆上了鸡肉、猪肉、当地特色的烟熏肉、青菜、酥油茶、糌粑和水酒。修士和法国人饭后又去其他的捐助人家，我在屋内采访怒族大妈，不懂汉语的她为我唱了传统的藏文圣咏，并拿出了我向往已久的歌本，1894 年四线纽姆谱-拉丁标题-简体藏文的圣咏，这是经历过文革的珍贵文物。

（两位怒族老人的采访，她们不懂汉语，需要翻译）

晚上原计划去迪麻洛山上到白汉洛教堂，虎小平正在这座当地最古老的木制教堂进行修缮赶工，听说他很有才能，贡山教堂、重丁教堂的绘画和雕像都是他的作品，现在白汉洛的破旧木头重整，他正在教堂绘画。我考虑再三最终放弃了这条线路，晚上虎主席的饭菜很丰盛，有烤鸭、土豆炖鱼、炸土豆条、青菜、酸奶，晚上 7：30 钟声又响起，大家进教堂年了半小时的苦路经（周五纪念受难），8 点我给学生们教泰泽的歌曲，虽然只有一首是简单的二部，但人们完全没有声部的概念，跟傈僳族的赞美诗相去甚远，9：30 虎主席的侄子带着圣诞节的录像来了，我们一起观看，11 点多回修女房间睡觉了。

2009-1-10（周六）

贡山基督教锡安堂：余占敏（两会秘书长）、余志光（两会常务委员、伯特利教会负责人）。5 点到打所村伯特利教会，吃了余弟兄家杀鸡炖肉的"便饭"，遇见国电进驻的年轻村官指导员辽宁人小王。7：30 开始了周六晚礼拜，原本是会更早，但为了迎接我们，村民都去穿盛装的民族服装，听说我们要来，余弟兄带领信徒整整练习了两周的诗歌和节目,不过这一晚的赞美不敢恭维！

2009-1-11（周日）

小姚录像中午 11 点的贡山天主教茨开堂主日（主受洗节）礼仪，我前去贡山锡安堂看中午的礼拜，上去发现人不多，小汉告诉我人都上山参加泥你朵开堂仪式，沃里克和他打车，然后上山，爬了一小时的山路，终于来到了泥你朵教堂。耽误了一会，12 点半到达，仪式进行到下午 3 点半，我又累又饿，随同领导们到该教会执事家吃饭，著名的漆油鸡吃着还行。下山速度快了很多，回到天主堂，小姚告诉我中午在主席家吃了飞鼠。晚上哪也没去，在屋里帮他们刻盘，折腾了好久，终于休息了。

2009-1-12（周一）

早起 5：30 没有出租车，在月色下背着行囊，艰难走到贡山汽车站。6：10 上车，下午 1：40 到六库，吃完米线，匆匆到江西（怒江西岸）与丰主席见了十分钟。3：00 六库-下关，7：30 到了下关，打车到北站，买了去维西的车票，住在车站附近的缘友宾馆，80 元一晚，条件不错。到了附近的一家亭台楼阁环绕的花园饭馆吃饭，我都有了错觉不知道在哪，服务的弥渡小姑娘很是可爱。回到酒店，最开心的是有吹风机！

2009-1-13（周二）

下关北 8：30-维西 18：00，住在一个小客栈，50 元一晚。破烂的小县城，吃晚饭走了两步，看见了两个戴高帽子的彝族人给她们照了两张相，冰冷的小客栈，小姚的牙龈发炎日益严重。

2009-1-14（周三）

维西-燕门 8：30 发车，13：30 到茨中桥，住刘文增家，带吃住一人 30 元。下午去茨中教堂，见了姚飞神父，又带我们去见 80 岁的肖老师（2km 的山间小路，让我大汗淋漓），之后打车去吴公底家，7 点回教堂录晚 7：30 的弥撒，结束后与神父聊了会，数着满天的星星回到了住所，这可是我生平第一次看到如此多的星星，并且北斗七星一眼就看出来了，很开心，就是太累！

2009-1-15（周四）

早 8 点包车去茨姑、巴东教堂的计划取消了，8：30 在茨中坐车，中午 11：20 到德钦。下午来到飞来寺梅里雪山，120 元一晚加电暖气 20 元，甚贵的晚饭，吃了牦牛肉，我已经差不多被晒成了藏族村姑，面部潮红的厉害，期待明早的雪山日出。

2009-1-16（周五）

雪山的日出看了半天才发现我们在西边看日出，真够笨的！9：00踏上去盐井的车，下午2：00晃晃悠悠到了下盐井。打车去了上盐井，见到了向往已久的教堂，在美丽的中、西、藏结合的建筑下，我们见到了还俗的鲁仁迪神父！（现在是当地教会的会长）下午在住宿楼的办公室，我们聊天，玛塔丽娜献女在为我们做饭，忙碌了半天，给我们做了三个菜。本来想住在教堂，看了房间后，有点吓着了，最终我们商量周末不留在教堂了。当晚录完像，我们打车回下盐井住了。最大的收获是居然得到了1894年的藏文圣咏原本，鲁神父送的，全程最珍贵的礼物！

2009-1-17（周六）

8：30盐井上车，等到了10点才发车，下午三点才到德钦，住在小宾馆，明天坐车去香格里拉。

2009-1-18（周日）

8：30德钦发车，下午2：30到了香格里拉。这一路山路急转直下，非常多接近180度的大弯超级检测司机的水平，也成了乘客身体的耐力考验。前车后座的人们吐得七荤八素，而我真是蒙主保守，坐火车都晕的人，经过了两个星期没完没了的长途汽车，这一次的极度晕车之旅没有难倒我。但是高原反应也伴随而来，头疼、上火、流鼻血、胸闷气喘，还有高原的紫外线，这一切在德钦发到了极致。终于到了中甸，市容环境、生活条件都好了很多，跟丽江一样，人们都不用塑料袋，看样子环保意识很到位。住在快活林酒店，100元一晚，吃了一顿很贵的海稍鱼（跟鲶鱼差不多），终于可以修整片刻。

2009-1-19（周一）

终于可以八点起床不用赶车了！我饿得要命，走到街上找找吃食，满街的米线饵丝，真受不了！走到菜市场，很多当地的藏民都来摆获赶集。这里的藏族比西藏的水灵干净，衣服也清秀了很多，每个人头上都是玫红色的线条裹头，在阳光下耀眼美丽。市场里有很多早点摊，找到了酥油茶和粑粑，我拎了一壶回酒店带给懒猪吃食，阳光下赶集的人越来越多。

2009-1-28（周三-大年初三）

坐火车昆明到贵州六盘水10：10-17：35；宿六盘水

2009-1-29（周四）

长途汽车六盘水-威宁-妈姑镇 8：00-11：00，杨正银接车 12：30-赫章县双萍苗族彝族乡板桥村。下午玩了村子中一个未开发的钟乳石岩洞，文革期间，基督徒为躲避迫害在洞中聚会吃住，回程爬最后一个洞口时，我从岩壁上滑了下来，右腿摔青裤子蹭破，代价不小。回到屋里，杨的老婆为我补裤子，我穿上了漂亮的彝族服装自己逗开心。晚饭后大约 8 点左右，在手电和星星的指照下，走了一小截山路参加板桥村彝族的晚礼拜。这是杨的表哥家，进门处有两口做好还未上漆的棺材，我很是纳闷。男左女右坐在长条板凳上，我们一进门人们就起立拍手唱起《欢迎歌》，女子都是彝族服装，而男子都是汉服，这样还是特别为我们穿上的。唱诗祷告分享经文，最让我惊讶的是，不管是祷告讲道还是分享，只要说上一两句，突然会有人大声唱歌，随即人们开始集体齐唱。慢慢我也开始习惯了，明白他们是听到自己有感动的地方，就会唱诗赞美，全民参与性非常强，我甚至感觉讲话的人有时非常被动，话语经常会被打断，只好跟着唱，看样子感动只是个体自发性的，但人们完全适应了这种方式。一篇原来只有数十分钟的讲道被这种随时的"感动"可能延长到半小时一小时甚至更长。人们告诉我农村的聚会时很随意的，一般都有 3 至 4 小时左右，开始我非常难以理解，因为城市聚会一次并有固定的程序，每次一小时的讲道已经非常之长，除非特别精彩，否则是需要不少的忍耐力，除了小组聚会，正式礼拜的一次聚会最多 2 小时左右。而这里的礼拜一周有三到四次，每次少则三小时，多则五小时，这种耗时对一个城市人来说是有很大难度的。亲自参加一场礼拜，才恍然大悟，人们很讲究"圣灵感动"，在聚会的任何一个环节，只要有人有"感动"就会放声歌唱，这种即兴自由的性质会无限延长每次礼拜的时间，而人们也会越唱越热烈，越唱越投入，整场礼拜完全形成了全体自发性参与的盛会，与美国黑人非洲裔的基督教礼拜情形相似。我和小姚被请发言。

2009-1-30（周五）

早起罗弟兄和大儿子为读书和打工的问题，发生了争执，由于经济困难，拿出一千元钱都成了罗的障碍，而儿子不争气喝酒不读书的表现让二人扭打起来，这是途中让我感到难过的一件事。赫章县双萍乡兴发村大花苗基督教会（属葛布教会），2 点礼拜，我和姚又被叫去发言，然后空场表演去录像。晚礼拜成了我教歌《赞美像清泉流出》的专场，本来时想参与，最后他们的意思时随我的安排，礼拜其实在正月初三就结束了，但今天是特别为我增加。

2009-1-31（周六）

开车到葛布教会，小金杯里面挤了近 20 左右的人肉饼。传教士的宿舍遗址，另一座山中英国师母的墓地和新修的葛布教堂。下午 5 点左右到达结构彝族乡结构教会，雾气绵延，如针一般的细雨洒在头上没有感觉。

（与彝族和苗族弟兄姊妹在葛布教堂旧址前的合影，该处已是县文物保护单位，为传教士的住宿地）

2009-2-1（周日）

等待 11:30 的聚会，将近 12 点人们差不多到齐了，每月的第一周圣餐礼，为了我们赶时间，礼拜安排会众在唱几首诗歌之后，唱诗班首先献唱，文牧师原计划来三个诗班，但是来不及通知，只来了一个。我们匆忙赶着录像，2 点钟没有等到圣餐礼就打车去赫章县-包车去六盘水，夜里的火车回昆明。

（结构彝族教会的主日礼拜，唱诗班献唱亨德尔的《哈利路亚》，该乡为白彝支）

2009-5-18（周一）

15：30-19：30 北京-昆明；20：30 见桑牧师

5-19（周二）

9：00 昆明（南窑汽车站）-六库（江东）19：00；159 元/人，宿盛宝路酒店 170 元/晚，金桥园晚餐。

5-20（周三）

六库（江西）-匹河 10：50-13：00；22 元/人。坐小三轮摩托上山到老姆登，25 元/人。载我们上老姆登的三轮摩托司机是一位傈僳族基督徒，沿路看见了一个傈僳族"木乃"教堂，弹石路快把我的胃颠出嗓子眼。司机说怒族教堂的人们只唱歌，福贡那边的会跳舞，跳的人很多，言语中不经意流露出有点自豪的意思，话外音是"那边更有趣"。这次来的时候不巧，赶上农忙，沿路都是人们插秧耕牛的情景。因为农活多，进教堂的人就相对少。我们找的人很多都不在，感觉是春天来了集体出去找食寻活路了。住在"怒苏哩"郁伍林家，他也不在，听说是进县城参加函授学习去了，她的妻子鲁姊妹是独龙江的独龙族，瘦瘦小小的长得清秀，麻利能干。她家的房子正可以俯瞰老姆登教堂，而教堂锡皮的房顶在阳光反射下非常刺眼。晚上 8：40 左右，教堂的钟声敲响十下，9：15 左右，陆续来了 20 多位，兰宝执事特地去喊人，但没有多少却比平时多，他已经忙得眼睛都红了，晚上他讲道，郁伍林为我翻译，礼拜结束后，为我单独唱了 5 首歌，还是很不错的。

5-21（周四）

老姆登-福贡 25 元/人一大早鸡叫爬起来登上农用车，进入福贡。9 点桑牧师已经在车站门口等我，一同前往两会，见了一堆人，还有士主席，最后帮助利沙底教堂筹款的事情又被接了过来，个人捐助了 2 百，我真的很有负担，求主帮助！下午到贡山，住在教堂里，晚上到基督教两会联系学生的事情。

5-22（周五）

早上 10 点多前往基督教两会，姚进等学生们来，我去见了 2 位傈僳族老传道员，总共给了 7 百元给流动传道员。中午吃完饭跟虎主席和大妈前往永拉嘎参加一位老教友的葬礼，折腾到 5 点回来，找了些资料，明天要去迪麻洛，希望不要下雨！

5-23（周六）

虎小平开车从茨开先到双拉村。见了一位老传道员和资助的学生，接着前往迪麻洛，车停在一个村子里，吃了点东西，才当教会的会长安当陪同我们先往白汉洛教堂，走了 2 个小时山路，我狼狈不堪地到达目的地。5 点离开前往才当村，又走了 2 小时山路，到了安当家，他总是说晚上喝酒跳舞尽性为第二天要翻山去茨中的朋友送行，而我的大腿因为长时间翻山越岭开始抽筋。晚饭后，他们开始跪在火塘方向念晚课慈悲串经。接着侠腊、水酒、自熬酒端上来，希望我们歌舞，但大家都不动弹，安当自己唱了两句，拍了几下，也没办法。夜里，无数巨大的飞蛾在我的头顶乱窜，突然开始下起雨了，越来越大让我很担心第二天的舞蹈计划，天没亮，鸡群炸了锅，扑腾飞跃，好不容易躲过了贡山县城杀猪场的夜夜尖叫，又与山寨村里的鸡狗们干上了。

5-24（周日）

才当村的周日念经祈祷：教了歌，开始祈祷念经，耶稣升天节的程序，人手一本茨中教堂的藏文汉注音的圣教经课和台湾版的感恩祭典、西安教区的圣教歌选，神职人员的感恩祭典居然成为普通教友的使用书籍着实让我吃惊不小，更何况前排的 6、7 岁孩子们在读经员念经时，拼命地翻找出处，找到后立即跟着读竖排繁体字的经节。人们唱圣歌的声音排山倒海格外高亢卖力，藏族的音色和声域令人难忘，孩子们的歌声尤其高扬，我面对着圣母像耳中充盈着震天撼心的赞美之歌，差点哭了。念经结束后，村民聚集在旁边的草地，安当忙着给大家发低保补助，每人每月25元，几个月发一次。安当一家一户地念名字和金额，他说自己已经两周没在才当过主日了，所以事情特别多。两个法国人还在无奈地等着他，教堂内的一张桌子被抬了出来，一大桶水酒摆在上面，村民围着桌子成圆圈在空场跳藏舞，弦子没有带，但一位男士大声高歌模拟手拿弦子开始歌舞，人们慢慢加入进来，天气太热，两桶水酒，喝完跳完。虎小平说四大节日中圣诞节是一定歌舞尽性的，其他节日也可以跳，但主要是冬天太冷，人们需要围着火盆歌舞，圣诞节的酒要准备一千多斤，什么时候酒喝完了，舞就不跳了。

下午与安当的母亲玛利亚聊了多会，见到了另一版本的圣歌谱，得知由于当地藏民看不懂小楷，虎的爷爷咱干里手抄翻译成大楷便于人们阅读，找到了几首歌谱之外的圣歌，据说是康定一位名叫保禄编纂的，后来由维西的施神父传过来的，这位施神父与肖老师他们是一拨的拉丁大修生，最后坚持下来的唯一的一位。回来忙着上海开会的机票事宜。

5-25（周一）

早上九点本村的小伙子安东尼带我们去采访安当安排好见的老人，她家在教堂的上面，驴子叫得最欢的那一家。波拉是安当的岳母，好像事先没有沟通好，老人不太积极也不怎么说话，在屋外的空地采访进行得有一句答一句，虎翻译似乎也不太乐意，气氛有点尴尬，我都不知道该问些什么很是着急，默默祷告了几秒，正正手足无措的时候，有一个老太太过来跟他们说话，她叫贞德是波拉的大姐，突然就坐在我面前，聊了起来。我看她胖胖的，和蔼健谈，就随口问了几句，没想到老人什么都会，非常开朗，立即就给我唱歌了，真是喜出望外！波拉和贞德姐俩，一胖一瘦，一个活泼一个内向，差异很大，虎说我遇到救星了。锅庄、弦子、日莫、山歌都唱了一些，讲起文革时期的历史如何念语录的情形，虽然听不懂藏语，但贞德生动形象的讲述还是让我觉得非常有意思。更何况她会听说一些汉语，一点不避讳生人，我们商量好了第二天十点聚集几位老人歌舞在波拉家。下午休息洗头整理资料。

虎在聊天时讲到：每个村的教会有会长、副会长和管理员（财务及教堂相关事宜），他解释为什么这里的人要抽烟，贡山地处高寒山区，多雨多雾，蚊子非常多，经常一场大雨过后，有一种很小的蚊子叮在人的胳膊上有上万只，我住的房间里每晚都有巨大个的蚊子，真是应了"云南十八怪，三个蚊子一盘菜"，这里的人抽长烟斗，蚊子就不会来咬了，加上烟筒很长有较好的过滤系统，对身体也不会有伤害。虎说自己的爷爷抽了一辈子烟斗，活到103 岁，身体好好地。

5-26（周二）

上午十点，我们到了波拉家，安东尼也背着孩子来了，可其他的人还不见踪影。在屋内等了 40 多分钟，贞德首先到了，随身背了一个小背篓，对我说要穿得漂漂亮亮的，是全套的藏装！红色筒裙、金色上衣、五色手织围裙、松石五彩项链、五色丝线裹头和白色哈达，我成了一个藏族姑娘！陆陆续续来了几位老人，波拉看见我们还上了盛装，也跑到屋里捣腾。最后有 5 位老人，和两位小伙子安东尼和保禄（拉弦子）。波拉一身鲜红的藏装异常美丽，黑色的裹头也换成了红色，暮年的老人散发出阵阵光芒，小姚抢了一张照片，绝佳！雨停停下下，太阳也是躲躲藏藏，搬了一张小桌子，水酒摆上，歌舞开始，不过老人商量准备了很久，她们从未在一起跳过，舞步需要统一。锅庄、弦子、日莫、劳动舞等等，跳跳停停就像当天的雨水和太阳一样，不觉到了下午 2 点，我饿得够呛，老人们似乎还没事，他们总说有酒就够了。终于可以吃午饭了，土豆汤和琵琶肉，虎迷上了连续剧《解密档案》，下午说什么也不出去了，看在他上午坐在山坡上，把歌词句句翻译记录了下来的份上，就饶他一次。贞德的孙子达雅的汉话比安东尼更好，他为我翻译。一桶水酒又摆上桌，此时的太阳不再害羞，直直照在每个人身上，原以为一天阴雨就没有防晒护理，谁料到这里的天气反复无常，我的脸开始变红，疹子和过敏出现，更像藏族人了！老人们经过中午的休整也有些疲惫，贞德还是特别的热情，唱跳了几首之后，我让她们休息坐在地上唱歌不跳舞了。请教了几首藏文圣歌，我决定今天的任务可以结束了，正在这时，大家对我说来了一个从独龙江嫁到本村的独龙族女人，是贞德的弟媳，在力邀之下，她简单装扮了一下，为我们唱了一首歌，由扮男人跳了一首独龙的杀牛舞。保禄把我拉过去，告之说晚上想继续跳舞，他会换上藏装，我们很是犹豫，因为太疲劳。最后我们在贞德奶奶的力邀之下，去了她家吃完饭，保禄还不死心，有点不高兴说既然累，贞德的家在山上为什么还去，而他的家在山下我们为什么不去？好说歹说，我们上路，前往贞德家的路上，看到了才当最大的教会公墓。达雅说每年葬的人，墓地会往下沉，人们就会在上面继续垒坟墓。沿路吃到白草莓，比红的更甜。到了贞德家，我看到出生 2 天的小马，奶奶专门为我们杀了一只鸡，晚饭就是炖鸡肉和琵琶肉及辣子蘸水，没有蔬菜，因为山上不产。达雅聊天时说到，这里原来结婚时，新人站在门口，向客人撒纸，原来是撒面粉相当于驱灾祝福，是佛教的习惯，现在没有了。02年左右，家家通电有了电视，之前只有安当家有发电机，每晚大家去他家看录像，一块钱一部，后来半山上有了发电机，人们又去那看录像，后来政府补助电视村村通每家都有了卫星接收器，人人晚上都在家里看电视。阿路拉卡原来考察建机场，估计泡汤了。

（表演传统歌舞的藏族天主教徒，后排右四为笔者）

5-27（周三）

　　安当昨天夜里从茨中赶回来了，只花了一天走得太急，听说脚都变形了。又下了毛毛雨，我们下山到迪麻洛的村长家，是虎主席的五弟。亮堂的砖瓦房在此处很是稀罕，这家的条件好了很多，就在迪麻洛的河边，建了男女厕所，正在盖洗澡间。下午虎走后，我们前去拍了从尼教堂，晚上这一家又是鸡和肉来招待。

5-28（周四）

　　今天是端午节，这里的人不过。我们下午准备去迪麻洛赶集，看看有没有虫草、天麻、雪莲花之类的药材买回去给老人。下午赶到迪麻洛的集市，人不多东西也很少，安娜在买菜今天的生意不好，一天都没有卖一百，虎在台球室的角落里落寞地等着，买了一点虫草等他们回贡山。来之前的路上有塌方，等到 6 点钟回去时路挖通了但是山石塌方的情况还是严重。到县城买了烤鸭、李子、苹果、桃子、粽子给大家过节。

5-29（周五）

一天洗衣服，一身红肿的大包对得起跳蚤和蚊子，天气时晴时雨，晾晒的衣服总是收收挂挂，晚上姚通知我和丰主席、余局长等人一起吃饭，再给培训的学员教歌。丰说了很多情况：匹河一带的教会长老相当保守，四声部保留不错，但过于保守不利于发展，除了传统歌曲以外什么都不让唱，新写的歌更不可能。到了上帕一带上来教会就非常开放，唱歌跳舞什么都行。神召会、内地会、基督会在怒江一带，风格不同，六库的教会属于内地会也是相当保守的，神学培训都不允许，认为自己这里的就足够了，百花岭属于范畴之内，现在一代的带领就好了很多，各方面都放开，也逐年培养神学生。丰说这里很有意思，傈僳文影响较大，人人基本可以用傈僳话交流，而藏族在艺术歌舞方面影响较大，人人都差不多能跳点藏舞。我问那什么对教会的影响最大，丰说是世俗文化，现在家家都有电视了，VCD 都可以看，通俗流行的歌舞又简单，人人一学就会。以前连电都没有，一到晚上大家就聚在一起唱四声部赞美诗，现在教会的四声部正在走下坡路，就是受世俗文化的影响，但他相信这只不过是一时风潮，过段时间人们就又会喜欢传统的。丰正在努力恢复各教会的四声部传统，在六库圣经培训中心请老牧师教大家唱大型的四声部作品如《哈利路亚》，做吉他培训的时候上两节圣经课，及推广音乐又普及圣经知识。他认为吉它弹得优美也是很好的，但架子鼓在教堂里敲响实在是太闹腾了，心里不舒服，我也是同感。宗教局的余局长讲述了本地喇嘛教的一些习俗，主要是葬礼活动耗费太大，凡到会者每人给一块两斤的猪肉和两瓶酒，参加者也带一些东西如烟酒、粮食、钱肉之类的，喇嘛们丧家要特别伺候好吃好喝好，他们是昼夜做法念经，还要每位付钱，一场葬礼下来，一个不太富裕的家庭几乎破产。

晚上我在教堂教大家用汉语唱歌，学员绝大部分是各教会的年轻义工有准备以后做专职教牧人员的，只有五位姊妹，很显然有些人汉语听不太懂也不认识汉字，但他们是完全模仿唱下来的，虽然不太熟悉歌曲，但音准和记忆力相当好，一个半小时三声部基本下来了。8：30 结束后，和丰聊了一会，我们离开回住处了，雨没有停。

5-30（周六）

下了一晚的大雨，白天一直没停，很庆幸已经回到县城，否则就困在山中。虎主席去了尼大当教会，说是筹办那个教堂重建的财务事宜，从土木改建砖石板房。宿舍楼下有几位傈僳族教友在练唱，据说是为明天的圣神降临节作准备，听了一下都是基督教的四声部歌曲，想下去采访，问问为什么从基督教改信天主教，虎说这是他们的隐私，最好别问，问了他们也不会说，只好作罢，听说有3、40位改宗的。动听的圣歌伴着隔壁工厂凄厉的杀猪声，真是让人听觉复杂。

中午和姚一起去了贡山一中，见了资助的学生，请杜校长、虎小平和李姊妹吃午饭。下午等丰主席回来，约了2点，因为下雨3点半才到。聊了一会，他是很有意思，最后说参加的一次较高层的会议中，有人感叹道'党的阵地失去了，文化阵地也失去了，挡不住哦，满街子都是基督教的音乐！'，从福贡往北，集市的时候，只要放音乐卖光盘的都是基督教音乐，而且多是盗版光盘。经常教堂里过节有人自己录像，转手就卖了。傈僳基督教圣歌翻新太快，赞美诗一本接一本地出，现在又流行摇滚风格了。天主教没有圣经，圣歌非常少，只能靠传统歌舞吸引人。曾经有一次，某教堂出了歌舞的光碟，反响效果非常好，文化部门一看，立即查封，但此时启发了他们，也开始制作民歌类的光盘发行。（丰的话）

李姊妹的晚饭已经做好了，但没有留在基督教那里吃饭。会到茨开堂，晚饭后，6:50大妈如利亚进教堂敲钟，突然反映过来今天是周六，要念晚课，因为下雨，估计不会太多人，7:15左右坐在外面等候的人陆续进堂了，钟第二次敲响，来了有30多位，很多熟悉的面孔，有我们资助的学生和在各村见到的教友，他们刚下山来到县城。念经的内容和以前见到的与安当家的完全一样，我没有参与了，晚课持续了一小时。回屋和姚聊起汇报的事宜，明天的舞蹈是一定跳不了的，这里的人说雨最少持续一周，虎主席尽力通知安排大家前来跳舞过节，但是天公不作美，没有办法。

5-31（周日）圣神降临节/五旬节

雨没有停，对跳舞没报希望了，打算这次就这样，早饭的时候虎主席说，小平和安娜去买饮料预备，我挺惊讶，因为下雨时肯定跳不了。大妈说实在不行可以在厨房和屋内跳，看样子虎主席做了两手准备，我依旧有点沮丧。10点钟天居然奇迹般地晴了！两天的大雨，雾慢慢散去，光线有点亮了，暗自祈祷感谢希望能撑到今天跳舞完成！10点大妈敲响了第一次钟，穿着盛装的人们陆续进入教堂。厨房水池旁有4为男人在收拾买来的9只光鸡，是准备侠腊用的。傈僳教友在教堂旁边的屋子里练歌，方法就是基督教的。11：02钟声第二次敲响，教堂已经坐满了，首先是早课经，紧接着藏文圣歌《圣神降临歌》，程序照旧。结束后虎主席用藏语说了一堆，应该是介绍我们的，大家拍掌欢迎。雨停了，人们坐在院落等待着侠腊和食物，水酒来不及煮了，今天的主角是用自熬酒煮的侠腊，等了很有一段时间，两个塑料桶的侠腊端了上来，阿迪拉知道我们不吃酒，给我们拿了一小盆用酥油炸的鸡块，我和姚将它啃得尽光，此时已经13：30。人们纷纷上前舀侠腊，需要酒足饭饱才能充电歌舞。两桶明显不够，过了一会，几大簸箕的煮洋芋端上桌，还有单山蘸水-我最爱的辣椒，人们一哄而上抢拿，大妈拿了一个大塑料带给我们送上房间，我们的摄像机架在二楼的走廊，方便拍摄，虎给我手写翻译。藏舞跳起来了，大妈首先领头嗓音很好，一会她又一个个拉上来跳舞，听她说大家都叫她"妈妈，再喝一杯"，有点被灌醉了。看着藏舞起来了，傈僳族在旁边捣鼓着跳舞，可是声音不够人家大，舞蹈也跳一会就不跳了，乐器短笛子和琵琶都没有带，跳了几首，很快就散了。几位傈僳族的加入了藏舞队伍，看样子是准备不足，也比不过人家。舞蹈一首接一首，人们开始发电了，有一位胖胖的藏族大妈玛丽特别开朗热情，嗓子类似摇滚风格，总是首先起舞高歌。

　　洋芋和侠腊又端上来，啤酒也扛了两箱，雨一会停一会飘，开始我真的担心会下大，人们跳得还挺开心，不过看得出不是非常尽性，男人有点少，两个弦子拉起来，他们号称跳得是正宗的贡山弦子，德钦迪庆其他地方那边都是偷这的，我不以为然。找了一个傈僳文的翻译实在不怎样，过了很长一段时间，突然又开始跳傈僳舞，我赶紧跑下楼，请人翻译，结果啥也没翻成，倒是被一个小孩把侠腊酒从头撒到脚，裤子全毁了，洗了半天也没有去掉油渍，有点郁闷！傈僳舞倒是越唱越欢，没人给我翻译，我不想记录了，雨滴开始变密集，似乎预示该结束了。五点多了，人们开始慢慢散去，但酒是喝开了，欢乐地日子即使是信教，烟酒也不禁了。我们去了宗教局拜访了余光荣，给了一些资料，又到基督堂告别，回虎家吃完饭，大妈有点醉了，特别开心地说说笑笑很是可爱。7点钟大钟又敲响了，该是晚课经了，7：37第二次敲响，到8：30结束。姚说念经的声音让人安宁也有一定得旋律艺术性，感觉不错。明天一早六点的车，路过福贡要拿资料，到达泸水要给光盘给李长老，还要前行下关，一切顺利！

8-27（四）

　　北京-成都T7次，16：49-次日19：35

8-28（五）

　　晚老朱接待，买次日早七点到四川康定的车票，宿新南门车站旁的酒店，140元/天

8-29（六）

　　去康定的中巴车，沿途风景很类似怒江大峡谷，只不过植被多了很多，气候也更为湿润。但一进入藏区，林立的水电站，立即将江水两边耸立的高山劈成七零八碎的，环境污染明显增加。快进入康定境内，司机说有沿途有好吃的仙桃卖-此地高山产的仙人果，仅此几天出产，大家都下了车，三毛一个，我随手抓起来看看，卖果的妇女用四川话大叫起来，告诉我不能用手拿，上面有刺，说实话没觉得扎手，可不一会我的左手扎满了细小的刺有点疼，司机让我把手在头发上蹭蹭说能好的。仙人果在水里洗洗，让卖果的人剥开，果然清甜无比，甚为甘美！这可是大清火的。车上的妹妹商量让司机绕道一会送她们去学校，车驶入姑咱镇，居然到了一所藏式学院-四川民族学院康定分院（原康定师专），还有两所校区。学生都开学了，送完学生，我们剩下的乘客返回康定。到了之后电话李神父却关机，被小姚狠狠地批评，一下午都没声好气，联系不上只好找客栈，刚付完房费，我就与李神父联系上，他立即派修女下来接待给我们开门，所有人都在新城驷马桥的新修教堂的工地上监工，等待期间，还碰见了泸定的肖神父。韦修女和黄修士也赶来了，他们很热情健谈。谈话中了解到，康定教区现登记的教友有1800多，基本为汉族，在道孚地区还有150多地道的藏族老教友，人们买了一平房作为聚会点。阿坝州也有教友主要为汉族和羌族，没有教堂，租用一处聚会，李神父一年去一两次。平时教友自己用四川话念经。

　　这里的教友对自己教区的历史不太了解，修女也是前两年香港《寻找西藏》摄制组来了，才知道自己教区的情况。教堂重建于1977年，听说原来有三座教堂，最大的真原堂原座落于康定情歌的广场上，就是孙明经拍的那张照片。主教座堂还更小一点，现在都没了。现在的康定教堂，98年就将一楼租给商铺火锅店什么的，以弥补资金不足，2楼是住宿和学习室，3楼是

教堂。听说 9 月 13 日有一个婚礼，是该教堂建堂以来的头一场婚礼，会相当隆重，新娘的父亲是一个很热心的教友，想把这场教会的婚礼办得有轰动效应，一切全委托修女和修士操办，可惜我们赶不上了。新城因为市政全部搬迁过去，教堂地产的 6 亩地，也只能开工以赶上市政规划的统一。计划资金 1500 万，原来的驷马桥川西民居风格的教堂被拆除，其地理优势被市政看中。基督教堂 6 月 29 日奠基仪式，所有的人都投在工地上了，纯哥特式的建筑，共有 9 层，教堂在第七层，下面会是宾馆和商铺，很有经济眼光也迫于无奈。

现在的教堂有修女就好多了，5 月 17 日成立的唱经班，刚刚 3 月，周五周日晚学唱歌，周六晚念玫瑰经。学学单声部简单的圣歌，都是四川天主教出版的《爱的旋律》中的歌曲。有一个小电子琴，居然还有投影，三四台笔记本，音响设备，没有通网络。比起我看过的其他教堂，看样子条件不错，应该是租商铺的原因吧！

教堂内部的祭台是请一个藏族师傅作的木雕，很有藏族风格，精美漂亮，只是对圣经不了解，人物雕的有点生硬，那些木雕花了三万多，是再次装修时配置的。旁边的阁楼小屋，他们告诉我有一屋子的老书，法文、藏文、拉丁文的。我一听就炸了，一定是当年教区传教士留下的资料。搬来梯子，我爬上灰土厚重的小屋，成堆的书籍困在一起，还有麻袋的装箱的，相当大的尘土。一位甘孜宗教局的藏族人想研究历史，前不久刚从这里拉走了一车藏文书籍。

晚上神父们回来，请我们吃楼下的菌子火锅，298 元套餐相当丰富，这儿的蘑菇种类非常多，大得吓人，味道鲜美。餐桌上白酒、啤酒，烟酒不禁还劝酒，让我有点意外，两瓶五粮春度数 50 多。晚上给前来念经的教友们，放了藏区天主教采访的照片和录像，人们看得津津有味，我的硬盘被他们的电脑染上居多病毒，全部格了！

8-30（日）

早上九点的弥撒，神父们是弥撒完之后才吃饭。我想去看看不远处的基督教堂，听说那里的信徒更少，只有 40 多人。8：30 肖神父就带教友年司铎年圣言并祈祷，在下楼的路上碰见罗修士，带我去基督教堂，在康定饭店的后面，旁边就是三四个大垃圾筒，真是糟糕，8：30 到的，人说十点正式开始，唱诗班约有十多个人在大声唱歌，都是女的，里面有年轻人，我走出来想先回到天主教堂待会再来。赶回来时，偌大的教堂稀稀拉拉做了30-40人左右，几乎全是老年人，还有几位藏服打扮的，看样子这儿的情况更不好。全部是四川话的礼仪和唱歌，人们倒是挺积极。我又回到基督教堂，这时转到后院，看到1897年盖的老教堂紧贴着基督教堂，拍了几张照片，转回前院进教堂礼拜。讲道的口音听着太累，口语"时候"过多，实在坐不下去，我就离开了。中午和姚小进在外面吃的冷锅鱼，转了安觉寺。回来准备采访约好的老人，每天下午都有一批老教友来教堂念玫瑰经，1：30已陆续来了几个。

2-4点我采访了两个，84岁女教友苟秀英-加拉，康定孤儿院成长的孩子，自己说是华朗廷主教最喜欢的娃娃，几次说到外国主教和神父止不住泪眼婆娑。88岁的男教友常启明-保禄，说起以前的事没完没了，耳朵又背，我很难插话进来，他和他知道的故事很多，但说起来杂乱无章，颠三倒四，采访真累，想到后期的整理，头皮都麻！

晚上吃完饭抽空到情歌广场溜了几分钟，果然很多人围成圆圈跳藏族舞。舞步不难但动作有点多，人们跳得都不错。这里的藏服很像改良过的，材质、布料和色彩更接近汉装，休闲而色调简洁，人人都穿高跟鞋，加上特别裁制的服装，特别突出女性修长的身材，与传统藏服很不同。晚上教唱经班练歌，效果不错，我累惨了！

8-31（一）

吃完早饭，我们五人坐公交前去新城，一是看基督教堂的工地，一是采访几位老人。工地大楼热火朝天，李神父介绍巴黎外方传教会在上海托管的房产有一些收入，资助基督教堂800万，政府补贴200万，还有400万的缺口。一座主教堂，三座商住楼，教堂1-6层为宾馆酒店，尽最大可能善用其功能，修女说也是为了自养，还提到西藏的歌本是鲁当年祝圣神父时从李神父这里要过去的资料。这堆书文革时全部没收，后来堆在那里，实在没人能看懂，又翻到里面有十字架，就还给教堂一部分，只剩现在这么一点了。

藏族教友向克明带我们其他的三娘家-玛丽亚，她的川话有藏语口音，听起来很费劲。下午又去了向克明家，聊起婚丧嫁娶很多内容。晚上首次进仓库整理书，结果电线线路有问题没有灯，满腔热血准备大干一场，只好打道回府。

9-1（二）

吃完早饭川式面条，坐上黄修士一个月驾龄的小奥拓，我们上路前往磨西。沿路为 318 进藏国道，风景不错但处处透露着人工开发和破坏的痕迹，对上林子采蘑菇的盼望超过了我去采访的乐趣。首先到达新兴镇前去看拉丁修院一直，什么都没了，只有当年的几棵大树，听说教会的地皮还没有回收，但政府也不敢挪作他用，因此就这样空置。听当地村民说，拉丁修院后来用作小学校，80 年代左右才拆除的，是一个天井式的非中式建筑，教堂他们没见过。接下来去磨西麻风病院，现已被政府回收，该做海螺沟镇人民医院。教友带我们去看当年洋人建的老房子，并告诉说这些建筑结实得很，地震都不受影响。当年的消毒高压锅和老式滚筒洗衣机等器械还在，不过不知道是解放前还是解放后的，听说百年前的卫生用具都是从国外运过来的，卫生医院用了很久直至解放后。残迹在杂草中破败不堪，但依旧透露当年的规模，即使现在这样的房子依旧坚固耐用。

午饭过后，修女带我们前去麻风病区，现在医院说的三区。走过原来的消毒房（现正在拆毁），踏过一条极窄的草丛路（可见此路很久或没有什么人走了），穿过一道门，门后一片大山林，这就是麻风病区。当年从后院病区进入前院的修女修生们进门后要经过三道消毒，才能入前院，可见卫生控制非常严格，才没有造成传染。病区位于一大片凹地，原来教会地产有几千亩，相当大的规模，修女修生几十位，神父也不少，全是欧洲人：法国、意大利等。现在的病人只剩 5、6 位了，来到一片破败的木房，见到两位老人，住宿的条件极简陋，是没有修缮的百年老房子。李爷双手残了，另外一位双手和一只脚残坏，但都自立自生，甚是艰难。自从外国人走后，政府也雇用一些卫生院每周发发药打针之类，但再也不是外国天主教徒们的平等关爱与悉心照顾，没有人敢靠近这些"癞子"（四川话），从心底里歧视和害怕，因此文革时期，麻风病区的老教堂没有被大规模毁坏也是这个原因。李爷 84 岁，思维极清晰，唱起拉丁圣歌，让我很惊讶，绝对正宗的罗马教会圣歌味。他 14 岁进入病区，如今已经在此地 70 年了，说起当年的外国人，他老泪纵横，不时用没有手指的残手抹去眼角的泪水。那些神父、修女、修士照料他们的生活并给他们治病，一起做弥撒念经，从没有遗弃他们，使这些病人从心底感恩。另外一位说他本来不信天主教，但实在是被这些外国人感动，后来就领洗入教了。这些人的爱和光使病人们感受到天主就是这样把这些社会最底层被人唾弃的病人当成所爱的孩子来呵护的。我在一旁采访，使劲忍住要流出的眼泪，在这片区域，这些被遗弃的人，没有人真正来关心他们，这些畸形的人在心中保留着当年外国传教士对他们的爱和对信仰的感恩默默活到现在，在这片山林中犹如幽灵一般生存着，当年的外国人却又是如何呵护他们的呢?那是基督的子民才能真正付出的！真正有爱的人却又被当作祸害中国人的罪魁或被迫害或被驱逐，让人心头哽咽。

　　病区原来有男学堂女学堂和男生食堂女生食堂，小经堂（晚课经等）大经堂等等，还有很多房子不知用途，每天有全备完整的宗教生活和学习以及治病等，这是一个全人的医治，每个人从肉体到心灵都在这片绿荫中完全和治愈，但历史早已不是这样。那份历史和爱之保留在这些人的心中，随着他们一个个死去也烟消云散，一切都存留于天堂的荣耀了。后山上高高处还有一个麻风病村，现在还有 60 多人在艰难地生存，不远处能看见一片皑皑雪山，这样的情景让我难以用言语来说出内心的感受。

（磨西麻风病区的法国老教堂遗址）

　　接下来到磨西天主堂，两位 80 多岁的老教友看门，教堂是前两年翻修的，内部装饰类似麻风病院的大经堂，我倒是很诧异，一询问才知道原教堂不是这样的装饰，前两年翻修时完全按大经堂的样式装饰，因此完全一样。老教友伯多禄跟我聊了很多，他的听力和反映力很好，四川话我能听懂95%，交谈也很顺利。晚上到韦修女家吃饭，然后围着小镇溜了一圈，实在是没有可看的。9点多又回到修女家，大家一起烤鸡，可怜那只鸡被五花大绑拴在烤架上，一小时刷了四遍调料，真是相当美味！门登和黑熊两条狗吼了半天也没安静下来，最终在烤鸡的香味下睡着了。雨开始下起来了！

9-2（三）

雾很大，百般无聊等到中午，我们终于开车上山返程。到了山顶浓雾密布，细雨交加，快进入康定城内时云开雾散。我们饿着肚子上山采蘑菇，只捡到一两颗，而大家已经饿得头昏眼花。菌子之旅只能放弃，回新城吃了一顿我煮的方便面。

9-11（五）

虎主席的教名法语类似"根"的发音，他告诉我藏文学校就在盐井，他的父亲在那里学了好几年，大哥也学了三年，第一年是藏文的字母及入门课程，第二年是藏文早晚课，第三年是藏文要理问答。他父亲学回来就做了藏文老师，贡山地区就在白汉洛开办藏文经课班。我途中采访到懂几个藏文的老太就是那时在白汉洛学的。安德烈神父不跟大家跳舞，但是会观看，并发东西给人们吃。茨开堂每天都念经，早课经太忙取消了，每天晚饭后念晚课经15分钟左右，周六念玫瑰经。明天去重丁教堂。

陆、田野·音乐·道成肉身
——雅歌文艺奖访谈

2020 年美国杜克大学神学艺术中心发起跨国跨宗派民族的首届华人雅歌文艺奖，分设文学、音乐、视觉艺术三块，以促进华人基督教文学艺术的创作，终审评委来自北美、中国大陆和台港地区。杜克大学神学艺术中心官网说明"鼓励全世界华人文艺作者从自身独特的民族身份、经验出发，吸收、消化基督之道，为世界贡献灵性的文艺果实。"该奖共计收到全球四大洲 900 多件作品，27 位获奖，并有 26 位获得佳作奖。音乐板块分为赞美诗组、器乐与合唱组两大类。笔者作为大陆地区的唯一音乐评委，有幸与著名作曲家黄安伦（入选《世界名人录》及《中国百科全书》）共同担任音乐板块的终审工作。本文是雅歌文艺奖主办嘉宾杜克大学神学博士、北京师范大学文学院副教授张欣对笔者的访谈。

问：请问是什么机缘开始你促进史无前例的中国基督教音乐研究？

答：说来话长，2000 年在中国艺术研究院音乐研究所工作之前，我的专业是音乐表演，没有涉及过多少学术理论。而音乐研究所是中国最好的音乐理论研究机构，老所长杨荫浏先生是比较特殊的一个人物，他的前半生算是中国基督教音乐的奠基人。中国的赞美诗（圣诗）翻译整理和《普天颂赞》的编辑，他扮演极其重要的角色。他是无锡人杨氏家族的，知名度很高，杨绛是他的亲戚，因为从小听昆曲、传统音乐，他发现中国的传统音乐从来没有被系统整理过，中国历史号称 5000 年，那么这 5000 年的音乐资料从来没有人像西方音乐一样整理过。基于这样的心理，对情感也基于政治原因，后来他不做基督教音乐研究专心投入中国传统音乐领域，成为中国民族音乐理论的一代宗师。现在国际上只要一提到中国传统音乐，第一个提及的就是杨荫浏先生。他的背景比较特殊，属于民国一代大家，传教士在他的成长和学术经历中影响深远。他有一个干妈是英国圣公会传教士叫郝路义，她在无锡工作，杨氏的西方音乐是郝路义教的，她当时号称要把杨荫浏培养成中国圣诗第一人，其实是做到了。杨氏本身就读上海圣约翰大学，后入光华大学，英文非常好，中学和西学、中乐和西乐都兼顾，这非常罕见，所以他的成长和教育背景也是家学和时代所造就的。杨氏参与主编的《普天颂赞》这本歌谱，暂时到目前为止尚未有更好的中文歌谱乐谱能与之媲美。该书是1930年代集全国之力编纂的一本赞美诗集，文学主编是刘廷芳。音乐主编是范天祥，燕京大学的音乐系主任，是美国传教士，他一生的心愿是要做赞美诗的中国化，但他不懂中国音乐。基于这个原因，编委向范天祥推荐了杨荫浏参与编纂。杨荫浏当时虽然非常年轻，但他既懂西方音乐又深谙中国传统音乐，因此范氏力荐他成为《普天颂赞》的音乐主编，这本书的编撰集全国之力花了六年时间，在文学、翻译以及音乐水准上已经达到史无前例的最高水准。继1936年首版之后，1977年香港出版了《普天颂赞》修订本，通用于香港各大教会。大陆于20世纪80年重新编定歌本，以《普天颂赞》为蓝本，再次邀请杨荫浏先生修订编纂，出版了大陆通用的《新编赞美诗300首》，俗称红皮赞美诗。说实话，民国时代的学术大家今天不能比。

问：我觉得他们的优势是传统没有断裂。

答：对，他们从传统走下来，同时接受了西学。我们是直接断裂，再接受西学，因此我们的根基是重新被破碎的全新的乌托邦。所谓乌托邦，是为了一个不知所以没有跟进的对话，这样是没有办法对话的。比如，随便一首赞美诗的翻译、编译，放眼一看就能反映水准完全不同。我到音乐研究所之后才知道，这里原来不仅是中国传统音乐的研究宝库，也是中国基督教音乐的宝库。我曾到各图书馆做过大规模的收集，首先是最大的国家图书馆，发现很多书目只有名目存在书却没有。我当时非常诧异，管理员跟我说，如果出现这种状况，说明原来有存书，但是文革都毁掉了，当时我非常痛心。因为找不到资料，就得去海外各大学、教会的档案馆和图书馆寻，本应在本土保留的资料基本都没有了。

杨荫浏先生虽然他在传统音乐界非常出名，但是他做的西方音乐赞美诗研究，因为意识形态问题讲的非常少。因为他当年做了大量的翻译，把英文或者是拉丁文的翻译成中文配上音乐，文字翻译和歌词翻译是不一样的，所以由此产生了就是一门学科叫做语言音乐学。语言音乐学这个学科就是从杨荫浏先生最早期参与赞美诗的翻译，这个源头开始遍及。后来我们原所长告诉我们，包括找民国的一些资料，或去北图看没有的，可以去本院的资料去找，原因是什么？一个是杨荫浏先生留的资料，还有当年的燕京燕大宗教系，赵紫宸先生任主任，后来撤分为燕京神学院当时的一批库存资料，有一位老先生叫杨儒怀，他也是音乐家基督徒，他的弟弟叫杨周怀，是中央音乐学院的教授，杨儒怀先生退休之后一直做基督教音乐，他就把这些原来燕京大学宗教系，还包括后来保存到燕京神学院的这批资料，全部都捐给了音乐研究所。有这样的历史机缘，我们所反而成为了这方面资料最多的。我做相关研究开始是基于做一个自己最熟悉的领域，因为最熟悉的领域才有发言权。所以想到我从 1995 年开始在基督教会里开始从事圣乐义工，然后做基督教音乐的过程中，慢慢发现了刚才我说的这条线。中国宗教音乐的历史其实是很大的一个宝库，有很多的前辈，包括刚才提到的杨儒怀，美国传教士范天祥、杨荫浏先生，还有很多。

这个研究开始是新教的，自己在城市里长大，第一站是 2003 年随一个老师去河北邯郸曲周县教会讲课，当时就让我很震惊，因为是第一次真实感受到农村和城市的差异。我受的教育是完全西化学院式的，虽然我大学的专业是民乐，但中央音乐学院的整个体制和教育是完全西化。真正的传统音乐是我跟中国音乐学院另外一个老师学的，他们是老一辈传统传承下来的，我才知道什么是中国自己的传统音乐。这些在中央音乐学院我都没有学到，所有的课程设置完全按西方模式，包括乐队、乐谱、视唱练耳等等学院化套路。这是一个精英化的学科训练，民间音乐不被看得上，真正的中国传统也没有被纳入体系，即使你学的是中国乐器也是如此。所以这么多年训练下来，更何况从事基督教音乐研究，当我到达地方教会的时候就很震惊，因为看他们敲锣打鼓，还在教堂里拿扇子扭秧歌跳舞，我完全惊呆了，这不就 80 年代的农村文艺宣传队吗！当时我突然意识到一点，这个形式并不是最重要的，关键是你真正地进入了社会，我开始从象牙塔走下来真正接触到活生生的人。并不是说我在城市接触不到，而是城市太多的东西是被隔绝的，我想要去找触碰内心的东西。第一次到邯郸永年教会，教堂音乐的形式包括他们大锅饭，学员吃住一起的形式就让我蛮震撼。然后碰到三个农村老太太，当时已经七八十岁，穿着民国的蓝布大褂黑土布裤子和黑千层底布鞋，花白的头发盘了个鬏，站在村口小巷等我，近教会给我唱了三个小时的诗篇，把整本 150 篇全部唱下来的时候，我当时整个人就懵掉了。

问：他们用什么调子唱的？

答：调听起来都差不多，反正整本都唱下来。

问：他们是背下来的？

答：对，他们就用这种方式，那个所谓的教会就是个土坯房，半间房堆满玉米胚子，上面遮了塑料布，墙面上全是大字报，写满没有谱子的歌词，桌子上放了几个水碗是圣餐用的，村里的教会就是这么在几位老太太的祷告下建起来的。这种情景对我来说冲击力太大了，因为你所有的精英教育、高等教育、西式教育在这一切面前全都被粉碎了。多年以来类似这种场景使我在两极之间非常纠结，因为教育学习的是最好的精英的西方古典音乐，但现实中你看到活生生的最实际最土的，或者是所谓最低阶层的生命表达，我在这两种方式中出现一个极大的纠结。这个问题同样在我教授的教会音乐史课程中反映出来，到底是繁杂精致的音乐好？还是朴实无华的音乐好？这是教会历史中一直存在的问题，就像什么是好的音乐一样，这种冲击力太大了！

问：我记得去圣公会有早祷晚祷，用的祈祷书，公祷书是可以唱的，他们教我怎么唱，基本就两句两个调可以把所有的都唱下来，很简单，老太太唱的是不是也是类似的？

答：圣公会这种比较简单的调子来源跟格列高利圣咏有关联。格列高利圣咏最早的源头有一部分吟诵调，只是为了提高音调，让老百姓能听得见声音是平颂调。有声调的经文比一般的念经文让人记忆更深刻，从这种平调慢慢发展成有音乐旋律的，然后越来越复杂，后来开始加花。其实这个问题牵涉文字和语言之间的关系，从语言过渡到音乐中间是有个过程的，一个渐变的过程。现在山西的天主教友念圣母经分大唱和小唱，大唱是听起来像音乐一样，小唱是哼哼旋律不多变化不大类似念经，其实就是语言向音乐过渡的典型例子。

问：是天主教的？

答：对，是中国天主教的诵念经文传统。圣公会的公祷书也是这样，你说听起来很简单，其实离讲话差距都不太大，早期的诵祷式或叫吟诵式更接近文字，而不是更接近音乐，这是文字音乐之间的一个过渡。

问：这个很有意思，他们其实并不知道这些理论，也不知道公祷传统，但很自然就用这个方式把经文唱出来记下来，对吧？

答：因为从心理学来说，让小孩子吟诵诗歌，类似唐诗宋词吟唱，肯定要比念要容易记，这符合人的自然的生理发展。

问：对，歌词很长都能背下来，但是诗很短都背不下来。

答：搞文学都知道，像宋词都是青楼女伎唱出来的，否则宋词根本传不开，所以真正中国文化传统文化的传承人的核心是这些伎人。这个就是音乐和语言的关系，只不过在宗教里一直保留了比较原始的传统。刚才说像念一样的歌唱其实是比较早的传统，在所有的音乐里面都存在，无论民间音乐还是宗教音乐。念和唱、吟和唱其实就是语言和文字的关系，当时杨荫浏先生翻译赞美诗的时候逐渐发现这个问题，因为中国字本身有四声的，四声怎么跟音乐对上？赵元任先生一直做这个研究，比如歌词配乐不能倒字，买不能唱成卖，因为买是三声，但是音乐里面如果音符往下走的话，唱出来就变成了卖，这就是倒字。在这种技术处理的时候，当杨荫浏先生发现这个问题时，他一直追溯到传统音乐里，研究语言与文字的关系，但西方不是这样，早期开始是这样，但很快音乐就脱离语言独立出来。

问：这是否就触发了你想去做田野调查吗？

答：这个就拉远了，我知道可能是在我的信仰里面，第一次接触到田野的时候，突然有一种说不清道不明的一种状态，让我去说去做这样的事情，与你与别人都有意义。我一直都想做一个觉得有意义的东西，有些人很幸运一开始就知道要做什么，但我一直是在雾的状态里边去寻找。当时已经让我感受到这个活生生的世界多么有意思，你能看到我在这么多年的考察里边，接触更多的都是农村的、少数民族的。

问：是怎么触发的？

答：当时第一个案例让我开始突然懵懂之间觉得比较有意思，写了一篇田野考察给音研所的所长看，他鼓励我非常好就这么做下去，按着民族音乐学学科理论继续做。中国有几千年从诗经开始采风的传统，诗经风雅颂的采风就是采集民间音乐，所以有传统再加上西方民族学的理论。后来从民族音乐学逐渐偏向音乐人类学，主要是讲述音乐背后的故事，偏差是会更多偏离音乐本体。

大概是 2004 还是 2005 年我去了山西，那里的考察是从给某教会讲课开始的。那是一个军事化管理的有本地传统的教会，约有 2 万人，非常严谨有规则，全员勤奋学习，无论扫地、做馒头的老太太到看门的大爷，全部都在奋尽全力每天从早上 5 点开始学习，这让我非常吃惊。我讲教会音乐史课程，而他们属于家庭教会传统，讲完课之后有很多改观，比如之前他们认为天主教是异端之类的。讲课的时候连看门大爷都挤在门缝里去听，我不是说炫耀课有多好，而是他们这种求知欲我前所未见，而且挤门缝还得批准名额，扒着门挤在门缝边三小时不动窝，太让我吃惊了。当时我跟教会带领人说想到山西其他教会去考察，因为山西教会的传统也蛮长的，她立刻带了我去了中国 1950 年代兴起的本土教会，到了洪洞、平遥、临汾、侯马，去找老信徒去问老资料，有耶稣家庭教会、真耶稣教会等等。

问：你去的真不少，这些都是传说中的……

答：他们把老歌本、手抄本，包括以前内地会传教士后代在山西流传的这些歌统统给了我。他们讲以前的故事，整理几大本的给了我。那些弟兄姊妹我们都不认识，当时比较颠覆我的第一个就是弟兄姊妹的热情。不管你信不信，早上 4：00 拉起来跪地上祷告两小时，那个家庭做一顿早饭花了两小时，我当时很奇怪早饭怎么做这么长时间？然后我一看两个小孩洗澡盆大小的现烙油饼端上来，还有现杀了一只鸡炖的大锅！在城市长大的孩子没有接受过这种来自陌生人的恩赐，跟你没有任何关系恨不得倾尽全力地去招待陌生人。我第一次在农村教会里感受到了，在城市里其实也有但要差很多，那一顿饭吃得感慨无比。吃完饭他们说开车去看一个真耶稣教会的老太太，那是在洪洞。大概有一个多小时的路程还要翻山，他们打电话招呼来一个弟兄带着我们一车 5 个人开车上路。你知道他开什么车翻山吗？奥拓！我第一次见到把奥拓当作越野车，却一点没见坏，底盘也没有撞，这些经历都颠覆了我之前的认知。把我们送到之后他就走了，我也不知道他是谁叫什么。我们看到半山坡上一个黄土坡，上面有一个窑洞，一面望去半个山腰上整半拉窑洞，旁边有一个很大的枣树。一个老太太出来，她正在晒枣，邀请我们到枣树下聊一聊。我们就在黄土坡上窑洞旁边，脚下铺了一滩红枣，坐在枣树下听老太太讲以前的故事，唱以前的诗歌。我先生就说这个工作太美好了，神仙一般。

问：像电影里的场景。

答：是呀，黄土高原里听老太太咿咿呀呀唱，我在那录音。中国的采风传统已经延续两千年了，从诗经开始一直到历代民歌采集，传统非常悠久。这是当时考察的一个点，后来去的挺多。到了临汾撞上一个老姊妹的葬礼，葬礼和婚礼是特别颠覆认知的。婚礼还好，第一个山西的葬礼是奠定了我被认为可以去做田野调查的，民族音乐学一位有潜力的人才，是怎么奠基的呢？因为我吃了一碗面条，呵呵！当时我到达的时候葬礼守灵结束了，开始殡葬仪式。看起来不像葬礼特别热闹，很多人还有锣鼓队，跟传统的喜丧又不一样。中国传统的灵堂，贴着跟基督教有关的内容，有人拿着喇叭叽哇啦大声传福音的。还有好几个程序不太记得了，结束后开始吃早饭流水席，很具农村特色一波接一波，我当时吃了一碗面条，就被大家鉴定为非常有潜力的女性可以去做田野，因为田野真的非常苦。面条是怎么回事？因为做饭的凉棚用塑料布搭着，当时下了一场大雨，塑料棚上面有泥有土，把塑料棚子快压垮了，正吃的时候整个塑料棚突然洒了，连泥带汤全部进了面条。我也知道，但看也没看就端起来就吃。我先生一下子对我刮目相看，后来我的领导说说做田野其实就要这样。这一碗面条之后传福音活动开始，各种制服的演出、秧歌队、锣鼓队、舞蹈队、豫剧献唱、三句半，周围的人越来越多。这时，主礼人拿着一个小棺材说一定要信耶稣，不然就不能得永生，然后啪啪啪就讲旁边的老太太开始挥着手笔画指挥大家唱信耶稣得永生，整个一条街全是这个声音，我觉得太有意思了。我意识到自己其实完全不了解这个社会，不了解我所处的土地，所以我非常渴望去了解，当活生生的人在面前的时候，跟文字和记录就完全是另外一回事。所以我能设身处地感受当年外国传教士所感受的那些冲击，以及你如何把信仰神学运用在这片土地上，真正地融入生命。这谢给我冲击蛮大，后来碰到各色人等，就开始决定去做这个事情。山西是席胜魔牧师的家乡，中国最早的本土赞美诗就是席胜魔写的，其中一首诗叫我们这次聚会有个缘故，是用山西本地的民歌写的。

问：谱子还在吗？

答：有谱子，所以山西是一定要去。后来我又做了山西天主教的考察，那更超乎想象了。天主教非常有意思，山西是中国的文化大省，文化资源丰富。从2008年我正式去做大规模田野考察，我是好奇心比较强的人。总是喜欢一些新鲜有意思的活生生的事物，因为带给我打开世界和更多的看见。当时选点也是意外的，我就搜集资料觉得城市农村再怎么有意思对一般人来说都是家门口前无风景的。很多人做田野的有两种状况，一种就是说完全不知道田野在哪，我们很多研究生写论文不知道该写什么，因为大方向和小方向都是一片模糊。基于这样的学生，有时候给他两个建议：一是到自己最熟悉的领域，比如你家门口前面有什么你就去做田野，还有就是找一个大概有兴趣的点先下去，去田野里面再找你要的田野。我前面已经有一些重点和积淀但不太满足我强烈的需求。我觉得会有更广大的一片天空，就在网上随便搜，还真搜着了。我发现一篇文章讲到在西藏有一个天主教堂，一个民族大学的老教授发现了一本中世纪的四线谱，他说谱子没有人在用了，我说还有这种事情？当时想都没想就决定一定要去这里。我开始搜集资料，就进入了一个全新的世界。

从 17 世纪开始，葡萄牙耶稣会进入西藏北部心在是无人区阿里地区的王古格朝。古格王朝是很了不起的，佛教能进入西藏，正是因为古格王朝奠基的。没有古格王朝，佛教进入不了西藏，因为西藏原始宗教是苯教。17 世纪葡萄牙耶稣会士翻山从印度到了阿里古格王朝传天主教，教堂建起来了，国王也信教，后来是一场喇嘛兄弟王权内乱，信天主教以国王为代表的势力全部覆灭。之所以发现了这段历史，是因为 1980 年代解放军在清理古格王朝遗址的时候，发现了一个藏戏的骷髅面具，面具的背面是贴了一些纸，写了一些看不懂的文字，经考察发现原来古葡萄牙文的圣经，这就是西藏天主教历史的唯一证据。我顺着历史往下找资料，发现了一个不一样的世界，天主教传教会在藏区所做做的事情。从西藏的北部到西藏腹地拉萨，再到西藏的边缘地带西南部，到达康定最后没落，留下了一批西藏天主教徒，目前有将近 4000 人。这段神奇的历史，其实还是有人做过，比如说在文学界是获得大红鹰文学奖的范稳的《水乳大地》，我们说的是同一个区域，牵涉出来的民族史、家族史、地方史、政治史，就像一条诱饵一样，拉出一个庞大的近代社会发展史。我突然意识到我做的是沧海一粟，哪怕我把这个点做清楚，但里面涵盖的内容实在太多，当时做的蛮无力，不明白的太多。

问：是什么呢？在音乐方面吗？

答：音乐只是一部分，它牵涉中国近代的社会、政治、民族发展史，比如这些家族的故事，从地方士绅转变为被迫害阶层，后来又重新成为地方官员，家族从境外大逃亡再重新回来历史等等，很多东西我是无能为力去做，更不要说他们非常混杂的信仰内容。在藏彝走廊做考察的多是人类学家、民族学家、旅游者、文学爱好者，它涵盖的文化层面比较多，并不是单一的是歌唱跳舞之类的。藏彝走廊是费孝通先生定义以横断山脉为基准的区域，民族非常的多，这条线有三江并流的地方，沿线多民族多文化交融。其中一大片是大香格里拉区，香格里拉本意是香巴拉人神共处的地方。当年洛克他到丽江去，写的"消失的地平线"，发现因为这里是多宗教融合区，会给信仰特别大的冲击，当你在城市碰到问题，工作、生活、信仰等等，到这些地方不存在了。比如，信仰上会出现一些很具体的问题，不能这样不能那样可以这样可以那样不能做什么之类，但在这个地方都不存在了。当地人经常一家有五六个民族，一家信四五种宗教，如果按原教旨主义这种信仰来衡定标准，估计这一家都得下地狱。有时候考虑到他信的是真正的天主教吗？是真正的基督教吗？什么又是真正的呢？回来讲来衡量好的，那什么是好，以谁的标准去看？如果以精英主义的标准，必须要直接灵魂瞬间升华的标准来说，我觉得在民间音乐和巴赫的音乐里面其实都存在，我们不能拿所谓的精英教育标准来衡定。

我在做田野时有个最大的感受第一就是破除精英，第二特别能感受到所谓道成肉身。耶稣的门徒和跟随者，除了保罗没有一个是精英，都是底层。耶稣的讲道，所接触的人群是什么样的？ 所谓道成肉身是在所有层面完成的，对我来说不仅仅在学业里完成、学校里完成、象牙塔里完成，尤其跟少数民族农村信徒接触的时候，特别感受到一点一滴一花一叶，土的掉渣最基层人群的生死离别、看起来信仰很有问题、很大可能不纯正的诸如此类诸多问题里边，特别能体会到商神所要的心意究竟是什么？何谓道成肉身，道成肉身不仅仅说为你献上生命，因为大部分人是不需要赔偿生命的，如何在普通里生活出来？当阶层不同、不是一个群体、不是一种文化，却有同一种信仰但信仰又不太一样的时候，怎么去面对这样一群人？电影沉默那个故事，日本传教士知道他们信的耶稣其实是天道大神和耶稣的合体，那种纠结，那种纠结冲击力的震荡无以言表，究竟什么是对的或真正的信仰是我在田野里一次又一次面对的，从这些弟兄姊妹的行为能感受到何为道成肉身，当然我接触更多的是在普通生活中的。

问：如果回到音乐上来，能说一下藏传天主教吗？

答：藏区有二十二个左右的教堂。

问：都爬过吗？

答：差不多去过十七八个。

问：他们的音乐是什么样子，有什么特点呢？

答：区域不同不一样，比如四川是另外一回事。四川藏区、云南和西藏，西藏的唯一一个教堂原是属于四川，但路线从云南走上去最方便，属于滇藏318国道，所以跟云南有渊源。音乐主要是用了一本歌谱，1894年法国巴黎外方传教会出版，藏文歌词和欧洲中世纪四线谱。藏文我请了这个中央民族大学藏学院差不多将近六个博导翻译翻不出来，最后破译出这个藏文是藏语的拉丁文拼音，就是类似电视剧《黄飞鸿》里面十三姨说的 I LOVE YOU 的"爱老虎油"，藏文字拼出来的拉丁文。所以现在这些村民都不知道他们在唱什么内容，也不懂。这涉及中国近代翻译的一段历史，天主教用的比较多，他们会把拉丁文直接汉字注音 CHRISTE ELEISON 直接写成"基利斯督伊莱依颂"之类，在刊印上四线谱出版。

问：今天还唱这些自己听不懂的东西？

答：是的，藏族一直在用。藏族的传统保留下来，他们唱这个谱，具体内容不知道，但知道这首歌大概是唱什么的，后来我才知道是藏文书写的拉丁文音译。

问：现在的天主教已经允许用民族语言来唱了，他们为什么没有更新？

答：就说到点上了，他们有两个传统一直保留着。唱拉丁文的传统，在汉族教会里已经非常少了几乎没有，老百姓不会唱，除了个别老教友，汉族用汉语唱。现在藏族人用藏文唱藏文念经，但由于也是老一辈唱的，再加上又不懂意思，所以他们现在引进四川天主教会出版的圣歌，基本是汉文，用汉语唱。所以他们唱的更多的歌是汉语的，那本老歌本只有22首，没有新东西，就必须得用现成的拿来唱。

问：感觉已经成化石了，欧洲人都不这么唱了吧？

答：欧洲做拉丁文弥撒的时候，比如罗马还是这样，不是拉丁传统弥撒的就不这样。所以天主教近年来页一直在呼吁恢复传统，拉丁文的不唱的话断代也蛮严重的，对天主教会来说的，传统比其他更重要一些。某种层面来说，西藏这个地方是比较特殊的，还有一个是基于一直没有神父。因为培养一个藏族神父非常困难，而且中国的行政教区不允许跨省传教，只能在本省传，所以非常艰难。那么多教友，他们的灵性生活也非常缺乏。当地人说共产党管肚子，天主管脑子。西藏唯一培养的一个神父后来还俗了，我们去问他时，他已经是当地教会的会长。在那个地方生活过都知道，周围整个被藏传佛教所包围，那种巨大强大的大环境文化压力，会非常孤立无援。我们问这个事，他也挺平淡，说了一句话是太孤独了。孤独不光是生理上的、心理上的、还有整体的，完全在孤军奋战。这些只有到田野才知道，书里一两句话写不出来的，太多的历史文化内涵，有时候本来是讲音乐，讲着讲就讲不了音乐，比如藏区天主教它本身音乐的内容比较少，但其他的承载内容远远超过了音乐。另外的地方像傈僳族就不一样，他们唱的太好。这是当时第二个考察点，在怒江藏族的西边，他们在同一片区域可以顺带一块考察。傈僳族音乐的水准比较高的，纯音乐层面来说，新教的音乐发展要好很多。

问：怎么看待世界基督教音乐和中国基督教音乐的关系？刚才提到藏族天主教唱的很多是传统圣诗，原创性感觉不多，其他比如傈僳族有本土化的音乐吗？

答：历史上没有太多，近年也有一些，比如苗族基督教使用民歌比较多，尤其是小花苗。花苗有两支，大花苗和小花苗，大花苗传统四部和声唱的好，小花苗擅长唱灵歌就是自己少数民族本土风格的，而且每年有专门的灵歌赞美会。我去贵州时候，他们把当地搜集灵歌手稿送给我好几大本。大花苗相对比较少，大花苗唱传统圣诗和当代汉语赞美诗。苗族比较特殊，他们为什么唱得好？少数民族四声部传教士基本都教过，唱的好的独独就那么两个，美声的就苗族一个。这个很奇怪，苗人说这可能跟苗语发音有关系，还有苗人聪明好学觉得哪个好用就用哪个。这应该跟花苗历史有关，花苗是被压迫的最低阶级，是彝族土司的奴隶，求生欲很强，所以本能地学一些能救命或高人一等的文化，瞬间拿来学得一模一样就可以理解。这个角度是我总结并没有做实证考察得，但觉得从文化心理得角度解释是合理的。另外的傈僳族就不一样，他是大族，整个怒江的大比例人口，独龙族、怒族都是小族，本身太存在生计问题，所以四部和声唱的好但并没用美声，而是民间合唱的自然发声法。花苗和傈僳的境遇地位是不一样的。

问：那种是不是叫原生态发声？

答：原生态发声是国内现代声乐上的一个界定。人的嗓音到了一定高度高音是上不去的，在孩子变声期，尤其是男孩变声期处理不好的话，男孩会倒嗓，嗓子哑或者变成公鸡嗓，这种在戏曲界和西方非常多。比如说巴赫就是倒嗓的，他在唱诗班唱倒嗓，变声期尤其男生变声期是一个非常大的问题。很多没有训练过的人以为我高音不上去，低音不下来就是中音，这是瞎扯。在唱法里面，要唱高音得从真声换成假声，位置要变，所以有一个换声点，是真假声交替的换声点，这是一个关键的技术问题。教堂合唱不能真声太多也不能假声太多，真假声均匀过渡声音就很漂亮。但少数民族就有本钱，多高的音可以用真声去唱，换成一般人嗓子就破掉哑了，时间长了声带会小结水肿嘶哑。为什么听西方唱诗班的声音很空灵飘逸，因为多用假声，不是说话这种大嗓门的真声。

问：当时听傈僳族唱歌，他们的发声方法惊人一致。教唱歌时上面唱一句，下面跟一句，小姑娘在边上唱一唱同时逗她弟弟玩，小孩不到10岁，出来声音跟大人一样。

答：所以傈僳族可以唱很高的音用真声，说实话这是一个本钱，只能说嗓子条件太好了！因为很少有人能这样，基本上都劈掉坏掉，这种唱法在中国少数民族里其实蛮多。比如彝族海菜腔，非常高的音用真声，如果不是在野地、在田野里生活，唱个假声谁听得见？这是田野的声音，必须要用真声唱，对方才能听见。空旷的区域说话靠吼，谁嗓子好，谁声音亮，隔壁才能听见，真声是由于生活场景决定的，假设在教堂里唱是不一样的场景，所以这练就了少数民族一副好嗓子，真声是这么出来的。为什么农民真声多，因为跟他田野劳作有关系。如果假声用的不好，比如戏曲里的声音也在改革，那种纯小嗓捏着鼻子唱的假声听起来很难受。唱的好是真假声结合比较好，这是技术活。我父母一辈子从事声乐教学是声乐方面的专家，我记得我拿傈僳的四部合唱给我父亲听，他当时就说声音太漂亮了，没有换声点全部是真声，声音好在哪一听就听出来。

问：是特别亮的声音！

答：嗯，那个场景不是人为训练的，真声不是人为训练的，假声是人为训练出来的。傈僳族的声音在教堂里要把屋顶劈破的，但如果在田野、一个宽广的空间里，那个声音极漂亮，所以把原生态自然的声音放到音乐厅里就不对路。但假声在教堂里运用，是因为教堂是一个有形的空间，有穹顶和回廊的结构，产生很大的声音共鸣，如果用真声就非常刺耳，必须要更多的假声，以及这种假声混合的和声来形成一种共融。它要的不是一种自然空旷和穿透感，而是一个神圣的融合感，一个空透的融合感立体感。

问：很纳闷，傈僳族文化水平很低但能唱四声部，他怎么唱就不会跟别人混了呢？比如让我去，我肯定就跟别人跑了对吧？

答：你提的问题特别棒，这不单是音准训练的技术问题，而是现在音乐教育里最大的问题。现在学音乐不是从乐开始的，而是从文本开始的，最大的问题也来源于我们接受了西方的概念和传统。西方音乐是文本化的音乐，所以一开始学音乐就开始识谱，但常常会造成学谱之后对音乐本身的概念消散了。所有的音乐本源都是听觉化的，民间很多人不识谱但能把很长的歌曲唱下来，像刚才提到的三个老太太，能把150篇诗篇全部唱下来。音乐本身的特性是听觉艺术不是文本艺术，西方的精英化教育造成这种精致高度发达的音乐艺术，它成了一个书面化的语言。我们一开始就全盘接受，所以自然认为不识谱怎么能唱四声部呢？是的，你说的没错，四声部是从西方来的，要按西方的套路学肯定也是先学谱，但傈僳族的学习方式是什么？他们的学习方式还是天然的听觉模式，并没有被改造过，所以用自然的听觉模式来学西方的文本模式就结合成这样了。

问：有意思，这个有意思！

答：俗话说是不忘初心的，并没有丢掉原本。

问：对，但很难得的，因为分声部蛮难学的，他们自己的民族歌曲肯定不是分声部的，对吧？

答：傈僳和花苗的传统音乐是有多声部，但跟欧洲的多声部不一样，在音乐上叫支声部，是一个分支，另外一个声部的分支。而多声部每个声部都是独立的，每个声部都是主人，谁也不是谁的附属。少数民族的支声部是有一个主旋律，下面出现一个声部进行衬托，比如中国有非常棒的多声部民歌，像联合国文化遗产侗族大歌，那是靠乐谱流传的吗？不是。是一代代的歌师传授听唱学下来的，不是靠乐谱。西方音乐非常发达，但现在的音乐教育已经走到了一个非常大的瓶颈，文本化的音乐教育走到尽头，所以才会产生奥尔夫音乐教学法，柯达伊音乐教学等等。从20世纪开始教育要回到音乐的源头，丢开乐谱，回到音乐本身，用听觉来接触最原本的音乐。

问：如果简单的说一下，比如接触到活生生的人、原生态音乐之类，觉得特别的收获总结一下？

答：总结的话，其实是一句，我通过音乐来感受真实。道成肉身这个词一般会讲为此献上全部的生命，一下提到至高点。但我会看到在普通人的生活中，通过音乐和音乐背后的文化，来感受信仰里所谓道成肉身是如何真实地实践在跟我们一样的人当中。

问：这个点很好，道成肉身的音乐，这个说法从来没有听说过，我觉得很有意思。

答：因为我讲的是音乐背后的故事，实际上每一首歌，每一个音乐背后都是一个信仰和生命的见证，不一定必须为此献上生命。因为大部分人是不需要这样做的，就是普普通通的人可能就是正常的生，正常的死。但在这个群体里面，这么多年田野我最深的就是这四个字"道成肉身"。通过我做的这个点，看到他们真实生命的展现，未必能达到你所说的高度，但大部分90%的人就是这样的生活。我看见的是中间阶段的人，因为他也是我，我也是他，普通人的生活里怎么去感受所谓的道成肉身，我不过从音乐的角度来接触了。

问：太好了，我知道你对本土化音乐，或者说中国基督教音乐一直挺上心，这方面可能跟你的研究田野都有关系，因为你希望看到活生生的东西。就好像小敏的诗歌，从音乐造诣来说没有什么，但中国人唱就朗朗上口很舒服，觉得这个是咱们自己的歌，可以唱出来心里话，感受是不一样的。所以我特别想问，你怎么看所谓理想中的本土化的音乐？是什么样的音乐？

答：首先界定一下什么叫我的理想，我觉得看得越多，我越没有理想。最初我蛮羡慕很多人一开始就界定，比如说基督教音乐必须这样必须那样。因为目标很清晰，曾经我也是这样，但是发现这个过程不断在被打碎，我的界定我的观点和我所认定的东西，像我二十年前听到的牧师讲道一样，始终是在被破碎，我所定的标准被破碎。我认为的理想，是一点一点扒开泥土外层，看到人心最闪光的东西，我觉得那可能是最理想的。比如小敏的音乐就是民间小调，诗歌也不在精英的定性范围之内，但要说他有什么吗？为什么感人？感人的难道不正是音乐之外的东西吗？扒开外皮，里边的信仰生命表达，用了大家都熟悉的音乐。音乐只是人精神生活的外化反应，如同中国传统讲述的礼仪是内在东西的外在化体现，音乐也是这样，我通过音乐看到内心的东西，那是真正让我感觉到很理想的。理想到处都在，也到处都没有，任何一首歌我都可以找到理想。

问：对，我想起来曾经跟一个博士弟兄谈，他说现在中国基督教各方面成就最高的是音乐，因为有小敏的音乐，你可以看到人的生命灵性程度，没有那样的灵性出不来这样的音乐，我觉得这个说法很有意思。

答：你看的是什么？就是说你要看的是什么？你如何来定义？所谓的理想，比如说我作为一个音乐人，我来定义小敏的音乐可以是不及格的，但我作为一个基督徒，我觉得她赋予了生命的意义看见。同时，我作为一个基督徒音乐人，可以把音乐层面撇掉，因为这种民间音乐是有主次的，我可以把音乐放到次一点的地位，但可以把音乐背后的意义放在更高的地位上。因此对我来说可以忽略音乐技术，因为小敏的音乐跟她的背景是完全符合的，所以没有必要苛求她，苛求是不对的。之所以叫处境化，是没有站在真正的感同身受就谈不上真正的感想，所谓同理，是你真正去看见，或者处在对方位置上才能同理，这是改变我的一方面，所以我越来越觉得不想搞音乐了。

问：黄安伦的他改编了一些小敏的歌，用交响乐方式，我很喜欢，把小调歌曲弄得很大气，而那种生命的深度一样是有的，这是怎么做到的？很惊讶！

答：这就得黄安伦先生，换了别人估计不行，这跟他的背景有关系。首先黄安伦的是一位国际著名作曲家不用说，再看一下他的作品。黄安伦本身是有很深的对中国文化情节，他的作品里有很多民间音乐的因素。就技巧来说，他的作品本身是成熟的。首先是技术问题，他是知道怎么中西融合，他那么多获奖作品都是跟中国民间音乐有关系，技术上没有大问题。如果是是纯搞西方音乐、完全不懂或者看不上中国音乐的，他就编不出来，这是有文化背景的。第二跟黄安伦的经历生命有关，他们家族几代基督徒不用说了，中央音乐学院指挥系是他父亲创建的，然后黄永熙是他伯父，《普天颂赞》1977修订版的主编。他唯一的孩子在二十几岁车祸去世了，他写了一部安魂曲，天主教安魂曲唐佑之牧师改编歌词，最后一首没有用西方题材，而是用了诗篇 23 篇"耶和华是我的牧者"，配写的中国曲调，这是中国第一部安魂曲，为生命而歌的终极之乐。可以了解一下他的创作过程才明白，看到太多的生死和破碎，如何从破碎里活出希望，从绝望里活出光，这才是基督教信仰的真谛。经历这么大重创的时候，能有一个有希望的看见，这已经不是一起两起在我身边发生了，所以这样的作曲家是有生命的。同时你会看到他对这片土地的一往情深，说大了就是家国情怀。近几十年为什么人说一代不如一代？有一个原因你会发现我们没有了家国情怀。不管说政策怎么样，那是另外一回事，他的归他们的我的归我们。2009 年我在金陵协和神学院给全国诗班指挥培训，最后一课我说你们思考，从两个角度考虑，为什么上帝让你生在中国？为什么让你做一个中国的音乐从事者？你有没有考虑过这个问题？我同样是基督徒，可我也是一个中国人。我讲的中文，唱着中国的歌，那一点的家国情怀究竟有什么意义呢？黄安伦的改编你会看到真的就是抚慰，小敏抚慰了农村信徒，黄安伦的编配抚慰了所谓的知识分子。我们可以接受这种方式，但我们同样还被小敏的生命感动，只是用了黄安伦的创作方式，他的嫁接是极其美妙的，他的音乐训练和他的信仰背景是加起来才能做到这一点。

问：我觉得你说得很精彩。

答：他孩子去世的时候，正好是他在海外录制迦南诗选的时候，可想而知这种经历不是一般作曲家写个作品就能写出来的，也不是说基督徒感动之下就写的，不是那么简单，他沉淀的东西太多，所以会让你深深去感受那种震撼，这种是非常理想的。

问：我们需要多一点黄安伦。

答：我是做不到的。

问：最后的问题，雅歌音乐奖你有没有什么特别的期待？

答：期待希望能出一些好的中国风格作品或一些佳作。目前为止我没有看到太多，好作品也都是1930年代的了，当代除了黄安伦之外很少。30、40年代是江文也的天主教圣乐系列，当代是黄安伦比较有代表性。也有其他作曲家，但他们更多的是西方风格作品，而且也没有太多流传下来，好作品是能流传的。

问：你觉得真正的中国风是能够帮助它流传下去的？

答：对，比如江文也的作品，天主教徒谁知道江文呢？但都在唱，一直在唱，唱到现在。好作品应该是会被传唱的，但也包括另外一个因素，可能有些好作品没有被发现，没有被挖掘，这也是一个可能。因为巴赫当年就是这样，但是我不能说它占主流，肯定是存在的，但并不多，在中国历史上肯定不太多，因为作曲家就那么些。其次在高水平的基础上产生一些跟本传统结合比较不错的本土文化作品，一旦结合的好受众群立刻变大，现在任何一个音乐综艺节目，只要有传统风改编好的立刻就流传开了，为什么？因为我们的情感就是在这片土地长大的，又不是ABC第三代华人，就这么简单，这就是文化出来的东西，吃中餐出来的情感。如果一天三餐都改西餐我也可以，但胃受不了。因为你的肌肉神经已经铭刻下来你更亲近的东西。虽然巴赫非常好，让人非常感动。但深入骨髓心里面的，而且与你血液相连的，还是本土文化相关的，我深信这一点，只不过有些人没被激发，有些人并不在意，有些人不屑一顾，问题只是他没有意识到而已。

问：对，我听黄安伦改编的小敏歌曲觉得百听不厌，真的是百听不厌，就这样的感觉。

答：首先是技术问题，没有技术什么也谈不上。

问：但是调子和词确实是中国人的调子和词。

答：但他要改编一个西方的作品，你觉得你能这样吗？

问：对，是不可能。

答：因为那不是你血液的东西，虽然很棒很牛，但那不是我血液里面的。你要与我的情感产生火花和共鸣，真的是让你心里为之怦然一动的，能让你血脉喷张的，能让你全身为之震撼的，究竟是什么？所谓的文化究竟是什么东西？

问：你对港台这边的创作有了解吗？你他们有没有好的作品？

答：港台确实是有的，一方面传承没有断过，出了一些不错的作品，但港台也是没有办法脱离大环境的。比如香港的作品更多跟地域有关，比如我们也曾经很爱粤语歌曲，很爱张国荣，但那是广东人的天下，毕竟不是我们这些连广东话都不会说的人的那种心头好。所以与我们还是隔了一层，台湾也是这样。台湾也有不错的作品，主要分两类，一类是像赞美之泉、天韵诗班、小羊诗歌一系列海外回流回来的诗歌，给我的心里产生了很大的帮助，都是很不错的。这些诗歌里还有一部分是台语歌，就是闽南话歌曲，旋律很美，但歌词一唱起来离我立刻就有距离。虽然我妈妈是闽南人，但是我不会讲闽南话，这个距离一下子就产生了。所以中国音乐都有地域性的问题，容易使人产生一定的隔阂。亲近是有的，但是隔阂也存在，就像我不是西安人听不了秦腔一样，虽然我觉得它很好，但是那不是我的心头好。

问：我现在有点了解，其实语言的问题在歌曲里面非常重要。你翻译过来的怎么也没有办法变成中国人心头唱出来的，就像小敏那样，是做不到的。

答：歌好说，它是旋律和语言的结合，语言的话是很大的障碍。器乐曲就是另外一回事，因为没有歌词。器乐曲本身的音乐内容结构和西方国家是不一样的，音乐结构是属于音乐的语言。音乐的语言在旋律里面也存在，所以这有两个层面的问题。音乐的语言，比如巴赫，为什么很多中国人没有办法爱上巴赫，因为他的音乐语言是巴洛克时期意大利的音乐语言，是那时候最流行的国际乐风，离现在已经二三百年了，中国人对这种音乐结构和表达方式是非常陌生的，包括用的特色和音响的组合离我们非常远，所以很多人努力让自己高雅起来，但还是很难融入听懂巴赫。因为距离就在这里，音乐是一种语言，这不是我们熟知的音乐语言。比如中国戏曲，哪怕我再不喜欢，但是一想起来我就觉得会很亲切，喜不喜欢和熟悉亲切是两码事，因为这个模式是我熟悉的。音乐的鉴赏力基于音乐的审美，涉及音乐心理和音乐审美的问题。比如判断音乐的好坏和音乐的审美，是基于听者对音乐的积累度，对音乐的熟知以及音乐的见识有好多层面，当库存越来越多，看的越来越多，听的越来越多，再去鉴定所谓的好坏，就能透过现象看本质了。但好东西是有基本的标准，大家都公认的。

问：我觉得你是说比写更流畅的人，你选择说特别对，在这种对话当中可以谈出很多东西来，而且你是即兴式的。在问题的追问下你会去继续，女性一般边想边说，不像男性通常想好了再说，他们写跟想区别不太大。

答：谢谢，我觉得也讲得比较爽快。

问：你有自己的想法，结合了亲身经历，你所有的思考，心里要什么，其实是很清楚的，所以我觉得你做评委是特别合适的。

答：雅歌奖第一届就投石问路吧！这是放长线慢慢开始的，我们都是铺路人，这一代把种子种下去，什么时候发芽，谁知道呢？你看杨荫浏先生早期的东西几十年后从我这出来，我跟他却没有任何关系，音研所还冒出第二个搞基督教音乐的，这都多少年了，我居然还能跟他挂上钩了。

问：这次评比你提议这次的特别奖给去世的那位云南的杜老师？

答：是的，我当时听到一套 CD，其中一首彝族风格的让我眼前一亮，当时我给我婆婆听，她说像阿诗玛的音乐，非常有本地特色又挺好听。我就选了这首非常有代表性的。

问：你觉得中国基督教音乐和世界基督教音乐有什么样的关联？

答：世界音乐我当时讲这个课是有期待的，我希望大家能更多地看见。我今天讲的主题大概也就是两个点，一个是通过音乐这个点来看何谓普通人的道成肉身，第二个就是看见。这个课整体讲下来，我一直跟大家说你们要看见，因为需要更多的是非中即西之外的更广大的世界，这基于上帝的创世论。就像林泓信牧师说过，我们更多地关注救赎层面，反而对上帝的创造看不见或忽视。这其实是同样的角度，因为要看见，大学里就需要教历史课、人文课之类的所谓没用的通识课程，让大家看见在整个历史框架里面，我们不过是沧海一粟。我们要看见一个整体的通识文化观，那么在基督教里面同样是要塑造的，因为看不见就会少见多怪，见得多就会见怪不怪。这两句话是我在课里经常跟同学说的，我的基督教音乐史课程是从圣经时代的音乐开始讲到天主教、新教、东正教三大宗派，大家就已经很吃惊了。最后从东正教在走到世界在回到中国的时候，就能看见世界五大洲任何一个民族都在用不同的语言唱歌敬拜。如果万邦万国万民的敬拜，都用英语，都唱巴赫那是怎能可能的呢？

自从巴别塔之后世人用各地方言，格局就已经变了，所以用自己的方式来表达，其实也是个人去面对上帝的直接看见。我用整体的看见是让大家看见，他只不过是黑皮肤，只不过是黄皮肤，这只是一个方式和表象而已，并不是最重要的，你要透过这个看到里面，但是很多时候大家会被表象迷惑。表面上看的是音乐的技巧和展现，但实际上感受到的，是音乐背后的直接指向，所以就会感受到为什么我们要看见这个东西。比如说我们的耳朵听惯了哆来咪发嗦拉西，再听泰国人的音乐，就觉得不准，听阿拉伯人的音乐也不准，为什么？那是因为你的耳朵只听到过哆来咪发嗦拉西，以为音乐就是这样，没有听过别的，但从创世开始不是这个样子的。所以要跳出这个角度，中国的基督教音乐只是世界中的一部分，但从中国里面跳出来会跳到西方，但我希望从西方里面也要跳出来，再基于大的世界观，有时候很有可能在某一个角度和某一点上，突然我们可能跟罗马教宗有一个同样全球性的看见了，这个角度立刻就不一样了。高度改变很多问题其实都迎刃而解了，这对于我个人成长也有非常大的帮助。这是我讲课的一个初衷，就是为了让你看，看见其实就是为了打开。

柒、访问笔记——法国泰泽团体与天主教世界青年节

2011 年 7 月笔者应泰泽团体（Taizé）邀请作为访问艺术家前往法国泰泽开启原本为期三个月的 Permanent（泰泽团体称常居者）生活之行，因有其他安排，泰泽之行改为 30 天，随后前往西班牙马德里参加为期一周的 2011 年天主教世界青年节。这两段终身难忘的全球聚会结束后，前往奥地利维也纳参加第十六界国际圣咏会议，最后到意大利罗马参观再回国。

作为国内新教及音乐人士的泰泽团体访问艺术家第一人，一个月的生活让我对这个以音乐祈祷出名的跨宗派团体有了切身的体会。由于泰泽是男性修道团体，女性访客的相关事务由一些国际性协助工作的修女会轮流不定期参与帮助，如源自中世纪已有八百年、历史本部在比利时的圣安德烈修女会以及波兰的圣乌苏拉修女会等。与我生活工作息息相关的人和事，是由法国修女们安排和接待。由于长住者和修女们的协助（虽然是流动的，却井然有序），泰泽团体才能接待他们的主要目标：年轻人。短期访客一般只能停留一周，接待能力所限 35 岁以上的旅游访客一般不在团体留宿过夜。每年有世界各地不同宗教、国籍、年龄和肤色的访客在此聚集，暑期更是旺季，就此便有了一个庞大而流动的工作量，这应该是全世界最多元化的普世教会合一团体。例如，仅笔者所住的宿舍四人，分别是英国圣公会、菲律宾天主教、俄罗斯东正教以及中国福音派信徒四大派别，巨大的差异使人很难想象大家每日一起祈祷歌咏和礼拜。

常居者多来自第三世界国家，生活条件比欧洲为主的短居者要好，住的是设施齐全的集体宿舍，通常欧美青年人团体是自带帐篷或住在条件相对简单的宿舍中。除了临时住客，所有来访者都要参与工作。我的四周生活安排是第一周休息，第二周清洁打扫，第三周音乐翻译和编辑，第四周照顾婴儿，期间每天参与三次公共祈祷，以及每周的圣经学习、小组分享和各类集体活动，周末还有来访者自行编排的不同国家文化周演出。来自世界五大洲不同肤色和语言的人通用英语交流，因水平不一产生了特有的无语法"泰泽英语"，法语和西班牙语是交流的另两大语种。如果访问期足够长，会参与教会的各式传统灵修活动，比如为期一周完全禁言的 Silent House 等，这样能更深体验该团体自给自足的清修生活。无论居住长短，来访者其实都是短暂过客，但泰泽高度自律的团体生活以及充满爱和光的灵性生活，特别吸引欧美发达国家处于信仰低迷"后基督教"时代的年轻人，这里被他们誉为"信仰的源泉"。为期一个月的生活，使我尤其体会到音乐、祈祷与灵修的合一，更有大公教会、世界村、自然与人类共同体合一等诸多感受，在南法这个神奇的小村落里，每日沐浴在自然景色与美妙静谧的圣歌中，共同体验印证"以马内利"（上帝与我们同在）。

每日三次的公共祈祷中，每日早祷的最后都是领圣餐仪式，此时在反复诵唱的圣歌中，圣堂内新教、天主教以及东正教都有各自的区域和神职人员主持以供大家可以去各自的派别领取，至于不信者，也有义工站在过道中间端着竹篮面包供自由领取。每到此时，笔者心中特别能感受到所谓大公与合一的美妙。如果有不同派别神职人员的临时到访，泰泽会特别安排在小圣堂内举行该教派的仪式以供来访者进行灵性生活，因此泰泽的主旨是"共融"。

除了共同礼拜、学习和工作休息之余，每顿饭都是所有来访者大家在一起集体共享简单的饭食。饭前有一首集体的泰泽歌咏作为祈祷，逢每周五安静时刻荤食只有鱼，吃饭时不能说话，这也是天主教的传统。作为长住者，有一周的体验是离开宿舍，搬到 Silent House 去住，享受并严格遵守一周完全不说话在寂静中寻找上帝的心灵旅程。每周五晚祷后举行环绕十字架祈祷，每周六晚祷后举行复活烛光庆典。这些来自传统的灵修方式，可以看到泰泽与教会历史的渊源和继承。

而笔者体验的最大感受是在此生活的每个细节上泰泽团体所赋予的和平、自由、合作以及无条件的信任，这种感受和学习会延伸到每一位到访客身上，让大家会思索如何在自己的国家或社区里活出自己的信仰。例如笔者在没有任何经验的情况下照顾婴儿，彼此都是陌生人，却得到异国父母们如此的托付与信任。另一个重大的事件是，创办人罗哲修士于数年前在泰泽公共祈祷中被一位精神患者当场刺杀身亡，之后虽经历悲伤，但泰泽团体并没有特别加强禁戒防备，仍一如既往为地世界各地的年轻人敞开大门。除此之外，团体还在每年特别接待和帮助如卢旺达等地的青年难民到访，并深入北朝鲜对普通民众进行人道主义医疗帮助等，这些行为遍布世界各地。以上都是人们亲历或可看见的，如此行为一如既往地实证罗哲修士的祈愿，也是泰泽团体集体咏唱的音乐、沉思静默的祈祷和内外合一的灵修以达到个人与上帝的连结以及团体合一的生命精神，这些也深深地影响到每一位到访者的心灵。

泰泽之行结束后，8月16日-21日随即前往马德里参加天主教四年一次的盛会——世界青年节。世界青年日（World Youth Day）简称世青，1984年由教宗若望·保禄二世发起，是为青年人举办的国际性天主教活动。[1]本届约有来自五大洲近100万人聚集在高温酷暑的西班牙首都马德里参加活动，这与之前的泰泽静修生活形成巨大的反差，但也体验到独一无二的世界性狂欢和全球性宗教艺术盛宴。罗马教宗本笃十六世以及西班牙国王、王后参加了此次盛典，马德里全市免费开放博物馆、艺术馆和美术馆，同时倾全国之力将顶级宗教艺术作品聚集展览，所有教堂每天都有来自全球各教派的仪式，全市街头每天从8：00-22：00有数场来自世界各地不同风格的音乐会演出，成为一场超级世界艺术大典。来自第三世界国家的参会者有参会优惠，以极低的价格全程享受几乎免费的吃住以及一周免费的公共交通等。访问笔记是这两段行程每天的生活随感，无法提及方方面面，亦可做田野民族志的一手参考。

2011-7-18（一）北京国际机场出发

法航AF125航班因为员工罢工，已经从10：50推迟到14：10起飞，上

1　总主教区指出"世界青年节是教宗亲自召集世界青年——无论天主教徒与否——举行的具有全球性意义的开放性庆典、具有鲜明的基督信仰特征，旨在让人们认识了解耶稣基督的信息、体验天主教会内的生活经验"。

午十点就到了机场，足足候 4 个小时。将近 20 小时的飞行到达戴高乐机场，三伏天的巴黎只有 19℃，行李直接托运里昂。再次候机 2 个小时，21：05 分登记，去里昂的人很少，此行已经没有一个中国人了。空嫂发了一些小食品，22：10 到了目的地，飞机居然提前到达。已知泰泽团体会为每一位远道而来的 Permanent 安排有义工的接机，候机厅有两个女孩从外面进来，是不是她们呢?只见她们直奔航班显示器，其中一个呼叫"已经到了"，就是了！热情的 Marigo 是荷兰人，漂亮的 Maya 是瑞典人，她们一直抱歉让我等久。从泰泽开车过来花了两个小时，因为离泰泽最近的机场一个是法国里昂，一个是荷兰阿姆斯特丹。Maya 担任司机，Marigo 拿了一小箱水和奶酪鹅肝等各种小食品，（后来我知道这些食品都是泰泽为外出、野餐等活动发放的，只要有需求提前登记下，每人都可以领取），她不停地告知渴了饿了可以吃喝。两位姑娘都是高中生，她们并未考虑直接上大学，而是选择了半年至一年甚之更长的间歇年来泰泽静修，以考虑未来的方向和学业，这种生活方式让人吃惊。Marigo 去过中国不少城市，还会两三句中文，她要在泰泽待到明年，Maya 要待四个月。法国高速公路的收费站是自动投币的，她们一路拿着地图找路，看样子是第一次开车来机场接人，中国高中生这个年龄正在奋战做题。后来得知泰泽团体派遣任务时，只是简单地问问你是否可以做，然后就完全交付，至于是否做过细节如何等不会有人操心，这种信任和放任开始很不适应，后来发现这些新手孩子们都做的很好，就像接机的两位高中生，这让我有很多反思。当地时间将近 19 日凌晨 1：00（北京时间 7：00）终于到达泰泽。昏昏沉沉看见的都是房子，还有三三两两的人在路边聊天走路。二人帮我把行李拿到 118J 房间，屋里有两张上下铺床，已经有两人在睡，其中一个女孩起床迎接，她是漂亮的俄罗斯姑娘 Polina，我睡她的上铺。另一个沉睡的姑娘是玻利维亚的 Francesca。与 Polina 聊了几句，没洗澡到了晚安就睡了。6：00 左右 Polina 收拾行李离开，原来这是她最后一天在泰泽。

2011-7-19（二）泰泽第一周休息

时差的原因头很疼，当地时间 7：00 左右醒来，外面下着大雨，刺骨地冷。17℃的低温让我无语面对三伏天，路人穿着各式毛衣和薄羽绒服，而我的行李箱装满了清凉的夏装。披肩和围巾似乎是法国女性的最爱，不过在泰泽可以看到衣服各种乱穿混搭十分随意，当然也不会有人在意，在国内几乎不可能，这让我瞬间放松下来。下楼洗澡时似乎人人都认识我，统统问道你是 Sun "太阳" 吗？我的姓人人都能记住，是英文的太阳，这是个不错的选择。大家告诉我，有一个韩国女孩叫 Moon，因此我们既有太阳又有月亮。

目前还不知道一天的安排，回到房间 Francesca 已经不在屋里。一会她进来，一个典型的拉美女孩，波多黎各人，操着很不流利又浓重拉美口音的英文说要先去晨祷，然后修女 Fiona 会来找我。套上所有最厚的衣服，拿上伞和她一起前往教堂，泰泽的钟声一直在整个村落回响。坐在教堂的地上，感受着非常熟悉的歌声和空旷的内堂，这一切是我操作和温习了很久的场景。Francesca 告诉我祈祷的每个环节，包括领圣餐。大家排着不同的队伍前行，原来不同宗派的来访者可以前往不同的区域，因为泰泽的弟兄来自不同背景，在祈祷时大家是合一的，在领圣餐时可以回到各自信仰的仪式和背景里，天主教和东正教的圣餐是互认的，新教不一样，这样的方式避免了尖锐的神学争论又可以普世合一，在当今的基督教世界可能也只有泰泽团体做到。领完圣餐后坐下，一直有个声音在脑海里响起"这是我的身体为你们舍的"，顿时泪目。晨祷结束时，Francesca 有工作离开，她问我是否认识回去的路，我自信地点头。走出教堂，看见大队人马涌向一个地方，心想随行前往不会错，原来是吃早餐。每人排队领一个空碗，两个小法棍，两小块巧克力，一块黄油和一碗热巧克力。每个人都要分配到不同的地方作义工，发早餐者就是来访者，下个星期我会去工作。阴雨绵绵而杂乱的人群中，终于找到半条空板凳坐下啃着干面包，大家三两成群，中国人几乎没有，祈祷着能有一个伴。啃完一根面包、一块黄油和半口巧克力，剩下的带回去，然后糟糕地发现路上并没有 118 的指示牌，至少在三段住宿区绕了四个来回，最终决定问路，但不问访客而问工作人员。绕进一家貌似厨房的地方问路，但这些法国人却听不懂英语，不过最终明白了，其中一个中年妇人迅速带我找路。却发现她也不知道 118 在哪里，又绕了两个来回。她找到一群路人看了地图，我们又来到 119。她再次用法语问了一个正在打扫卫生的黑人女孩，原来 119 和 118 的房间连在一起，走到头就是 118。

路遇一位金发女孩告诉我修女 Fiona 正在找我，痛诉迷路经历之后这位胖胖的英国修女亲切地拥抱上来。我们一起进入 El Abiodh，这类似一个问询帮助中心，她给我一张泰泽的地图和时间表，详细告诉每天的生活以及当日需要见的修士的信息表，我带的剪纸她建议送给修士。不一会她拿来几件避寒的衣服，并告之吃饭不用在大广场，那是为短居者准备的，长居者在自己的宿舍食堂吃饭。今天的任务是休息，我拿着衣服回屋，遇见两个女孩坐在楼梯口聊天，她们热情地招呼，一个是英国的 Pix，很像俄罗斯人。一个是越南的 Hin，她相当热情，非常能聊。大家都是 20 岁出头，除了我。一会又有一个非洲女孩走来，记不住她的名字，我拿来世界地图，知道她来自几内亚比绍，后来在这里见到的很多人都来自在地图查找才知道的国家。回屋收拾行李，将上铺换到 Polina 的下铺，不一会钟声敲响，这是中午的祈祷。祈祷结束后赶回宿舍准备吃午饭，此时接近 1：00。进入食堂，所有人都热情地问我是不是 Sun，有点受宠若惊，可能对每位新来的人都是这样，这是泰泽的传统。有一大堆非洲女孩，还有一位超级粘人的美国女孩 Anne 和像男孩的意大利姑娘，可能是语言和文化的原因，大家自动按五大洲的洲际分区组团座位。午餐是鸡肉、土豆、米饭、面包、Cheese、生菜，虽然一点味道都没有，饿了却吃得很香。我坐在一堆拉美女孩中，她们群说西班牙语，右边的非洲女孩用法语对话，对面的美国女孩会说法语、意大利语和英语，我开玩笑说自己座错了位置。

饭后大家自主洗碗，和越南女孩 Hin 聊了一会，她也要去参加世青节。14：30 要见修士 Jean Patrick，把值钱的东西托他保管，这是规定也为安全考虑。正下楼去，Hin 介绍了一个比利时女孩，她是中文迷，在巴黎学过一年的汉语，很想找人对话。中文名字是玛雯，她一路陪我到 La Morada，说了一堆很糟让人犯晕的中文，但我有了一个朋友很开心！玛雯的工作是 17：00-19：00 在 Exposition 卖书，我答应去找她，她非常高兴。

见到印度修士 Jean，他问了一堆基本问题。我说自己喜欢印度音乐和舞蹈，还简单做了展示，他很高兴。把护照和欧元交给他，互相聊得很开心。他让我晚祷结束留下来，在兄弟团体里介绍一下自己。回到房间大概是 15：30左右，带上眼罩开始昏睡倒时差。晚饭时 Francesca 进来叫我，应后立即睡过去。一会 Hin 又跑来，我说想睡觉。晚饭和晚祷一切都在昏睡中泡汤了，凌晨 3：00 终于醒了，睡不着就起来，外面又下起了大雨。早晨 6：00 雨停了，鸟儿鸣叫，新的一天开始。

（泰泽教堂前公共区域的活动广场，通常活动和吃早餐）

2011-7-20（三）

　　每天 8：20 有圣餐的早祷，然后早饭。12：20 午祷，然后午饭。19：00 晚饭，20：30 晚祷。早饭结束后，背着电脑和相机到处转悠，这时泰泽的天气类似江南梅雨季，一天到晚雨下个不停，阴云和淡粉蓝的天空总是同时展现，当偶尔透出灿烂耀人的阳光之时，突然间又开始下雨，阴冷和潮湿每天伴随。前往泰泽村口旧的小教堂，里面有所有修士的墓地，堂里很黑，有几人在默想，陆续有游人进来。感受法国小乡村的宁静，这里的平原风光很像大理的苍山但没有洱海，也没有那么多难看的楼房和建筑，时不时看到悠闲哞哞的牛羊群。

　　泰泽的教堂顶部设计成东正教的银白色大蒜头屋顶，里面还有一个小的祈祷堂，掩藏在树林中非常可爱。转累了回屋时 Francesca 在埋头大睡，因为打呼噜昨夜为了不吵醒我，她没有回屋睡，现在正补觉。参加完午祷，回宿舍吃饭人突然多了起来。我给同桌的西班牙女士泡了一杯铁观音，她全程照相，很诧异她们对东方文化的陌生。越南姑娘喝了菊米茶，大家都过来闻这两袋茶，虽然都对没有糖和奶的茶感到惊讶，但大家居然都喜欢铁观音的味道。喝完午茶碰见玛雯，她带我参观泰泽各个地方，包括大教堂里隐蔽的小祈祷室，很高兴终于有一个朋友一起走路。17：00 回房继续昏睡到 20：00，便下定决心起床，不然无论如何也倒不过来时差。洗完澡 Francesca 等我一起去教堂，说要为我找香港男孩艾迪。泰泽的很多歌还不会，唱的时候现学都很简单。晚祷结束后，四处寻找艾迪未果，为了不错过 21: 20 的本宿舍聚会，正准备走时艾迪突然出现，他说有很多工作，晚上有圣经分享，修士们管理很严，可以明天晚上 18: 00 在 11 号门前见。赶回宿舍游戏已经开始，全身黑袍的修女们正在作搞笑节目，接下来是各种游戏，类似击鼓传花，被罚者用屁股做出单词的动作大家猜对才算过关，蒙着眼睛轮流画画等，接近 24: 00 终于结束。

（泰泽礼拜堂）

2011-7-11（四）

6: 30 起床，早祷时背着电脑相机坐在教堂的最后一排拍照。看见大家都在工作有些罪疚感，Hin 说不用这样，第一周放松享受就好，等工作就一点时间都没有了。几个非洲女孩在阶梯旁编辫子，为她们拍照时主角很害羞捂住脸，抢过相机把自己的镜头删了。今天 14: 00-16: 00 参加音乐排练，16: 45 在 Casa 门口与 Hin 一起逛。14: 30 去教堂听排练，全体的声音如此和谐。两名修女带领排练很不错，15: 00 音乐排练的大队人马离开。16: 45 到 Casa 门口，看见 Hin 和一些亚洲男孩在一起，有印度的、印度尼西亚的，我们玩了一会，自己前往教堂侧面小祈祷室，在没有的屋子里拍照。不一会一个抽泣的女孩进来，看样子想一个人待会，又进来一个大胡子男士时我离开了。18: 00 在 11 号门前见到香港圣公会的艾迪，我饿的不行，他去公共厨房拿了两个小巧克力面包和一个巧克力棒，这时可以很解恨地说中文。

晚祷时间教堂门口贴了一张纸，解释各区域有多种语言的耳机翻译。没有找到英语区域的告示牌，就随便找地座，待唱得差不多，修士开始通知什么区域是西班牙语翻译，哗啦啦人群就坐到教堂中间。拿起挂在地上的耳机，轮流是法语、英语和西班牙语，然后一些小孩子轮番用法语说些什么，下面一阵欢呼，孩子们拿着一朵花走出来随便给坐在地上的某位，我听不懂也困得一团糟。晚祷终于结束，修士们四散站到各个角落，坐在椅子上的修士身披紫色长披，散去的会众会各自找他们谈论。印度修士一直在等我，我们见了院长艾乐思修士，他很温柔祥和地聊天，在这种暗淡、幽雅的氛围之下，我的英语也分外清晰优美，虽然可能错误一大堆，但大家都听得懂，在这里衣服穿错、话说错、饭吃错没有人会在意，大家却也都彼此明白。院长表示对我的欢迎，并介绍了一位德国修女，我们聊起了佛教。

（泰泽祈祷）

2011-7-22（五）

听见同屋半夜蹑手蹑脚地回来睡觉，说西语的朋友们总是喜欢夜生活。早晨 7：30 醒来，很高兴终于倒过时差。早祷完毕，去 El Abiodh 约修女，电话联系下午 17：00 见面。背包出门找艾迪说的教堂，出了泰泽就完全找不到方向，就沿途随便拍美景吧。走出公路进入一条小路看不到风景，沿路走走停停，却也累得要命。回到房间已经 12：00，同屋还在睡，我也卧倒。午祷钟声敲响，挣扎起床前往教堂，在午祷中平静了。今天的午餐是 Silent Lunch，这是每周五纪念耶稣受难，全程吃饭不能说话非常安静，同时守小斋只能吃鱼。没有任何味道的白色水煮深海鱼块又硬又腥，配上同样没有任何味道深绿色煮成泥一样的某种蔬菜，我将番茄酱、海天生抽和某国辣椒酱全部加入，味道依然难以下咽。

天气很奇怪，大大的太阳，却下着密密的细雨，散步的念头打消了，我坐在屋门口慢慢看书，大约 15：00 左右上床午休，这样的日子没有经历过，每天都有发呆看风景的足够时间，休闲安逸却万事井井有条，不知道中世纪修道院的生活是否也如此？17：00 见修女 Fiona 给她念了我的会议发言稿。晚祷有朝拜十字架仪式，这是每周五的必修。在歌声中大家轮流上前围绕着摆在教堂前方地上的十字架，伏地埋头跪祷并亲吻着耶稣的五伤处（圣经中记载耶稣被钉死时有五处受伤，教会在仪式中纪念，天主教和东正教均保留了这个传统，新教没有），这个过程对一个福音派信徒而言是十分陌生的，但每个人的低声细语和虔诚地亲吻，让我不由得心生敬畏。

2011-7-23（六）

早祷之后前往圣史蒂芬泉水，去了发现是有开放时间的，来得太早。周围绿荫幽深，铺满大片的草坪。我索性坐在草地上发呆摆弄相机，三三两两的人走过。一个黑人向我走来，请我帮忙照相。他叫艾多 Edoh 法籍多哥人，在巴黎的一所中学教西方哲学，比我大一岁。他只在泰泽待两天，下午返回巴黎，即将带学校三百多名天主教学生参加马德里世青节，又多了一位同行的朋友。因为他有车，我随即一起同行前往克吕尼修道院参观。这个修道院是中世纪西欧灵修复兴的重要场所，也是南法著名的勃艮第葡萄酒产出地，随着修院腐败和堕落之后逐渐没落，现在是著名的旅游景点。

车刚开过下山的路口不久，有一对男女搭便车同行，不一会又有一个男孩搭车，克吕尼看来很受欢迎。沿路犹如油画一般，绿树、牛羊、乡间房屋、小教堂、压过山头的云彩，相机不停地咔嚓。到了目的地发现，这是一个正在翻修的建筑，有点失望但风景依旧。门票 7 欧元一人，沿路的小贩售卖质量不佳也不好看的玻璃念珠 24 欧元，在北京西什库教堂最多 20 块人民币合 2 欧元。修道院里面空荡荡几乎什么也没有，完全看不出当年的辉煌，粉刷的白色墙壁，令人想起国内的仿古建筑。极度优美的环境让人心生惰意，与耶稣清贫的训导难以匹配，可以想象当年的奢华之后为何在法国大革命时期被毁。修道院纪念品商场充斥着国内极难见到的中世纪手抄本插画彩图、异常精美的修道院风便笺（发现是 Made In China）以及各种圣咏 CD。回到泰泽是圣周六守夜晚祷，在安静流溢的歌声中每人发了一根小白细蜡烛，轮流点燃进行守夜礼。我在歌声中静思，凝神看着一根根蜡烛在空阔的教堂里星星点火般地亮起来，犹如基督的爱温柔谦卑，小小火苗犹如光明一般在心中照耀，旁边有一对意大利夫妇带着的小婴儿正在摇篮中熟睡，长长的睫毛随光线影动，烛光和圣乐的场景让所有的人安静柔和。烛光守夜礼在基督教千年的历史传统中于每周六耶稣在坟墓里的时候守候盼望着，福音派已经摈弃了这个传统，然而泰泽的这个简约的烛光礼让我再次被传统和回忆所震撼和治愈。

2011-7-24（日）

今天开始第一天工作。早 7：45 和 Hin 一起前往 Picnic 准备食物，8：00 左右开门看见一条长龙排起来，每人都拿着一张纸条来领食物。Hin 一直对我叫 Eighteen，我不明白要做什么，领食物的人看我发懵直笑，而大家忙成一团。因为尚未进行工作说明就已开始团队工作，其中还有各种语言的适应，最终明白每个人领的数量不同，而我们提前准备每袋十个面包或苹果之类的只是一种备餐。一天约有两千多人领餐，工作量庞大，钟声敲响时暂时结束。周日的祈祷比较隆重，圣餐祷告结束后因不知还有领餐的，休息一会再过去时看见门口挤满了人，Hin 在嚷嚷找我，到接近 13：00 午饭时终于基本清理完毕。14：00 要洗碗便匆匆离开领餐处，见到一大波青少年在 El Eladoh 聚集做清洁工作。我开始清洗各类稀奇古怪的锅碗瓢盆，然后清洁地面，比利时女孩玛雯和我搭配工作。完工回屋休息，18：00 与我的接待修女面谈，每周都有一小时的专门会谈时间，这很像大学的辅导员。在英语尚不流利的情况下，我要面对来自世界各地口音和俚语的英语，因此每次听到修女标准英音的同时都有很深的治愈感。晚上回屋休息，半夜总能听到不远处的狂欢声，又是拉美人的深夜聚会，他们晚睡晚起夜半狂欢的习惯让亚洲人很难适应。

2011-7-25（一）泰泽第二周清洁工作

9：45 到 El Ladoh 准备第一周的工作，搭档是比利时女孩 Lina 和阿根廷女孩 Alexander，负责修女给我们开了一个团队小会，详细解释如何进行清扫，各种洗洁剂和清扫工具的英语完全懵，打扫厕所、清扫特别房间和普通房间，三人合作干到 12：00。买了 2 欧元上网卡准备发邮件，但排队的人太多放弃，这里虽是现代修院，但对娱乐、上网和电子设施还是严格控制，法国的自费流量很贵，如果不能上网真有与世隔绝的感觉。下午在 12 号房间进行 Reflection，主要分享泰泽的智利书信。大约有 30 多人参加，全体分成英文、法文和西班牙文三组，修士和一两个女孩担任各自组语种的同声传译，分组完毕到屋外各找地方小组分享。我被分到法语组，两个欧洲女孩、一个美国男孩、一个越南男孩，剩下全是非洲的，丹麦女孩西格里特和美国男孩为我同声翻译英语，语速很快，我努力吃力地跟上。晚祷结束后，修士 Hanyol 带我们去见艾修士，简单交流之后他在我额头划了一个十字祝福，这让我知道他原来应该是天主教神父，每个人以前的宗派背景在这里都无形消解，但却又保留有各自的习俗空间，这在当今的世界中实在是珍贵！

2011-7-26（二）

早上继续干活，打扫厕所清扫房间，每次都是不同的修女布置任务。泰泽最厉害的地方是每一件事无论大小都安排有序，而这里并没有专职工作者和团队，目前有将近八千多人在泰泽流动。所有的事情都有团队合作，而人们都是义工却彼此不认识，极难想象就是这些互不认识 15-35 岁语言也不完全相通的"临时工"支撑着整个村庄的日常运转！如果这是企业，这将会是最成功的企业管理文化。下午的分享我继续留在法语组，这次发现他们更加可爱，非常照顾我，这就是团队的友谊。17：30 我带着刚来的上海修院的西安金修生与泰泽修士一起会面。晚上 21：20 分享会，这次有游戏，最后是点烛静默，每个人轮流分享，约有二十多人参加，因为美国女孩 Anne 明天要走，人们纷纷为她道别，每天都有人离开有人到达，让我逐渐习惯了迎别，然而每一次的迎新和送别大家都如此真诚和认真从未有过敷衍，在这种流水的人生中一次次体验着陌生人和团队的亲切温暖，这种大家庭的抱持并未有过多的亲密涉入，让我感受到有分寸的舒适，直到 24：00 分享终于结束了。

2011-7-27（三）

早上太困没参加早祷，直接吃早饭去工作，同样的事情不同房间而已，确实很乏味辛苦。下午集体活动，14：15 大家集合坐大巴，修士和修女各两名带领。开车一小时看到一条弯曲蜿蜒的河畔坐落着一个哥特式的修道院群，比起克吕尼修道院漂亮很多，河岸里停靠着大大小小的私家游艇，在油画般的蓝天下闲散的人们在钓鱼，整个小镇没有什么人非常安静。由于历史原因法国没有新教，随处可见建于中世纪的哥特教堂。今天参观教堂，然后轮流做游戏玩得很开心，修士拿出昨天用不同语言的 Compass 纸张，让大家轮流读，对者获奖冰激凌一个。最后大家分享小组讨论的话题，坐大巴回泰泽。

申弟兄告诉我下周的安排不用做清扫，跟音乐有关。回到房间和印尼、肯尼亚女孩一起听世界各国的教会音乐，到了 24: 00 两个拉美女孩依旧消失在夜空中玩去了。修女告诉我周日午饭后可以换到 117K，很高兴换到安静规律的新环境，现在的室友都是拉美人，Francesca19 岁，Luli20 岁，我 34 岁是泰泽 Permanent 的年龄上限，但欧美人根本分不清亚洲人的年龄长相，所以混在年轻队伍中毫不违和。

2011-7-28（四）

早上工作清扫厕所的任务减轻，打扫房间的任务加重。我们一直不停地干活，错过结束时间还没有干完。Lina 最后称病告假凭空消失，她比较喜欢指挥人，我人生地不熟让做什么就做，慢慢发现她有意避免脏活重活，我们比较有意见。今天活太多几乎累惨，放弃午祷直接休息到午饭时间。这里的工作没有人检查成果，但有意思的是几乎所有人都自觉认真而负责，能深切感受到只要给与年轻人信任和放手，他们都做得比成人想象得更好。当然像 Lina 这样时不时偷奸耍滑的人也一定存在，但作为一个团队，我们都自动补齐了她漏下的活。下午的小组分享是关于人生的选择，修女很认真地讲解。结束后我去 Internet 网吧查邮件，却不会操作这个机器，半小时的网卡基本浪费。每周四 17: 45 有各个国家的 Meeting，同时在 Common Room 会有新床单自己可以去换。

2011-7-29（五）

早祷结束还有一堆活，今天不舒服，Alexander 给了两片大概止痛药之类的。下午四点左右缓过来，发现手机可以上网查邮件很高兴。晚饭后准备去教堂，发现楼下有几位女士很像中国人，一问是保定教区圣母无玷圣心孝女会的四位修女，都是很朴实的农村修女。其中一位很干练的在巴黎读神学，法语流利。其他三位都不会外语，由她带领在法国四处走访。她们也要去参加世青节，泰泽只待两个晚上。晚上 Hanyol 带她们见了院长，然后一起参加朝拜十字架祈祷，我们聊到 24: 00，她们很高兴在这里遇见中国人。说实话，作为一个世界知名的基督宗教跨宗派朝圣聚集之地，这里的中国人是少之又少，来访者也多是国内的天主教徒，我算是第一位大陆新教来访人士。作为基督信仰，国内与国际间的交流确实很缺乏。

2011-7-30（六）

今天是在 El Abiodh 清扫的最后一天，很高兴不用打扫厕所，只收拾房间。清扫的任务前一拨团队已经完成，而我们只需要准备水果和鲜花。这样的义工工作安排真是令人赞叹，分工合理细节紧扣，没有一个环节拉下又仅仅有条。我想这也许和西方理性思维方式有关，但更多的可能是几千年来修道院自力更生的传统导致。水果由泰泽团体分发到前台提供，前台的工作人员也是像我们一样的临时工，所以每一天每一个人都可能是新鲜的流动的。鲜花要去村庄里采集，这是南法的村落，四处散长着不知名的野花和奇奇怪怪的浆果，我只认识的覆盆子和黑莓随处可见，时常能见到一棵巨大的苹果树四围落满了成熟的果子，也没有人去采摘。乡村的田园生活真令人向往，而我们在城市中长大的人何时能回归自然呢？

　　每周六午饭后，周日和下一周工作安排贴出来。晚上会有两个中国女孩到达，其中一个住到我现在的房间。就像当初欢迎我一样，我们写好欢迎条，我还分发了小礼物。下午是 Asia Workshop，有韩国、柬埔寨、缅甸等四个国家的来访者表演各自国家的传统文化，主要是歌舞，印象很深的是柬埔寨两名男性柔美舒缓的传统舞蹈，对欧美人来说这是非常不一样的文化体验。晚上又到了烛光礼拜，很喜欢这种在集体黑暗中见光明渐起直至燎原的感觉。

2011-7-31（日）

　　早上的工作是 11：15 清扫，同样的地方同样的事情，面对一堆新面孔，我做得很快。结束后搬到 117K，同屋是俄罗斯 19 岁的东正教徒 Olya，英国 20 岁的圣公会教徒汉娜。下午我带着刚到的两个中国女孩前去小小的探险，想看看上次开车前往克吕尼沿路掠过一眼的教堂。水都没有带走出泰泽，上了行人道，遇见很多法国家庭全家一起装备齐全骑车郊游，还有各种可爱的家庭酷车拖车带着小 Baby，这种家庭野游在中国可真是少见。中途有供游人修葺的驿站，一个可爱的小房子上写着不认识的 M 开头的单词，里面可以休息，有卫生间、水池和垃圾桶，没有看门人。中国农村也有很多类似的设施，但通常有人看守，这里一切都很随意放松，也因为人少资源不紧缺。

　　沿路走了半天，看见一条回转的路指标通往 Abray 教堂，另一条通往肉眼能看见的教堂，选择了后者。沿路偷摘了苹果，发觉路途不对，大家决定穿过农场，超近道直奔那座"望山跑死马"的教堂。偌大的数个农场连成片片翻滚的麦田，待进入方觉惶恐不知道能否通过？时不时有很大的水鸟从头顶飞过，成群的奶牛爱搭不理地休息，滚成大大干酪形状的干草垛散落在农场上，一个人也没有，似乎没有尽头一般。这个探险的过程中，有一个时刻我们很希望有人出来追打轰赶。翻过几道铁丝围栏，被干草轻微擦伤了大腿，最后终于看到了公路和教堂。前去教堂和背后的墓地一通拍照，回来的路筋疲力尽。大家试图搭便车，也不知道怎么做手势，大拇指朝上或朝下一直没有路人搭理，客气点的朝我们摆摆手。最后只能走回去，没多久在一个停车路口看到一辆开着车门休憩的小车，里面有一个法国老头在看地图。上前询问可否搭车很爽快地答应，引来我们一阵欢呼。路很近三分钟就到，走起来却很累。晚上晚祷结束后，我们在宿舍门口一棵结满鲜红桃子的桃树上摘了几个，回到 Common Room 玩了一会。

2011-8-1（一）泰泽第三周音乐工作

新的一个月和新的星期开始了！吃完早饭，9：45 前往 La Morada Hanyol 给我的工作是写一篇介绍泰泽音乐的文章，主要针对大陆新教的神职人员。挑战不小！我觉得自己在泰泽音乐的推广方面并没有太成功，那些新教的牧师传道也很难关心到这个层面。如何写呢？我坐在安静的工作房间里，这和上一周忙碌的体力劳动完全不同，需要完全进入思考的领域。我写写停停来回走动，不时望着屋外的草坪，12：00 结束工作。午祷前去领了 N'toumi 的钥匙，祈祷前锁好我那栋楼的每一间宿舍房门是这周的另一个工作，锁门前需要确认房内是否有人并提醒她们去参加祈祷，午祷结束后我要第一个冲回宿舍再提前打开每一间房门。

午饭后很困，但还是去了 Music Group，这也是我的工作。14：00-15：00 是所有人学歌时间，15：00-16：00 点是音乐工作小组学歌时间。一位修女现场教大家唱歌，时常会有临时访客音乐家参与泰泽的音乐排练和主日祈祷，来访者会什么就做什么，可以 Solo 的就担任独唱加花部分，有音乐基础的担任临时合唱团的各个声部，组成都是自由的，泰泽音乐的器乐编配也是丰富多样和灵活的。修士告诉我，每年只要有德国人来，音乐的水准就会比较好，四声部的音准、和谐以及器乐的多样明显胜于其他国家，这和德国的全民音乐教育水平有关。

学习结束，回屋和 Hin、玛雯摘了一大兜鲜美血红的桃子。Olya、汉娜还有隔壁的 Lina 也来了，大家海聊很开心。汉娜非常认真地修改了我的英文演讲稿，她高中刚毕业正准备上大学，专业是医药，她说自己很享受在医院的实习，尤其看见孩子怎么生出来感觉非常奇妙，这和我们的教育差异太大！晚祷结束后是 Asian Meeting，大家一起观看泰泽创始人罗哲修士的录影带，法语录影英语翻译比较崩溃。

2011-8-2（二）

早上继续到 la morada 写稿，11：00Hanyol 过来问了进展，他生病嗓子哑了。下午没有去排练，一直准备英文发言稿。17：00 见修女 Fiona，用没有语法的英语聊了一个小时。晚祷后又有 Party，不想参加。我们几个中国女孩和玛雯在屋里聊天直到很晚。当夜汉娜因为感冒打起很大的呼噜声，我和 Olya 都睡不着，互相抱着被子找别的房间。

2011-8-3（三）

早上在 La Morada 写稿，工作的进展是龟速。下午四点左右我前往泉水处，林中的一个小池塘开了几朵睡莲，大的像一个小小的湖水。未经破坏的天然树林和风景，很多人躺在草地上睡觉，阳光很刺眼，走了个来回已经汗水淋漓。胃又开始疼了，但比较轻微。这里的工作没有人监督，全凭大家自觉。也许因为是年轻人的缘故，大部分人都很稀奇工作的经历，很积极也很努力，这里的一切运转得相当惊人。

晚祷结束后，在 Common Room 有一位修女的讲座，题目是 Trinity in Art，讲解圣像画，用幻灯片打出各种图片。看到历史中东正教和天主教各样的三位一体圣像，比较喜欢这样的讲座，不然总是圣经学习和小组分享。如果没幻灯图片，就纯粹练习听力会比较吃力。23：00 课程结束后对面 Madras 的姑娘们还在狂欢，很大声唱各种歌曲，包括法语的两只老虎。

2011-8-4（四）

早上依旧写稿。下午 15：00 参加音乐排练，旁边一个很胖的女生是女高音，声音非常漂亮。17：00 的中国 Meeting 没有参加，见到一个香港的女天主教徒，和一个上海的圣公会女孩在华东神学院上圣乐系，她们都只待一周。晚祷结束后，应该参加 Putri 的欢送会，但胃疼没去，22：00 钟去看了护士，第一次看法国的护士站还是一头雾水，医生是中午吃饭时见到的那位很有威严的老修女，和《修女也疯狂》中的修女院院长感觉很像，在她面前都不敢大声说话，同时混杂英语和法语的医药说明让我不知所云。她给我三粒药试试，周六早再来看。这个似乎与我带的肠溶胶囊一模一样，最后证实确实如此。

2011-8-5（五）

早上没有去写稿，早祷没有参加不太舒服，昨天右眼睑肿了，抹了红霉素。11：00 前往泰泽的车站处，与何修士约了今天再次录音。进了旁边一个小屋，是泰泽的录音室。印尼修士是多媒体的负责人，所有录像和 CD 都是由他来制作。我念了大概五六段普通话为片中的英文配音，这个纪录片的其他中文配音由来自中国各地来访泰泽的人录制，不过除了我几乎每人都有口音。录音完毕，何修士给了一些别人翻译的中文歌谱让我修订，聊了一会我回去锁门。听说 15：00 有台湾的世青团到来，23：00 有大陆的世青团到来。而每天早上在 M 区有天主教的弥撒仪式。

下午没去排练，在屋里练习英文演讲稿，五点等汉娜，结果她爽约。听她和 Olya 聊天语速极快，俄罗斯人 Olya 的英语就像流水一样顺畅，二人一说话，我只好安静。临近 18：00，我到了教堂内的小祈祷室祈祷，幽暗而安静令人身心放松，不一会一大帮人进来，似乎是有弥撒。一会有神父上台，不知道说的什么语言，问了旁边的女孩，她的回答我也没听明白，只好回去。又一次去了 Infirmary 看了护士，这个黑人护士向我说了一堆，我似乎听明白她告诉我不应该在这里看，为我上了眼药。我回屋时看见 Olya 依旧坐在台阶上捯饬自己，这样的场景只有回忆中的大学宿舍才有。明天要迎接一个新的室友，来自菲律宾的女孩。

2011-8-6（六）

早上去了屋里的 Infirmary，才知道这是专为 Permanent 准备的医药室。那个严肃的就像电影中修女院院长的法国老修女很认真地新换了嚼片，让我停吃原来的药，只在晚饭前嚼一至两片，然后周一下午再来。回到 La Morada 开始工作，今天 Hanyol 应该不会来了。

下午 15：15 非洲 Workshop，17：45 有何修士为大陆人放映罗哲修士的片子。我计划 Workshop 结束后，往 Olinda 方向前行，找到那个修女小教堂。非洲人歌舞玩起来很尽兴，因此拖到很晚出去玩的计划也泡汤了。17：00 到 13 号房间和台湾世青节的小白团（巴黎外方传教会）以及大陆天主教地下教会的一群人，大家一起看普通话配音的罗哲修士纪录片，其中印度的那首泰泽式歌曲让人感动。结束大家分享时，作为一个唯一的新教徒我发言了两次，他们原来根本没明白泰泽是怎么回事，因此从坚定的天主教徒立场提了不少很尖锐的问题，何修士的香港普通话比较糟糕，很多人听不懂还有人坐着睡着了。回去吃饭后，晚祷前碰见 Hanyol，与他说了几句话，提到前去 Olinda 的愿望，但好像希望不大，不过听说晚上中国基督教两会的领导要来到访。

晚祷钟声敲响，突然下起了大暴雨，因为人太多到得又晚，我被轰到了 N1 区，结果大雨从天窗飞进来，而前侧的走廊，雨水汇成小溪从屋顶进入教堂，坐在那里的所有的人一片惊呼纷纷起立避雨，安静的教堂此时无法安静下来。院长却很淡定而微笑地看着慌乱的大家，不一会有人找地毯铺地，关门及关闭天窗，两会的人还在路上，明天一早他们就离开了。这样的情况下，静默突然提到了前面，读经的内容也被安排到后面，烛光祈祷依旧进行，20分钟后雨停了，阳光照洒大地，泰泽的天气就是这样每天多变。

晚祷结束后，Hanyol 邀请两会的人到 El Abiodh 座谈，我们在旁边为德国的 Lisa 开欢送 Party，实在没有准备什么礼物，我就把故宫的手绘地图送给她。黑人、拉美人、亚洲人挤成一团，屋里极热，白人在门口聚成一推抽烟，音乐很欢快，玩的非常开心。晚上菲律宾的 Erica 到了，这个姑娘很温柔，但她光脚在屋里，我差点被汗脚味熏出去，晚上我和汉娜试图用浓烈花香味的药味盖过这个脚丫子味，太搞笑了！

2011-8-7（七）

今早圣餐礼拜，我要锁门却又想去拍照，于是拜托天津同胞晶晶帮忙。提前半小时进堂，发现没有有利位置照相，于是索性走到唱诗班的位置，改成唱高声部了。这周的排练我参加了两次，有一个非常有意思的修女在跪凳上指挥，第一排有陶笛、小提琴、黑管、萨克斯和大提琴，我边唱便厚着脸皮找机会拍照，这样的参与很有趣。

下午将写好的文章给两位天津小姑娘看，希望提点意见。然后一起出行前往一直想去的修女院游玩拍照，南法静谧的小乡村之间大片草坪绿地，沿途可见各种缀满熟果的果树，却不见一人，覆盆子黑莓在路边的草丛中随处可见，沿路小伙伴偷了苹果摘了葡萄。乡村风景如此优美，苹果树、梨树和桃树的果子落满草地，似乎也没人看管。在各个角落甚至道路上都有发呆和乱躺的人享受着甜美的空气，悠闲又忙碌、放松又充实，随时随地触摸大自然。无比开阔的绿色山脉和田园牧场，天空的云彩都从白到浅灰到暗灰，镶嵌在粉蓝到浅蓝的天空，这并不似藏区的天空湛蓝如宝石，而是很轻柔的蓝色，好似刚洗过略褪色的床单，干净而温柔。泰泽的日照很长，每天晚上将近21：30左右天空才逐渐黑下来，但天空很早就放亮，这也是此处农作物茂盛的原因。值得一提的是，这里来自世界各地的美女确实太多，大多都是17-25岁左右的年轻人，可以看到电视中的各种白人明星长相。晚祷结束后，我等到 Hanyol 再次表达了想去 Olinda 的愿望，而不是一整天坐在 La Morada 写东西。

（在修女院小教堂）

2011-8-8（一）泰泽第四周照顾婴儿工作

这是在泰泽的最后一周，这里太美好！早上 10:00 见了 Hanyol，聊了一会继续工作，结果接到他的电话说联系上修女 Fiona，让我上午去 Olinda 工作，非常高兴！直奔 Olinda 之后，我被分到照顾 0-2 岁的婴儿小组，这个工作实在是新鲜，对于完全没有与婴儿打交道经验的我，最诧异的是各种肤色的各国父母们毫不犹豫地将孩子交给了我们。已经有四个 17 岁左右的姑娘和 Ntumi 的一个海地会说法语的黑人姑娘在这里，她们是短住一周或两周。小婴儿基本都是法国和意大利人，我没法明白她们在说什么。见到了昨天那个蓝眼睛小胖球似的洋娃娃婴儿，她叫伊丽莎白，来自葡萄牙，而我只能观看这些可爱的孩子们，不知道怎么照顾。临近 12:00，下起了大雨，我必须回去参加午祷但没有雨伞，于是拿着一个塑料文件夹挡头冲回教堂，鞋子衣服全部湿了。中午饭时间，继续拿着卡片找人写各国语言的"我爱你"，这是给我先生的一个惊喜，看看可以集齐多少种语言。玛雯 17:00 要离开，中午大家聊了一会，我告诉她要去巴黎的事情，她非常高兴，答应接我并住在她那里，还带我游玩巴黎。下午到 La Morada，翻译或修改歌词工作继续头疼中。

2011-8-9（二）

早祷结束后前往 Olinda 和大家一起分组吃早饭，我坐错了位置到了 3-5 岁儿童组。吃完后在帐篷里的所有人开始十分钟的音乐游戏，今天是肯尼亚的 Jambo Akunamatatade 歌曲，十点钟大家各自归队。这些婴儿进入房间时突然齐声大哭，我们花了一个多小时的时间哄孩子，还要抱着他们到处走边唱边跳，临近 12：00 时已经接近瘫软，午祷没有去就直接睡觉了。下午在 La Morada 工作有进展，Hanyol 过来唱了一会我修订的歌曲觉得不错，他计划明天 18：00 邀一批人来试歌。晚饭时温州姑娘南到了，她转俄航遇上超强台风，耽误了两天时间，我们一起聊了一会 Workshop 的事情。今晚有越南朋友的送行 Party，我前往却没有见到 Hin，她周四离开去马德里。Olya 和汉娜两个夜猫子很晚才回来，弄得我也睡不好。

2011-8-10（三）

今天一切不错。第一周来不适应气候，第二周开始吃得上火，第三周准点晚饭胃疼至睡觉，这最后一周所有的症状都消失了。今早 Olinda 的歌曲是拉美的，孩子们到了房间没有像昨天那样哭得厉害了，但是爱哭的还是那几个，最后哭得厉害的父母几乎无法离开或被抱走了，留在我们身边的只有那些安静或快乐的小家伙，偷偷给他们照了几张相，也给我们组合影了，只可惜那个不太会说英文的法国小姑娘已经离开了，现在我们有 6 个人。中午依旧卧倒，没有前去教堂，胳膊酸疼得厉害。下午继续工作，今天 18：00 要试歌。16：00 左右接到贵州朱弟兄的电话，17：00 我见到 Hanyol 和一帮韩国人在用韩语唱泰泽圣歌，估计和我们的目的是一样的。18：00 人到了大陆的一帮人，还有一个台湾男孩。大家一起试歌，作了一些小修改，进展很好。晚上我将两本书送到 La Morada 处，Hanyol 要给我把书寄到巴黎外方传教会的沙百里神父和德国圣言会中心处。他很希望我放弃去马德里而改去德国圣言会，但我的行程已经定了，改动很困难，泰泽不能上网，一切都很不方便。我心里很遗憾，Hanyol 计划我可以去科隆待两天，然后再去圣言会两天，此地距离科隆一个小时，但这次去德国的计划只能放弃。他为我订好了巴黎的住宿处，是一个在巴黎市中心天主教修会的住宿，很干净便宜。

2011-8-11（四）

早祷没有去，嗓子疼得冒火，直接去拿药，却被告知没有药只能喝盐水。在 Common Room 吃饭赶到 Olinda，正好游戏做完大家纷纷进入各组。刚开始孩子比较少，哭的还是那几位。Dancing Baby 终于睡了，他妈妈推着四处走。Happy Baby 今天一岁生日，到后来却大哭起来，原来是大便，换尿布我们完全不会，最后是海地的黑人姑娘解决了这个问题，但只会英语的我们和只会法语的她却无法沟通。Apple Baby 几天没有来挺想念她，中间还来了一个最小的婴儿，估计只有几个月大，交到我手上的时候，他紧紧抓住我趴在身上不动，我真担心让他不舒服。我把他交到 Lina 手上时他大哭不止，最后由他父母带走了带孩子。这一上午依旧累惨不能参加午祷，回屋睡了一会。午饭又是通心粉，吃了一点下午很快饿了。16：00 到 La Morada 工作，从 Hanyol 那找到昨天丢失的谱子，计划走之前再翻译一些歌。

17：30 在 13 号房间是中文 Meeting，澳洲的香港人没有来，最后是普通话分享聚会。邯郸的韩到了，她是永年县人，典型的河北人长相，有修女气质。晚祷后何修士过来聚集我们在风琴下方，为我们翻译中文。院长讲话大致说了几件事：一个瑞典团队巴士中途起火，东西烧光了，只有 15 人抵达泰泽，其余的回去了。院长下周要去马德里，8 月 16 号是纪念罗哲修士逝六周年纪念等。

2011-8-12（五）

早上在 Olinda 教的印度歌，很慢很有特色。有一个小家伙换尿布，是那个只认罗马尼亚金发女孩的小姑娘，她对其他肤色和头发颜色的照顾者都很抗拒，好在好哭男孩的爸爸为她换了尿布。我的喉咙依旧很痛，药不太对症。中午沿路中又下起了小雨，天津女孩旭摘了紫色覆盆子（树莓）给我吃，比较酸，长相类似桑葚，圆圆的一团也很硬。回屋依旧卧倒，没有去教堂参加午祷。下午工作较晚，有一位瘦瘦的修士前来找我，他是弹风琴的那一位，他在呼和浩特医学院教英文待过三年。我们聊了一个小时，他非常温和。然后接着工作，但不太舒服完全工作不了，只翻译了一首歌。准备回去时见到了那位唱歌很好的美国修士，知道他和院长一行周六一早就要去马德里，然后他告诉我们泰泽祈祷在马德里的教堂位置，回来给马德里的叶子没打通电话。18：00 见了修女 Fiona 聊了一会，晚饭时她又来找我，需要知道我的航班以便安排车，我最终告知我的行程。20：00 院长汇集我们 8 月要走的年轻人聊了半小时，我终于第一次走进修士们生活的区域，非常安静怡人的地方。晚上在吃了抗生素之后，炎症消了一些。Olya 在走廊处看一本关于在中国天主教历史的俄文书，聊了一会她又去和老乡聚会了。

2011-8-13（六）

今天上午是最后一天在 Olinda 的工作，我又没有和她们一起吃早饭，这次教贝宁的歌，很不错的歌曲。孩子们都来了，那个又高又瘦的妈妈抱着满头金发的小婴儿放在我们这里，我终于知道他是法国小孩叫约瑟夫。开始一切安好，随后约瑟夫突然开始哭也不跟大家玩，而 Hanppy Baby 偶尔也会欺负其他的孩子，这个约瑟夫似乎非常弱小，更是哇哇大哭。我抱着他走出去，被 Beky 制止出去，于是只好带他到大孩子们游戏的区域。一些成人还有小孩子纷纷围着约瑟夫和他玩，小家伙很享受大家，不一会一个金头发的小姑娘大喊着约瑟夫的名字过来抱他，这是约瑟夫的姐姐，旭告诉我这个小姑娘从不和大家玩，总是自己坐在一边，但她和弟弟玩得很开心，约瑟夫开始非常开心地在地上爬。孩子们最后由自己的父母领走，可爱的 Olinda，再见！

下午准备参加拉丁的 Workshop，午饭时被通知 15：00 有一个会面，听说是专门挑选了不同国家的 Permanent 前往。前往 La Morada 会见修士，主办者是挪威的一对牧师夫妇，他们和大家分享自己所做的事情，大概是新教和东正教不同教派的联合，但一个半小时几乎听不懂，因此完全错过 Workshop。结束后回屋收拾了一下，晚上与中国女孩约定明天开会关于下周的 Asia Workshop 中国专场。

（来访者的拉丁美洲文化专场）

2011-8-14（日）

早上圣餐结束之后，11：15 从印度修士那里拿回了钱和护照。11：30 与 Hanyol 见面，他说明了巴黎住宿情况。我问了一些圣餐问题，他问我为什么最后一天才问他。每天领的圣餐都是天主教弥撒祝圣后的饼和杯，有些地方没有杯是因为人太多领不过来，因此只有饼。新教的十字架是有两个修士专门在十字架旁边分发，很多新教徒会专门去那里领圣餐。而且这两天有圣公会和路德宗的礼拜，关键是哪里教派的人来了，就会在一些小圣堂举办他们的仪式，有时还有东正教的。

15：00 与姑娘们还有金源在 El Abiodh 的花园里商量 Workshop 的事情，最终商量出的主题是中式传统婚礼，这样就可以把歌舞全部揉在一起，但道具行头的难度不小，大家几乎没有服装什么的，我还教她们走了一圈台步。回去后把所有的衣服熨了一遍，天气不好阴沉沉的。

晚饭时和除了晶晶之外的几个女孩聊了聊婚姻家庭，她们听得入迷，也不想参加晚祷，而且雨很大。我们在休息区瞎聊，直至 21：15 去教堂找 Hanyol 给他 U 盘，他约我 21：40 见面。21：30 前往 La Morada 见了一位修士和明天要开车送我的德国女孩 Dorethea，他们正在说明路线和交待沿路费用，泰泽修士非常细心，所需的零钱都准备好了。与 Hanyol 见面时，同来还有一个英国的汉娜，她即将去烟台商学院教一年的英文，Hanyol 给了她一些江苏天主堂的地址。他又跑来跑去为我查维也纳住宿的地址，十分担心我在那里的住宿交通等情况，但更担心的是在马德里的状况。直到 23：30 我才回屋，汉娜居然睡觉了。那些中国姑娘们越聊越起劲，还在等我回去合影。Picnic 拿不到了，因为关门了。我从 Common Room 拿了一些吃的，准备第二天上路。

2011-8-15（一）前往西班牙马德里

一夜没睡好，6：30 起床发现手表在鞋子里，大雨也开始止住。前几天的咽炎此时已转为伤风感冒，因为泰泽的天气实在是不好。7：15 几个中国女孩还有肯尼亚的 Richo 都来送我，此时厨房也开门了，韩国女孩 Yes 为我拿了 Picnic。德国女孩车开得很好，一个半小时到达里昂机场，我的感冒越来越严重。停车后，做了机场巴士到达 T3 航站楼，最后互相告别。机场很小，托运行李时超重，密码锁突然无论如何也打不开，只好付了 12 欧元的超重费。Easyjet 是廉价航班，机上的东西都要收费，而座位是随便坐的。坐在座位上居然一眼看到驾驶舱和机长，而厕所在最后只有一个简洁明了。11：05 起飞，12：30 左右我突然发现耳朵听不见了，原以为高压反应，使劲吃东西吞咽都不行，人们的说话声越来越小，空姐在我头顶说话像在天堂一般，于是慌了神！半个小时没有好转，我趴在座位上，空姐走过来问询，知道我感冒了，就用纸杯拿装了纸巾沾湿药让我嗅。略微能听见一些但没有太大好转，下飞机取行李时，第一次体会到聋人的世界是那么安静和遥远。

叶子和她老公一起来接我，他们以前是北大西语系的学生。我饿得不行，但机场也没有吃饭的地方。于是想先去世青会报到再在附近找吃的。马德里很像中国二线城市，没有太大特色，最后在偏僻的地方找到了报名地，几位西班牙人在那里等候，发了一堆材料用品，最后住宿分在一个室内篮球场的百人集体大通铺，顿时傻眼！叶子开车带我到另外一个地方领餐券，在那里她帮我翻译要求能否换到家庭住宿但没有成功。我们返回到凯旋酒家中国餐馆吃饭，这里都是做小生意的浙江人聚集。回到篮球场，会务组说还有一个中国团队要来，到时拿餐券时可以再问问能否有家庭住宿。这时已有邯郸教区的男女四位抵达，但我们没有太多交流，他们就在球场上休息了。百般无聊坐在台阶上等待，头重脚轻也没有地方可以休息，想到一周要睡在篮球场，真不知道接下来的时间将怎样度过。活动虽然丰富，但我已经因为重感冒和急性耳聋几乎晕菜，打电话给国内的朋友为我祷告身体和住所。等了很久中国队伍也没有来，我决定出去走走找找附近的华人看能不能找到地方住。就在这时，大队人马进来，全是大陆各地的学生，领队是在中国传媒大学学中文的美国女孩，她原先是新教徒，参加完一次世青节之后转为天主教。我和他们一起又一次开车来到领餐券的地方，这时会务组告诉我可以选择住在有两百人的学校，以及一位单身女士家中，我选择了后者。我拿着所有行李，坐上另一辆车，到了一个学校附近，等他们办事回来，听到两个中国小女孩在游戏，他们的父母在此地开餐馆。最后我见到了Manana，一位漂亮的西班牙女士！她很热情，带我走到她家附近，一间三楼的公寓。她离婚自己带着儿子生活，这周儿子和父亲度假不在，我就住他孩子的床铺。Manana来自安达卢西亚，她每天早上7：30上班，下午15：30回家，除了买菜不出门，周五去一个学校做义工，家里收拾得很干净。她的英语不好无法沟通，我只能打电话给叶子，请她翻译。当我们自己交流时，就用谷歌翻译器互助。洗完澡后，她烤了很好吃的披萨等我。她希望我很舒服像在自己家里一样，真是说不出的感激！我送了她一套中国的明信片让她给儿子看，她给了我一把扇子，并告知我可以住到临走的时候不用付钱。无比感恩！

2011-8-16（二）参加世界青年节

与多变多雨的泰泽不同，马德里非常热，但除了热之外，一夜休息得很好！一早我听见Manana出去了，她在桌上为我留了电话。我起床洗澡，感冒没有减轻，但耳朵好多了。早上记日记，决定中午出去踩盘子熟悉路线。

13: 30 左右饿得不行出去找餐馆，沿路没有见到有世青标记的馆子，心想往地铁站方向走再说。看到一个中国的汇源商场，进去买了一个三明治 1.3 欧，问路时一个台湾的王姐很热情地带我四处找餐馆，最后在她家附近找到一家大会餐厅。组委会的配套餐基本都是快餐食品，分头盘和二道，王姐说这家餐馆的生意很好。吃了类似西红柿酸汤的冷菜以及油炸牛排的热菜，王姐先回家给侄女做饭。快吃完时又来了一大批队伍，我迅速撤离到王姐家。她的小侄女莫妮卡开门，听说她有精神问题不爱和别人说话，只会西语。王姐做了炒面非要我吃一盘，15: 30 大侄女苏珊回来，她会一点中文，很漂亮洋气的女孩，随时照顾她的妹妹。聊到 17: 00，苏珊决定陪我出去，莫妮卡和她的朋友也去玩了。到了马德里市中心，先坐到 La Latina 地铁站，出来看到一个非常漂亮的大教堂，进去参观正在举行弥撒。有 Semana Santa 的很多圣像极其华丽，圣母像更是无与伦比地夺目绚烂，拍照都拍不过来。出来一路前行，苏珊说这是马德里唯一也是最大的城市广场，人们主要在此购物。路过各种各样的店铺，街头有用玻璃杯演奏音乐的，声音很不错。有 Flamenco 的服装店，还有天主教圣物店，西班牙人不一般的色彩和审美耀亮了我的眼睛，一路狂拍不止。走到中心广场碰到台湾团队，和他们一起找地坐下等待 20: 00 开幕弥撒。超多的人群，还有各式各样服饰的修士修女，一切就像在电影中一样。苏珊遇到了台湾老乡很激动，地面很烫，大家看着大屏幕的仪式却没有声音，只能用收音机接收，全是听不懂的西语。各种修会的修女和修士，让我恍若回到了中世纪，白、灰、蓝、黑白相间、咖啡、腰带和念珠等等，对我都是全新的。我们提前撤离找一家向往的海鲜饭餐厅吃饭，走了 15 分钟发现餐馆人超多，等了 10 分钟座位，还有一批插队的法国青年。两个秘鲁男孩和我们一起吃饭，餐券有昨天的还有中午的混在一起。回来坐地铁遇上大队伍，苏珊送我到家门口，我和她聊了一下她妹妹的情况，建议他们要去教会。Manana 在等我回来，她已经很累了，聊了一会，洗澡睡觉。晚上很热，出了一身汗。

（极尽华丽的西班牙圣母像）

2011-8-17（三）

早上和来自河北献县的杨神父打电话约同行，台湾小白团的黄同学和我短信联系他们的行程，上午都是去要理讲授。准备去一个地方参加圣召博览会，坐地铁 6 号线正要出站，收到杨神父的短信告之他的地点，原来正在我住址的附近，只好又原路返回。献县团体共 12 个人，和台湾的部分团共同参加了华语的要理以及弥撒。这个小教堂在一栋屋子里，外表看不出来，很多的华人，台湾有些团体如山海青年团都统一穿民族特色外套。午饭时间，献县的孩子们要去吃披萨，我改道同时拽上杨神父，问路的时候碰上两位曾在台湾教区服务的西班牙神父，他们带我们去餐厅，年长的曾在台湾十几年的谢神父现在在马德里北部的 Alcobendas 教区服务，教友有 2 千多人。他帮我们点餐，照顾大家非常周到，小酒吧里人很多，非常热非常拥挤。我们大汗淋漓地挤在拐角聊天，老板不停地在煎牛排，表情很不爽。吃完回去，看见那些孩子居然还在排队等吃披萨。

　　下午被临时委任为献县小团队的导游，决定去地图上标记的最大教堂，地铁坐错了换了两次，到达 Opera 站，出来是伊丽莎白广场，有团队在歌舞表演，走到教堂方向，看见法国的新道路团体在烈日下正式演出。沿路有人要求与中国国旗和中国队合影，终于到了大教堂，对面是人山人海的西班牙皇宫。一些团员不愿意进去就地休息，我们六个随着人群进入教堂。这个教堂虽然比较大，但远没有昨天见到的漂亮。直到进入侧面的小祭坛，有一个类似东正教的圣像屏风，还有圣髑，相当华丽，很多人上去亲吻，同行的两人也前去排队，我们坐在下面休息等待，旁边有很多人用念珠虔诚祈祷。最后看见侧面一个金碧辉煌的小圣堂，是现代风格的东正教镶嵌壁画，一位修女坚持认为这是东仪天主教会的，而不是东正教的。教堂诗班有短暂的排练，没想到唱的居然是泰泽歌曲。教堂内有摄制队，造成一片乱哄哄的。出来后已经没有力气参观皇宫，大家想打道回府休息。我想去另一个地点参加向往已久的莫扎拉比仪式，团队意见不同最后我自己先走了。路过 Iglesia De S. Jose 教堂，里面正举行弥撒仪式。赶到莫扎拉比仪式的教堂已经 20：20，门口挤满了人群无法看见里面，有队伍就坐在门前地上自己举行简单的祈祷仪式。虽然什么也看不见，但里面传来的歌声居然又是泰泽歌曲！在门口坐了半小时，打道回府。旁边有一个火车站，尝试着第一次坐火车 C7 转地铁 6 号线到达 Oporto。想念中餐的我去中国超市买了馄饨方便面和白菜，中午吃完牛排嗓子直冒火。坐了两站 34 路公交到门口正好碰见 Manana 一起回家，她为明天准备煎鸡肉，我煮馄饨。我们一起吃了一小罐淡菜罐头、馄饨和桃子，听音乐，很享受！因为太热，晚上洗漱睡觉时没有关窗，戴着眼罩睡觉，半夜居然下雨带来了一丝清凉。

2011-8-18（四）

今天阴天难得的凉爽一些，方济各教宗将要驾到马德里，晚上包括我的房东都要前去观礼。坐车到皇宫排队的人很多，只好到附近的教堂转悠，旁边的教堂布满警卫，也有很多红衣主教在那，等了半天不知道里面在做什么弥撒。天下起了雨，一会又艳阳高照。我拍了两个教堂，西班牙人的风格一如既往的华丽，午饭又是牛排吃完上火。饭后去了皇宫，排了一会队伍快轮到时，看门人说没有队伍的牌子不让进或者花10欧买票，只好花了冤枉钱。皇宫挺豪华但不让拍照，偷拍几张差点被轰出来。有两间中国风格的房子，花哨怪异却充满浓郁的东方风情。腰越来越疼，决定到房东说的地铁站等候，到站休息一会，发现越来越多的队伍前往广场。顺着音乐声前往，遇见一个超级大人群在大喇叭声下前往大广场。沿路常能看见中国人或举着国旗的国人，但不热情也很谨慎。大多数外国人都会打招呼，或者还会主动来询问有否需要帮助。我给房东打了电话，决定回来休息，晚上再好的活动也不参加。到了一个中国超市买了食物，回来煮方便面，和房东一起吃海鲜罐头、火腿面包和西瓜，她喜欢方便面的味道。21：00她和朋友前往Oporto广场大教堂看夜景，我在家休息。

2011-8-19（五）

昨晚休息的不错，早上能早起些，9点出门，坐地铁转火车到了那天没有看成莫扎拉比礼仪的教堂地区。出来发现不少人群聚集，仔细一看，今晚苦路的所有圣像全部摆放在整条街上，这太让人兴奋了！乘着人不多一路狂拍，苦路的最后一站在中心广场，是一个金光灿灿的圣母像。转到另外一条街上，看见一个小教堂，里面在讲要理，人很多，看得出来这是一个很漂亮的新教堂。接着又转回原路，拍了那个曾举办莫扎拉比礼仪的教堂，感觉一般。马德里几乎没有公厕，为节日设立的临时公厕也不多，而每一个都锁着门，上面贴条说为安全起见而锁门。临近中午人越来越多，路过一个小型的展览，正展出一些素描作品，柜子要付钱1欧才能上锁最后会退还，不过厕所设施干净完善，像星级宾馆。沿着标志走看见Museo很高兴，路上遇见昨天在餐馆吃饭的日本修女，她只会说日语和西语，我在她的扇子上签名。之行来到了著名的普拉多美术馆，看见大群的参会者坐在门口等待，也不知我们的参会卡能否免费。我到了旁边一个非常漂亮的教堂，一群埃及神父和教友正在举行科普特风格的弥撒，所有的曲调具备浓郁的阿拉伯风格。此时饿得不行，后腰痛得很厉害，一路走一路歇，非常头疼找餐馆，一是难找，二是人多，三是不好吃。在发愁时，一个餐馆女服务员在路边发单，因此决定不吃免费的大会餐，餐馆提供外带快餐式食品：一个三明治、水或饮料、一个大布丁、一份蔬菜。很喜欢蔬菜和布丁，一路上几乎没吃到什么蔬菜，还花了1.95欧买了一个类似热狗的面包夹肠。

恢复体力直奔美术馆，果然凭卡免费，这是世青会的福利，给参会者每天看不完的免费展览和街头演出，还有世界各国风格的宗教仪式可以观礼。美术馆不是所有区域都能看，一些特展包括戈雅的作品禁止参观。能看的是宗教作品和本馆藏品展，大多是15-17世纪的油画作品，也有教堂壁画，不少感觉是直接从教堂搬来的屏风等东西。参展的感受是西班牙人疯狂喜爱圣母玛利亚，如果把他们称为玛利亚教也觉得不过分。在纪念品区花了19.5欧买了一些纪念品，都是世界名画之类的文创周边。16:00看完赶回房东家，晚上同行的计划估计要泡汤。赶到地铁站发现关闭，又赶到另一个火车站居然也关了。有些慌张，因为不能赶回去碰见房东就很惨，她今晚要外出拜苦路通宵不回家，这是以往圣周礼仪的重大活动内容。一路狂问赶到另一个地铁，终于开放，但由于人过多已经不让进站，几乎快哭了！赶回去的时间越来越少，我问了站在路边很帅气的西班牙警察，赶到另外一个地铁站终于上车。如此找站花了一个小时，等我回来房东已经很着急，她的朋友一直在催她出门。房东说她说晚上会回来，不敢想象如果跟了任何一个组后果会怎样，现在终于明白Hanyol为什么听说我要一个人来马德里之后非常着急。38℃高温天天在外跑，黑瘦一圈得都以为我是东南亚人。

在家看电视的效果比现场好百倍，现场其实看不见也听不见，现在一见举着各色国旗穿着黄色队服的人就欲哭无泪。电视直播教宗坐着昨天白色的小车出来，车后面的敞篷大部分用玻璃封闭，教宗和两位红衣主教坐在里面。现场陷入一片疯狂，人群高声大喊Papa欢呼流泪，让人想起天安门广场大串联的场景，果然群体崇拜都是一样的。教宗在此有Superstar的感觉，而西班牙人对玛利亚的崇拜一点也不亚于中国人拜观音或其他菩萨，原有改宗的念头现已彻底打消。电视转播这样盛典仪式，只见两人举火炬导路，一群人扛着简易十字架，音乐播放泰泽的Ubi Caritas，到第一处摆放的苦路处乐队奏起一首悲怆的乐曲。前进至下一处苦路，奏乐是泰泽的另一首歌，主持人接着说了一通。队伍一路前行，奏乐代表耶稣受难的路程，每到一处十字架停留片刻。第一次听到泰泽歌曲被管弦乐队和大合唱队演出，扛十字架的队伍大约每走一处就换一批人，音乐居然全部用泰泽歌曲。走到耶稣扛十字架时，换成一批非洲人扛，音乐是一个男声 Flamenco 独唱，终于有了西班牙特色。上十字架的音乐时，乐队走出来小提主奏模仿出敲钉子的声音。耶稣圣死时的音乐是一首传统无伴奏教堂合唱，不清楚谁的作品。然后队伍停住，教宗开始讲话，人群欢呼鼓掌。之后教宗与群众应答颂唱，并划十字祝福。花车上的蜡烛都已经燃烧起来，合唱队开始唱歌。教宗走下讲台，招手向众人，主题歌曲开始奏响。教宗坐车离开，两旁的众人挥舞各国国旗欢呼相送。过了一会，点满蜡烛沉重的圣母像花车被抬起来进行游行，人们顿时欢呼起来。不多时，其他的圣像也被抬起来游行。如果在现场我也只能看到一个场景，高温下的马德里很幸运能在家里电视观看全程盛典。

（耶稣与彼拉多圣像）

2011-8-20（六）

今天周六，房东睡了一个懒觉。9：00 和叶子两口约在 Oprto 地铁站见面，他们带我去著名的古城托雷多玩。今天是温度最高的一天，39℃。8：30接到叶子的电话，大伟临时接到一个翻译，可能去不了。因为和房东约下午一起来家里吃饭，最终他们决定早上赶完稿子，11：00 前去托雷多。房东已经起床开始收拾东西，我去苏珊娜家，她要和我一起前往，妹妹也想去被制止了。去了超市买了点吃的，11：00 左右开车前往，12：15 到达，此时停车收费 1.5 欧，下午两点以后免费。托雷多是个建在山上的古城，原先是西班牙的首都，易守难攻。古城小商店很多，商品精致漂亮，买了一个 17.5 欧的陶瓷十字架。中途和苏珊在一家酒吧上厕所，店员追出来要 2 欧，真是过分！托雷多主教座堂参观收费 7 欧，没有进去只从侧面进入拐角看了一眼，只见主祭坛一片金碧辉煌绚丽豪华的镂空浮雕像，可惜不能拍照，索性买了张 0.4 欧的明信片，转到另外的一个小教堂已经关门。叶子两口买了一盒当地特产点心，作为将要参与午饭的答谢。回城去中国超市买了一瓶酱油，一包茭白和一小块猪肉。临近三点已经很饿，不过这也是西班牙人吃午饭的通常时间，晚饭他们一般九、十点才吃，中间时隔那么久西班牙人会用 Tapas（小食）解决，这样的小食店非常多，一般配餐十分丰富量也很小极具本地特色。回到家时房东已经做好一大锅著名的西班牙海鲜饭 Paella，藏红花的金灿灿颜色很诱人。苏珊娜回家吃饭，晚上她、妹妹和我们一起去参加活动。

　　房东的朋友艾娃也到了，五个人一起吃饭。我快速炒了茭白炒肉，用鸡蛋清代替的淀粉，菜咸了，但肉正好。海鲜饭很好吃，但很咸，但西班牙人口重很喜欢炒咸的茭白。饭后吃了柠檬口味的冰激凌还有叶子买的托雷多点心，聊天甚欢。现在才知道房东不叫马尼亚那（西语是明天的意思）而叫玛丽安，大家为我闹得这个笑话开心不已，因为叫明天实在太奇怪。17：00 房东的另一位朋友到了，17：30 苏珊娜和妹妹莫妮卡也到了。大家一起出门，并在门口照相合影。晚上的旅行正式开始，谁也没想到今晚会有什么情况发生。

　　一行六人走到一个地铁站，碰到无数"蝗虫"（会服是黄色为主，人又多，我起了这个外号）。出站随人流前行，听说到目的地 Curatro Viento 机场要走 40 分钟。突然看见一面中国国旗，原来这队只有两人，是在德国留学学艺术史的两个北京女生，她们跟德国团队一行。同行还有一个 70 多岁的老太太今晚也在这里参加露营，这对中国老人来说简直不可想象。如果没有这面国旗，大家很容易走丢，所以队友都说我是幸运星。走了快一个小时人越来越多，沿途很多帅哥美女的警察，呼啸的警车时不时用高压水枪喷洒人群驱散酷暑，赢得大片欢呼。还有马匹从车库里被拉出来，一片警察骑马巡逻，又酷又帅，引来人群各种口哨！走了近一个小时，来到一片很大的荒地，沿途都是人群掀起的黄土，海浪般的人群，时不时听见广播寻找走失的孩子，第一个就是一个中国男孩。临近 20：30 终于到达目的地，却被告知因为教宗很快要到，所有进场的栅栏门都被关闭。会场进不去就只能在外围，寻找能看见大屏幕的空地，人群已经如草一般盖满了黄土地，各式睡袋睡垫、帐篷、塑料布，几乎让路人无插脚之地也无通行之道。终于找到空地坐下，沿路有很多流动厕所，还有可以接水的水池，房东准备了三明治和水果做晚餐，一切都很满足。突然间，天空逐渐阴云密布，如此的高温看样子不妙，可能要下大暴雨。露天人群很多带了不少雨具，我们什么也没准备，此时狂风大作电闪雷鸣。不一会，天全部黑，暴雨倾盆而下，我和苏珊娜、莫妮卡得到了别人的一把伞，三人挤成一团，抱在一起忍受风暴。此生从未有此经历，很多人拿着地垫塑料布遮在脑袋上，还有只戴着帽子的修女直接跪在地上祈祷。大屏幕里，遮挡教宗的雨伞被吹得变形，录像和所有活动都不能进行，通知暂停片刻。房东不回去要等仪式结束，大家只能一起。这时两个华裔西班牙女孩拿着国旗朝我们过来，又有一个来自菲律宾的中国男孩前来，他和队伍走丢，东西在会场里面人已经进不去了，我跟大家说一起祷告让雨停下来。我们借了别人的睡垫让莫妮卡躺下，并为她盖上睡袋。大约十分钟后，雨渐渐止住，真是感恩！明供圣体的仪式开始，念经唱诵之后大家跪下。雨又开始下，我们拿着睡垫遮在脑袋上，不多时会场宣布仪式结束，教宗离开。我们终于也要回家了，大队人马撤离，很多原本在这里打算露宿的人群，纷纷带着行李离开会场。大家合影留念，终于来到地铁站，回到房间已经 1 点半，房东和艾娃第二天一早还要再赶过来参加闭幕式弥撒。

2011-8-21（日）

早上听见她们走的声音昏睡过去，直到被热醒。已经 10：00，打开电视正在举行闭幕式弥撒。拿着相机对电视拍了些照片，同时也打电话给苏珊，13：00 去她们家里吃饭，下午出去玩。弥撒 12：00 结束，教宗宣布下一届在巴西举办，语言障碍我什么也听不懂。13：00 买了半个西瓜来到 Susanna 阿姨家吃午饭，她准备了一大桌子菜，烧羊排、萝卜鱼丸汤、煎鳕鱼、大虾、葱油蛏子、豆芽炒牛肉丝、香菇油菜，被幸福撑得半死，王姐还一个劲地让催着吃喝。饭饱神虚正犯困着，又被逼着喝了果汁，接下来除了王姐全都卧倒睡觉。17：00 没有力气去很远的地方，就去市中心转。上了地铁，刚做几站，莫妮卡突然回去了。我和苏珊再次来到 Banco de Espana，找到上次没去的 Museo，以现代艺术为主，进去要收费，就在书店逛了逛下离开。到了附近的一个公园，用餐券买了冰激凌，公园里面有高迪圣家大教堂的几张图片展。然后决定把剩下的餐券全部用掉，做 34 路车回去时再次来到王姐家，她把中午没吃完的海鲜全部给我打包，还有一份米饭。我们到楼下的、餐厅拿了一份餐，又到附近的汉堡店拿了一份快餐，拎着四份食物，大小包地回房东家。房东把他的儿子 Haime 从爸爸那里接回来，为了和我们最后聚一聚。大家欢聚一餐，房东做好了西班牙土豆饼，还有一桌子我们带回来的美食，最有意思的吃法是哈密瓜配西班牙火腿片。房东为我跳了一段 Sevillanas 舞蹈，这是送别朋友的舞曲，共有四段，我都录下来。苏珊娜、我、玛丽安、海因美，我们很愉快，我写了中文的明信片给孩子，苏珊写了西文的翻译。时间很快过去，苏珊明天要上班与我们告别。

2011-8-22（一）欧铁前往维也纳

昨晚依旧很热，开窗很吵，关窗闷热。玛丽安 7：30 上班，我睡到 9：00，起来吃东西，她知道我不喜欢原味酸奶，为我买了水果味的，还有水果蔬菜等。今天不打算出去，在家里收拾整理东西。17：00 叶子和大伟来接我去火车站，晚上 19：00 的火车，明早 8：30 到。还要和玛雯联系，让她别忘了接我。一想到还要辗转三个未知的城市和国家，特别是维也纳之行，心里很是焦躁。这一路行程真是特别蒙保守，希望接下来的路程依然蒙福。要离开了，热情的西班牙！叶子两口把我送到火车站，他们回去了。我在车站等车，提前半小时可以登车。坐的头等女士车厢，走道极其狭窄，大一点的箱子过去都很困难。车厢内空间非常小，放行李的地方都没有，头顶有一个行李架，只能放三个箱子，但有一个简易的洗漱架。开始以为包厢没有人，隔壁来了一群红头发的法属波利尼西亚人。后来包厢里来了一个 11 岁的加拿大法国小姑娘和一个 20 岁的法国姑娘，她们都是参加世青节返回的，一夜闷热无眠。

第三部分　对中国教会音乐的反思

壹、基督教与中国传统音乐文化的关系

中国传统音乐有宫廷音乐（典制性音乐、娱乐性音乐）、宗教音乐（佛教音乐、道教音乐、民间宗教音乐）、文人音乐（古琴音乐、词调音乐）以及民间音乐（民歌、歌舞、曲艺、戏曲、器乐）等类别。基督教-西方音乐文化未曾与中国传统音乐文化发生深度和广度的交流对话与融汇，产生的与之相关音乐创作仅关联有民歌和少部分器乐音乐内容。中国近现代的新音乐文化是在西式学堂、教会学校和西洋音乐教育的大背景下发展起来的，藉此近一百年来产生的音乐家几乎无一例外或多或少与基督教文化有渊源。

职业音乐人、古琴和民间音乐这三个层面的交汇是基督教与中国传统音乐文化之关系的具体展现：西方近现代文化产生的"音乐家"概念，在中国传统文化中并不存在。历史中，中国职业音乐人是一个特殊低贱的奴隶群体，被称为乐人、乐户，尤以女性乐人突出。基督教文化直接或间接地影响了女性乐人的历史地位和传承方式，但由于文化差异和冲突无法深入更多的艺术种类，因此并未能影响到与之相关的其他门类。同时，随着传统知识分子的皈依，古琴作为文人音乐雅文化的代表，也被试图融入本土教会音乐创作中，不过这一尝试仅有 20 世纪上半叶的几位代表人物和为数稀少的作品。而基于为广大民众传福音的缘故，传统音乐中占据绝对优势地位的民间音乐被选择性地用于中国基督教音乐中，如民歌和部分器乐曲，其他如歌舞、曲艺和戏曲这些更具多样性、综合性以及复杂地方性的艺术表达则很难与基督教文化接轨。

一、基督教与女乐：职业化传承的变迁

西方音乐从教堂音乐发展而来，从中世纪身份高贵的神职人员到后来逐渐分类出来的专业音乐从业者有作曲家、乐器演奏家、音乐理论家和指挥家等，音乐在西方的职业化传承是以男性作曲家为主体的。一千多年来音乐被西方人赋予科学的精神、逻辑的缜密、神学的高度以及艺术的尊严，传入中国的基督教音乐以及西方音乐秉承了这一传统。

与之不同的是，中国音乐有着庞大而分散的传统与体系，它的历史和文化有其自身的独特性。中国历史上出现的至少千年一次的三次严重大断层，使得今天的人们很难一窥古代音乐的真相和全貌。儒家主体政治制度下产生的文化氛围，结合了民间的佛道精神是传统音乐文化中难以忽略的气质，它所彰显的雅俗贵贱之分在今天的音乐文化中仍有深刻的影响。其中，男女有别导致女性千年来的低下卑微以及良贱有分造成的女乐这一中国特有的艺术奴人，才是中国传统音乐文化中职业活态传承的主体姿态和主角人物。

中国女乐是一个忘返于大雅之堂与俗门里弄却备受歧视的特殊群体，歌舞杂技、乐器演奏、文学创作以及酒令交谈等各类才艺是女乐的基本生存技能，她们是中国传统艺术文化的弄潮儿、传播者和继承者。中国乐伎的历史相当漫长，超过三千年左右，自夏商朝代起便有规模性的女乐乐工的记载，这是专门以乐舞取悦人鬼神的职业群体。历史上女乐群体有很多称呼，伎是其中之一。

在集权的政治制度下，这个低贱的职业群体经历了早期从擅长歌舞技艺的"技"，到唐宋士林兴起与之深刻交融具有文学才情的"伎"，再到元代之后逐渐沦落为职业色相侍人的"妓"的三个变化阶段。由于她们是特定的贱民户籍身份，因此只是具备才艺的特殊奴隶，女性是没有身体自主权的，而乐籍制度直到清代雍正年间解放贱民运动中才被革除。该制度是奴隶制度的延续，乐户有男有女，其中女性在上千年历史中突出的艺术贡献，使得女乐这个群体一度成为才情的代言人，这也是良贱有分造成女子无才便是德的观念的原因之一。女乐在历史中突出性的高艺术水准阶段产生于唐宋之后，文人与女伎惺惺相惜的灵犀相通也主要得益于中国古代的知音传统。

不过古代男女有别的意识，使平民良妇只能称之贱内，女性从上至下的教育指向的人性发展方向只能面向家庭为主体的内部空间。而伎的存在填补了女性对外公共空间的发展，使得她们才情万种风流动人。但对女性的良贱

之分，也使她们终生背负贱民不得翻身的耻辱包袱，男权儒家制度下的男女之别和良贱之别都是对古代女性人性发展的极端割裂。

自基督教第四次入华以来，20世纪的中国面临的文化冲击前所未有。除古琴以外，从未被真正尊重过却也反映中国人生活和精神的音乐文化面临着一个几乎瓦解性的世界。同时，教会学校的开办、女学的兴起以及学堂公共音乐教育的普及所带来的全新社会空间，也逐渐模糊了中国传统良贱之分的女性身份界限。藉此，基督教-西学文化影响到的公共社会文化逐渐构建了全新的中国女性音乐人面貌，开始将其原有的奴性特质转变。本国国民首次见到全新地位和身份的女性音乐人，她们是一大批作为传教士与教习身份的西洋女性音乐人，如李提摩太夫人、进入傈僳族传教的阿子打和杨宓贵灵、杨荫浏的干妈-郝路义、燕京大学音乐学系教师范天祥夫人等等。同时，由于音乐几乎作为学校教育的必修课，女性音乐教育也进入了公共视野。而作为全新面貌的近现代中国知名职业女音乐家如周淑安、黄有葵、顾圣婴、喻宜萱、郑晓瑛等人的成长，无一例外都与基督教学校或基督教-西学文化有关，这是经过百年的西式教育体制发展所完全被重构的女性音乐人形象，与绵延中国数千年的女乐传统有着天堂地狱之别。

虽然直到今日，女乐卑贱低微的文化气质仍残留于国人的文化觉察中，但人们会下意识地将其与现代教育体制下的音乐艺术家有所区分，从乡村到城市、从草台班子到艺术殿堂、从大众文化到精英教育，我们仍可以看到这种凸显却又隐现的二分特性，这源头便是基督教-西方文化所带来的改变。

二、基督教与古琴：知识分子的尝试

文人音乐以古琴音乐和词调音乐为核心，古琴作为古代文人修身养性的琴棋书画四君子之首，无疑是中国传统艺术中最美好理想的代表。传统文化中大量的诗词文赋都伴随古琴的身影，它作为文人吟唱的伴奏乐器，一直是文人的必修技艺。然而文人仅将弹琴视为一种高尚悟道的精神生活方式，并未侧重于乐器本身及技术层面的深度发展。由于对音乐和乐器理解不同的中西方思维差异，古琴未发展出像钢琴、小提琴一样具有高度技巧的器物性特质，古琴音乐的发展并非职业化的创作而是闲暇时的业余之乐。琴乐文化受儒家的中和、道学的无和佛学的空三家合流于一的影响，被古人赋予了中正和平、清微淡远的独特气质。古琴对平和常性的追求以及排斥情绪化的繁手淫声，正是中国传统艺术中最本质的思想内核，其艺术风格气质与欧洲中世纪的格里高利圣咏雷同，这也使部分西方知识分子传教士和中国基督徒知识分子对古琴情有独钟，而最具代表性的西人是作为职业音乐家时任燕京大学音乐系主任的美籍范天祥牧师（Bliss Mitchell Wiant1895-1975）。

1923 年热爱中国及中国文化的美国循道宗传教士范天祥携新婚夫人来到中国，将自己的宗教信仰与音乐特长结合，帮助司徒雷登创办了燕京大学音乐系并担任系主任，并在此任教 25 年。他将西方最好的合唱和圣乐艺术引进中国，范氏和他的燕大同事为中国音乐事业的发展做出了杰出贡献。同时出于对中国文化的深切热爱，范氏将中国圣诗的本色化列为其毕生的愿望，基于他一生的贡献，他被美国圣诗会誉为"本色化中国音乐和圣诗的先锋"。范氏不仅带来了西方音乐，也为外国人宣扬中国传统文化，他先后写了《中国曲调复音处理的可能性》及《音乐在中国文化特点与功能》硕士及博士论文。出于尊重和喜爱他还收藏了一些珍贵的中国乐器，现藏于美国俄亥俄州立大学"范天祥中国艺术珍藏"，其中最珍贵的是 1744 年制成用于天坛祭天仪式上的铜钟。范氏曾随古琴家杨时百（1864-1931）学古琴，1925 年"杨时百《藏琴录》"苍龙吟"条：乙丑四月，美国音乐家范天祥君酷嗜琴音，坚托代购，因偕往厂肆。范君得康熙乙酉申奇彩制 与予所藏"仙籁"同款者。……范君约暑假后来习琴。如真能得此中韵味，使中国五千年音乐之祖流传于数万里外，亦空前未有之佳话也！"又"春秋"条：最近美国音乐家范天祥君约同好数人，携琴至协和医院音乐台上弹之，距五六丈听，吟猱转动有声，台下愈分明，盖建筑合乎传声之理，是以致此也。[1]作为职业音乐家和传教士范氏对古琴及中国传统文化的热爱是持续终生的，这也为后来《普天颂赞》的编写以及范氏与中国音乐史宗师级人物杨荫浏先生的合作打下了坚固基础。

著名的中国传统音乐理论家杨荫浏（1899-1984）也是中国第一个宗教音乐家，他在西洋音乐及基督教音乐方面的贡献学界提及较少。在中国历史上划时代的中文赞美诗集《普天颂赞》的编辑过程中，范天祥担任音乐总编辑。由于需要深谙中国音乐的专家，年轻的杨荫浏被大家一致推荐，他与刘廷芳合译、修订圣歌 210 首，其中自己单独翻译 150 首。另有独自作曲 15 首、作

---

1 杨时百《藏琴录》线装木刻本，北京 1925；转引自严晓星〈高罗佩以前古琴西徂史料概述〉，《南京艺术学院学报（音乐与表演版）》2008 年，第 1 期。

词 7 首。《普天颂赞》548 首总共曲调中，有 474 首西方的，2 首日本的。另有 72 首原创，其中 14 首是中国古代歌曲，23 首由传教士吸取中国音乐语法创作，34 首由中国人创作，所有中国旋律的和声部分由范天祥编配，杨荫浏也曾创作了一些中国曲调的圣歌。20 世纪 80 年代，中国基督教圣诗委员会聘请杨荫浏为顾问指导修订《赞美诗新编》，该书是在《普天颂赞》的基础上重新进行编订，这也是建国以来中国最重要的赞美诗集，其中也收录有杨先生作词作曲的几首赞美诗。音调方面，杨荫浏特别指出有 5 首的"来源比较古一点的，"第 414 首"古琴调《阳关三叠》，相传唐代诗家王维的作品"；第 13 首第 1 调"古琴调《极乐吟》，相传唐代诗家白乐天的作品"；第 350 首《满江红》、第 56 首《如梦令》是词调；第 30 首"是仄起吟诗的调子"。新编赞美诗中也有一首由精通中西音乐的陈泽民先生用古琴曲《平沙落雁》改编的《神功妙笔歌》，这些已成为经典。今日基于古琴音乐的没落和对传统艺术理解的匮乏，尚无人对古琴和基督教音乐再做这一尝试。

三、基督教与民间音乐：选择性的摘取

基督教音乐创作选用民众耳熟能详的曲调是历史中常用而简易的方法，本土音乐被运用最多的民歌是《老八板》、《紫竹调》、《孟姜女》等。1931 年范天祥与赵紫宸合作编译出版的《民众圣歌集》是这一手法发展的代表佳作，所有中国民间曲调由范氏编配选曲并配置和声，应是中国民歌与西洋作曲法编配的最早尝试。据范天祥在他的序里说："本集所收的调，皆系中国旧调，未经丝毫的修改的。这些调子或出于顾子仁博士的《民间音乐》，或出于王女士的《小白菜》或出于胡杜两牧师所采集的民歌。我们但取调子，自配四声……佛教音乐亦收一二。集中所有民歌，皆系国内所流行的调子，或全国流行的，或一隅流行的。"《普天颂赞》选取了《民众圣歌集》中的 9 首圣歌。后来，范氏将这些以中国民歌曲调填词的圣诗选编出版《宝塔》一书以及在纽约出版《中国乐歌》。

在今日，欧美传统赞美诗仍是中国赞美诗最主要的组成部分。自行编创只占中国赞美诗组成的小部分，可分为包括民间曲调填词类、民间曲调改编类、自行创作西方风格类、自行创作中国风格类等。这些虽非主流，但更贴近普通信徒的音乐心理和情感，由于中国音乐旋法和西式音乐的风格差异以及文化上的障碍，使民众更倾向于熟悉的音乐风格，藉此贴近歌词所叙述的

内容以唱出福音的信息或更能沉浸于圣经文本之中，当代的诗歌本《迦南诗选》的流行便是例证。

除了民歌，本地乐器和部分器乐曲也是本土基督教音乐选择的对象。一些来华传教士留下的书信中描述了明清时期教堂仪式和乐器的使用，而使用中国乐器的明确记载，最早可见法籍耶稣会士杜德美（P. Pierre Jartoux, 1668-1721）的描述。近代中国，在弥撒仪式过程中演奏"中乐"、"民乐"、"八音会/音乐会"folk wind and percussion music）等，是近代中式弥撒的一大特色，这并非助兴行为，而是与弥撒仪式配套的音乐礼仪规程。乐队的吹奏内容代替所念的经文俗称"吹经"，如诵念玫瑰经中天主经和圣母经的部分由乐队代替。这种天主教堂乐队的演奏方式逐渐失传，在今天的中国北方多省还可以见到，以山西和陕西两省为代表，其中又以太原、忻州、晋中、榆次、祁县等周边地市流传最广。太原天主教区"音乐会"的编制俗称武家具和文家具，为吹奏、拉弦、弹拨和打击四类乐器，有笛子、管子、笙、板胡、革胡、低胡、二胡、中阮、三弦、琵琶、云锣、镲、大鼓、拍板等，如今乐队通用简谱，50 岁以上的信徒还能唱奏工尺谱（Gongche notation）。陕西关中地区天主教"音乐会"（当地称"天乐会"）也有文武班之分，使用乐器有云锣、铙、锣、边鼓、板鼓、大铜鼓等，还有年轻人加入的铜管、木管、手风琴等乐器。用于教会的"音乐会"主要把如《得胜令》、《豆叶黄》等传统曲牌按风格类型直接改成宗教曲名用于教会不同的仪式中，手法及音乐上并无新创。

民间传统的"八音会/音乐会"主要用于婚丧嫁娶、红白喜事的人生礼仪，吹鼓手等音乐艺人属于男性乐户，与女乐一样处于卑微的地位，他们所代表的俗文化千年来深入人心，其音乐音响所表达的生死文化与西方价值观截然不同，更与西方教堂礼仪的神圣性毫无关联。因此，近代弥撒仪式中在祈祷念经的部分谨慎选取"音乐会"的曲目与之结合，更多是传统情感在西方宗教文化中的过渡和嫁接。久而久之，这种极具特色的文化逐渐被淘汰，在当代中国天主教的弥撒仪式中很难见到，教内人士对此多秉持"吵闹庸俗"的态度，反对在教堂内演奏。但在教堂外的仪式中，如朝圣、圣像仪式游行、瞻礼庆典等可以结合更多民俗的活动中，仍能见到这种传统"音乐会"的身影，不过已是老年人的专利，这种游离圣俗之间热闹而包容俗文化的仪式活动为其保留了生存空间。游走在西方神圣礼仪边缘的民间音乐会，本质上从未融入其中，虽然没有被完全排挤，但正如现今中国的乡土文化一样，随着传统文化价值观的解构重组正逐渐淡化乃至消失。

四、冲突、张力与补足

基督教-西方音乐入华的历程，实际是从音响、音色、结构、美学到观念为传统音乐展示了一个全新的文化思维模式。国人对其态度经历了最初明末清初时期的礼貌拒绝，到 19 世纪下半叶的快速被动接受，再到 20 世纪初主动全面接纳并改造和放弃传统的三个阶段。由于二者相遇处于并不对等的对话地位，发展极度不均衡，因此这个问题一直延续至今。其中也凸显基督教与中国传统文化的冲突与张力，近一百多年的巨变使国人的听觉系统和审美意识发生了彻底改变。从社会到教会普遍对本国的传统音乐缺乏全面了解，从学校音乐教育制度的定型造成长期西方音响体系的熏陶已逐渐组建了国人从心理到生理上无意识的西方音乐思维的现代构建。在社会及大众音乐之外，本土基督教音乐的发展除 21 世纪上半叶集全国之力合力出版《普天颂赞》为代表的赞美诗力作外，今日基督教与中国音乐文化的深度融合似乎还不如 20 世纪初的状况。

历史上，死去的纯理论架构的宫廷音乐、失去生命力的文人音乐、与俗人无关的宗教音乐以及庞大散落在各地自成系统的民间音乐，使中国音乐从未出现具有全国代表性的特色体系，也没有从上至下或反之可以链接一体的音乐思维。随着国家君主制度的崩塌，上雅下俗文化链接支柱的坍塌，与死掉的儒家一体的传统音乐雅文化的残余在基督教以及基督教-西学文化的大环境影响下彻底消失，活下来的是生生不息处于自生自灭状态的民间音乐俗文化。

从音乐的角度而言，国人认识的基督教展示就是欧美精英文化的代表，这在中国音乐传统以及中国基督教音乐的传统中产生了无法整合的裂痕。基督教-西方音乐文化的强大体系迅速替代中国传统音乐中雅文化破碎后的位置，在当代逐渐成为高雅音乐的全民代名词，同时民间音乐俗文化似乎也正在当今大趋势下不惜一切地"雅"起来。两者之间出现的真空状态自 20 世纪 30 年代开始出现苗头，直到 20 世纪 80 年代之后发生了凸显性变化：一种近现代的新的大众流行音乐文化潮流在整个中国社会，并也逐渐在教会里成为精神文化上下贯通的纽带。面对当代城市西方古典音乐的大幅倾斜与农村固守乡土音乐愈发割裂的局面，新的大众流行音乐文化逐渐成为弥补空间的水泥，这种状况在当代中国的基督教会里同样突出。

回顾近现代历史，基督教-西方音乐文化带来了迄今为止仍被国人认为是科学象征的艺术，其优点和优势不言而喻。但其不足之处在今日愈发凸显，当代中国的传统音乐教育是完全基于西方教育概念下的附加品，它割裂了与中国传统文化的土壤。再看基督教与中国传统音乐文化的关系，似乎只有回到《圣经》之中才能找到一些方法和依据来面对现实问题。

在圣经中，音乐被用于疗愈、欢庆、赞美、祈祷和庆典等。旧约时代充满了以音乐、诗歌和乐器来敬拜赞美上帝的例子，所记述的音乐活动不仅限于宗教礼仪，娱乐、劳动、爱情、哀歌、战争和凯旋等非宗教礼仪类音乐活动也有记述。到了新约时期，具体的音乐活动很难在经文中看到，话语的教导成为重点：使徒保罗劝导信徒要用诗章、颂词、灵歌来赞美歌颂上帝。圣经中的音乐线索展示以色列民族采用处境化的音乐模式，充满了东西多元民族文化的烙印，既有本民族的艺术风格也有其他民族的文化影响，不过一些元素已被重新诠释，同时随着时代的变化，崇拜音乐的风格和审美也在不断更新。

在历史原因和大环境的影响下，当代中国传统音乐的严重断层越来越受到重视，本国的西方音乐发展一如既往的赶超国际，同时基督教与中国音乐文化结合的产物——中国基督教音乐的发展实际是脱离社会大环境的，也呈现单一和保守性。对于中国传统音乐文化，各教会、差会、传教士和信徒秉持不同的态度，支持者甚少。基督教文化对大部分中国人而言也是欧美文化，基督教音乐仅是古典教堂音乐。这使得中国基督徒既不了解也不太愿意了解自己的音乐传统，同时也仅是只言片语地吸收西方基督教的音乐文化，更无法对话于不同文化不同宗教背景的族群。

中国基督徒接受来自欧美的古典音乐和流行文化，相对排斥本国的音乐文化，不了解世界群体的声音。而中国教会的音乐发展正如同中国本土的神学一样，需要在这个零碎、狭窄和片面的根基上面对万千选择、问题诸多的强大外来文化体系。而开拓眼界并全面快速地完善自身，成为中国教会音乐发展的首要任务。目前，基于中国基督教的音乐教育无法与社会音乐教育接轨的社会原因，只能依赖成为基督徒的专业音乐人、音乐家、音乐教育者和音乐学者的零散耕耘，其影响力虽小，但仍是星星之火，这样的土壤培育需要数代人的努力。

贰、"神圣"或"表演"？——全球化背景下的中国当代基督教音乐

当代基督教音乐作为一个 1960 年代发展起来的专有音乐名词，其范畴是当代欧美流行音乐文化与基督教话语的碰撞和融合，虽然是宗教语境的呈现，却是欧美，特别是美国流行音乐文化的一杆特色旗帜。这类音乐的风格与系统对全球基督教音乐的影响至深，不分欧美、中韩、卢旺达、波利尼西亚或秘鲁，正如流行音乐对全球音乐文化飓风般的席卷一样。中国基督教音乐在传入两百多年的时间内，快速完成了本地化的转化过程后，在当代社会中越来越凸显出全球化的趋势，从海外到大陆，从乡村到城市，从少数民族到汉族无一例外。这种音乐不再是传统意义上的"圣乐"，宗教敬拜的神圣性和艺术风格的表演化之间的矛盾愈发突出，宗教音乐是要"神圣"还是要"表演"？这已是基督教音乐争论不休的话题。毫无疑问，紧跟流行脚步的音乐是吸引年轻人的法宝，但问题是，宗教文化的内涵也在这个世俗化的领域内一步步失去阵地，这无疑是把双刃剑。

一、当代基督教音乐

什么是当代基督教音乐？维基百科中文词条："Contemporary Christian Music，缩写 CCM，又称当代福音音乐、现代基督教音乐、现代福音音乐、流行基督教音乐和流行福音音乐，中性名字为励志音乐。是一种音乐形式，歌词重点在于抒发个人对于基督教信仰的情感…当代基督教音乐一词源起于 1960 年代晚期耶稣复兴运动布道会的流行音乐和福音音乐…与传统福音音乐

和南方福音音乐不同，当代基督教音乐是起源于摇滚乐。"[1]

CCM 当代基督教音乐，是一种源自美国、与大众流行音乐文化紧密结合的基督教音乐文化，而美国基督教音乐的历史与这个国家的历史同样长短。众所周知，1620 年，一百多位来自欧洲逃离宗教迫害的清教徒乘坐五月花号到达今天的美国普利茅斯定居，这是北美新大陆在新英格兰地区的第一个殖民地。欧洲人带来了基督教的各种派系和斗争，也因此造就了美国基督教音乐文化发展的多样性。

美国音乐的先声，就是这些早期欧洲移民带来的欧洲基督教赞美诗音乐。由于移民大多数文化水平很低，源自 17 世纪中叶英国清教徒的"领唱法"[2]，就成为最初学习圣歌的主要方法，这种习俗今天仍可以在北美洲南部的很多小型浸信会教堂中听到。而在今日中国，几乎每一所基督教堂都还在使用这一简单的唱法。18 世纪 20 年代兴起的 Singing School 唱歌学校，是专门为提高信徒唱歌水平建立的乡村音乐学校，它掀起了美国长达一个半世纪的音乐普及运动，也造就了第一代美国本土音乐家。而来自北欧敬虔派德语系的摩拉维亚教徒，则为新大陆带来了专业的欧洲古典音乐文化。

19 世纪上半叶，随着第二次福音大觉醒运动带来的宗教复兴，风靡美国南部的野营布道会，这种新型的布道方式带来了新型宗教圣歌（特别是灵歌）的持续扩大和流行。接下来，Sunday School 主日学运动、基督教青年会和其他组织的影响在全国范围内日益扩大。专业作曲家开始创作大量的流行全国的福音圣歌，在这些基础上形成的白人福音音乐伴随着宣扬基督教的热忱在各种公开场所唱响，并逐渐影响了所有的英语国家。就这样，"白人福音音乐以流传在南方山区的乡村音乐和欧洲移民带来的民歌为基础，并结合宗教传播福音的过程中发展起来。"[3]

黑人福音音乐的根源更为久远和独特，可追溯至黑人的非洲文化之根以及他们被贩卖为奴的经历。与白人福音音乐一样，野营布道会是黑人圣歌得以发展的重要基础。但不同的是，"黑人们使圣歌自成一格：旷野中呐喊的

---

1 维基百科@zh.wikipedia.org
2 领唱朗诵（并经常歌唱）圣歌诗句的每一行，随后会众可以跟着唱。宗教的领导者缺乏音乐技能：牧师没有受过音乐训练，很可能所有的教士也没有。其结果就是所谓的"领唱法"。参安德鲁·威尔逊-迪克森《基督教音乐之旅》，上海，上海人民美术出版社，2002 年，第 100 页。
3 王珉《美国音乐史》，上海，上海音乐出版社，2005 年，第 115 页。

唱法以及非裔独有的音乐热情。"[4]19世纪下半叶黑人民间教会Folk Church形成，他们的教堂演唱风格泼辣粗犷别具一格。20世纪20年代，各种黑人社区和团体在城市形成，黑人灵歌和福音音乐组合的演唱团体层出不穷。芝加哥成为现代黑人福音音乐的发源地，出现了托马斯·多尔西这样的黑人福音音乐歌手和作曲家，他将世俗音乐布鲁斯的风格融入宗教圣歌中，为黑人灵歌带来了震撼性的提升和改变。而随着经济发展和工业的崛起，福音音乐开始通过唱片和电台进行传播。20世纪下半叶，教堂传统的福音音乐和世俗风格的福音音乐逐渐分流，为迎合市场需求和大众口味，福音音乐的宗教与娱乐演唱风格逐渐融合，这桩大买卖使无论白人还是黑人福音音乐都逐渐并彻底地走向商业化，CCM当代基督教音乐就是在这个基础上发展出来的。

"共有四个因素造成世俗福音音乐在社会上得以流行。第一，福音音乐歌手顺应社会发展，他们自己从在教堂演唱的圈子里走了出来，融入大众世俗音乐的表演行列，他们在夜总会演唱，同唱片公司签约录制大众喜爱的福音歌曲…第二，世俗福音音乐的歌唱表达仍然具有浓烈的感情色彩，但不管是欢畅的抒发还是激昂的宣泄，它的歌词都尽量避免流露出与宗教含义直接相联的比如"主"、"耶稣"等词句…第三，福音歌曲同其他流行歌曲在歌词和演唱风格上互相借鉴和融合…第四，世俗福音音乐的乐队伴奏更加倾向音量宏大、规模富有气势，以显示现代舞台演唱演奏的音乐效果…福音音乐在社会变革的许多政治风潮中都发挥着重要作用。"[5]

当代基督教音乐CCM兴起于1960年代青年运动的挑战，这是美国文化世俗化进程加剧进入金钱享乐主义的时期。为了对年青一代进一步加深了解，"以葛培理为代表的新福音派领袖们大胆接纳了混合着60年代反主流文化风格与美国传统福音主义的"耶稣运动"，作为他们新的同盟者。"[6]毒品、性和物质享乐并不能带来心灵满足，而瘾君子的浪子回头则带起了年轻人新一轮回归基督信仰的浪潮。但是源于摇滚乐的CCM，将有宗教信仰需求的群体带入了一个更具争议性的领域。从宗教层面而言，摇滚乐常与性罪行、叛乱、毒品和酒精有关，这种特殊的文化背景不仅与基督教伦理相悖，更被保

4　安德鲁·威尔逊-迪克森《基督教音乐之旅》，上海，上海人民美术出版社，2002年，第192页。

5　王珉《美国音乐史》，上海，上海音乐出版社，2005年，第141-142页。

6　邹穗〈新福音派与20世纪美国基督教复兴运动〉，《中国政法大学学报》，2008年第5期，第91-98、162页。

守派人士视为邪恶。因此对 CCM 来说，更严重的是歌词的带来一系列文化空虚、无界限甚至混乱的问题，而旋律和音乐风格则并不是太大的障碍。从社会发展层面而言，随着美国音乐市场激烈的商业化竞争，当代基督教音乐紧随其后的行为，常常出现力不从心的局面。音乐人的创作基于传统神学基础的缺乏和信仰更新的滞后，歌曲的创新缓慢，也无力推进作品有更高度的艺术和宗教灵性水准。即便如此，CCM 在美国音乐市场仍受欢迎，它比纯粹的世俗音乐有更清晰明确的心灵指引。

如今，福音歌手和当代基督教音乐是美国流行音乐文化中十分重要的组成部分，被大众各阶层广泛接受。这种高度的宗教与世俗文化的融合，在所有基督教文化背景的国家里是独一无二的，它也伴随着美国文化的全球化浪潮而具有深远的影响力。

CCM 与美国世俗社会文化接轨的一个典型例证，便是格莱美音乐奖和圣鸽奖。美国音乐界权威奖项之一格莱美奖，经过几次调整至 2018 年共分有 30 个奖项，其中一项即为福音/当代基督教音乐类，包含最佳福音演出、最佳福音歌曲、最佳福音组合、最佳灵魂乐演出、最佳福音男女歌手、最佳流行/当代福音专辑、最佳摇滚福音专辑、最佳当代节奏布鲁斯福音专辑、最佳南方&乡村或蓝草福音专辑、最佳灵感演出等 22 个细分类别。

美国基督教音乐的另外一个重要奖项 GMA Dove Awards（Gospel Music Association Dove Awards，一般直接称 Dove Awards，译为或圣鸽奖。于美国福音音乐协会（Gospel Music Association）1969 年颁发，这是福音音乐界上最高荣誉的奖项之一。圣鸽奖的分类更为细化和复杂，如 2009 年的颁奖分为一般、歌曲、专辑和其他四大类，总计 42 个细分奖项。

由著名新古典音乐组合"神秘园"的罗尔夫·勒夫兰作曲，布伦登·格雷厄姆作词的《you raise me up》（你鼓舞了我）曾获得第 36 届圣鸽奖"年度之歌"提名。该曲至少被翻唱 125 次之多，成为迄今为止最成功的挪威原创歌曲之一，在基督教及流行音乐界极为流行。此曲收录于神秘园 2002 年专辑《红月》中，2003 年由葛莱美奖最佳流行男歌手翻唱该曲获得广泛流传，2009 年诺贝尔和平奖音乐会上该曲被西城男孩组合翻唱。此曲的歌词并没有明确的宗教用语，甚至一个有关基督教信仰的字眼都没有，这种承载宗教情怀和泛宗教意义的歌曲写作在当代基督教音乐中比比皆是。

在网络和媒体时代的世界，今天广义上的基督教音乐即便是宗教或泛宗教领域的表达，其意义和影响力也远远超过了艺术客体本身。基于美国强烈的宗教文化背景，在美的基督徒艺人作为社会群体一份子，其多重身份也使得他们的社会活动和音乐作品游走在社会、政治、世俗和宗教之间。

二、中国当代的基督教音乐

基督教从传入时期直到当代，保守派或福音派占据着中国教会的主导神学思想位置，因此在教会中全盘保留传统文化的态度较为罕见。而福音派教会传统有关教会音乐的应用原则是："（1）福音派基督徒的传统是西方式，而不是东方式的…所以崇拜的仪式（包括音乐在内）应偏重理性，而不是神秘性…（2）…崇拜中会众唱的诗歌，要选择简单、易唱，即使没有受过音乐和神学训练的人，也能学会的诗歌……（6）崇拜聚会及传福音的音乐，应该传达一些与个人得救有关的教导与真理……（9）…选择诗歌时，要考虑音乐技巧和曲式是否能够配合当地教会，以及普世教会传福音、教导和牧养的需要。（10）教会音乐主要是用在崇拜聚会…自由派教会的牧师和音乐同工，无一定的规范可以依循…"[7]

20世纪80年代以后宗教政策落实，全国各地教堂开放，部分教会的教产被归还，基督教开始复苏，自此真正进入了本土化时期，曾经的西方文化特质逐渐消匿或转型。基督教在内地，首先是汉族乡村教会的快速发展，以河南省为典型代表。步入20世纪90年代，随着沿海经济区的发展，温州地区基督教的迅速繁荣成为人们关注的对象，而各大城市教会也进入人数持续增长的状态。到了21世纪，旅游业的复兴使人们陆续关注偏远山区，各地政府也主打本地特色文化品牌，沉寂并延续了百年的少数民族基督教文化逐渐被世人所知。

在汉族城市地区，教堂依旧承袭西方传统宗教音乐，较突出的变化是流行音乐元素的大幅增加。在汉族乡村地区中，西方音乐常被人们改造成彻头彻尾的风味小品，如华北地区的信徒将圣诞名曲《平安夜》唱成纯粹的民间小调，或将经典的赞美诗曲调填上与福音内容相关的乡村民谣等，而《迦南诗歌》的盛行无疑是本国乡土文化的迫切心声表达。在少数民族教会中，存

7　[美]赫士德、谢林芳兰译《当代圣乐与崇拜》，台北，校园书房出版社，2002年，第58-60页。

在着中西音乐文化融合的鲜明特征，典型代表如傈僳族和大花苗用本土唱法演绎四部混声合唱的西方赞美诗等。

不过，这些特色并不是中国基督教音乐的主流，20 世纪 80 年代编纂的《赞美诗（新编）》仍是内地基督教堂的首选和主要歌本，但随着信教人群爆炸式增长，这已完全无法满足人们的需求。虽然各教会都陆续自行编纂内部歌本，但内容仍以西方古典音乐为主，中国基督徒迫切需要一种自己的音乐语言，但本土的原创作品少得可怜。从 20 世纪 90 年代开始，吕晓敏自编自创口头民谣式的《迦南诗选》从河南农村教会慢慢流传至一线城市乃至风靡海外华人教会，这是当代中国基督教音乐语言的一个典型代表。截止 2011 年，该歌本已经出版有一千多首歌曲，很多地方教会尤其是农村教会非此歌本不用，再加上经过华人音乐名家黄安伦的专业选编和其他专业音乐家的推广，这些乐曲被城市及海外华人教会接受。不过，这些歌曲并不完全符合当代城市年轻基督徒的情感诉求。同时随着城乡一体化进程的加剧，乡土文化的印痕也在乡村年轻人的身上越来越淡，他们都需要一种新的文化语言。

21 世纪初，从北京、广州、上海等一线城市开始，一些单张的纸质歌篇迅速在各教会流传起来。这些歌篇是来自海外华人教会的现代流行风格的赞美歌曲，旋律优美歌词通俗，清新又令人耳目一新。国内教会逐渐知道了一些知名的海外华人基督教音乐事工团体，如"赞美之泉"、"泥土音乐事工"等。这些团体多是在美华人在美国成立并在美国注册的音乐事工，成员大多是第二、三代的台湾留美华人，他们创作的歌曲基本借鉴美国流行音乐风格，即在 CCM 大背景下产生的敬拜赞美音乐风格。这种源于灵恩复兴运动的音乐其实有更深远的基督教文化背景，在 20 世纪 60 年代之后风靡全美，并迅速在全球的教堂中占据一席之地，深刻影响着现代的宗教礼仪和音乐的风格，甚至影响到了天主教会。

敬拜赞美这类风格的歌曲，与传统四声部赞美诗分节歌的多段诗歌不同，其歌词简洁并且多次反复，信息简单明确很容易表达情感。其与世俗音乐关联的，是采用电声乐队的伴奏形式，以及拍手的节奏。在全球化、流行化和世俗化的当今社会，人们似乎更需要一种简单便捷和直接的音乐语言风格以表达强烈的主观情感，这也是敬拜赞美风靡全球教会的原因之一。"当今世界是一个过去从未有过的世界，是一个比以往任何时候都更加难以描述的世界。共同的知识会减少各个地方的特殊性，并且会缩小在种族、宗教和政治方面的差异……"[8]

在这种背景下，"赞美之泉"、"泥土音乐事工"等海外基督教音乐团体创作的歌曲，其现代音乐风格以及现代汉语的歌词内容，简约却又充满情感，非常贴合城市年轻人的心声。这些音乐创作团体主要是台湾地区美国华人移民文化的产物，可以说在情感诉求和宗教需求上，台湾接轨的世界则要广泛和宽松的多，而这类音乐团体并不是美国本土 CCM 文化下的直接市场音乐产物，因此是准确回应和表达了新一代年轻华人的需求，其实也是城市困惑中的青年心声。当这些音乐逐渐流传到内地，即刻与年轻一代的基督徒一拍即合。虽然中国内地教会仍秉持一成不变地演唱两百年前欧美赞美诗和古典音乐的传统，但这股青春流行的潮流无论如何也不可抵挡，同时敬拜赞美的音乐之风随着媒体网络时代的发展和交流的便利，也从中国的一线城市教会迅速影响到乡村以及少数民族地区。

随着敬拜赞美在中国内地的流行，伴随而来的大中小型音乐布道会、演唱会、敬拜赞美会以及青年团契等在全国基督教界风靡。无论是否信教，只要接触基督教，年轻人就有可能以一种全新的方式接触这种源自西方的文化，只不过这种音乐表达已经完全现代化和华化了，这也促生了内地青年一代基督徒音乐艺人创作的意愿，在网络上也可以看到越来越多的本土原创基督教流行音乐作品，虽然良莠不齐，但青年人原创的意愿已愈发强烈。而在整个华语地区，知名的基督徒艺人及其创作的作品全民流行并不少见，如周杰伦、蔡琴、张惠妹、张信哲、蔡少芬、邓萃雯、陶喆等；又例如王菲演唱的《我愿意》这首歌曲的作者黄国伦自称此曲是献给上帝的礼物，而当年在内地红极一时创作歌曲《小芳》、《一封家书》的作者舒方，自 2005 年信基督教之后开始多次在内地参与音乐布道会，并出版新风格关于信仰心声的专辑《心底的温柔》。这些文化现象都与 CCM 的景象如出一辙，这也是美国文化、美国流行音乐文化、美国当代基督教以及音乐文化的全球化泛化的影响例证。

8　[美]保罗·韦斯/冯·O·沃格特，何其敏、金仲译《宗教与艺术》，成都，四川人民出版社，1999 年，第 84-85 页。

9 曲谱来源: http://www.231122.com/zmzq/39633.html

三、"神圣"或"表演"？

无论是 CCM，还是中国的当代基督教音乐，甚至在整个基督宗教音乐的历史长河中，其发展始终面临一个问题：音乐是为了表达宗教的神圣还是激发个人的表演？基督宗教的唯一文本《圣经》中记录的仪式有五大模式：旧约的摩西会幕式、旧约的所罗门圣殿式、旧约的大卫王自由式、跨越新旧约的犹太会堂式，以及新约模式（包含家庭教会、整体生命崇拜以及早期教会礼仪的三类风格）。

这五大模式如果按风格而言，即是庄严性的和自由自发性的两类。只有大卫王的模式是后者，其余皆为庄严性的仪式传统。如果按空间而言，也只有大卫王的模式是户外的、没有固定场所的，其余的全部是在圣殿、圣所或在一个房屋内。对受造物而言，感受无限的上帝在一个有限的空间内展示神圣性，这历来也是基督宗教建筑及空间神学所需面对的。

那么，一切表达是要敬畏战兢的神圣还是要合人心意的安抚？上帝的神圣性与临在性的二重平衡从来是基督宗教神学意图表达的。如果按表演形式而言，音乐在整个基督宗教仪式历史中的展现也分为两类：集体颂唱（合唱队）以及个人/小团体表演（重唱及现代流行乐队组合）。按照沃格特的观点，集体颂唱的合唱队专业性可能略差，但在外观和演唱风格上都更为虔敬；而个人或小团体表演也许可以创造优秀的音乐，却不利于虔诚的感情……它常是孤立的，尽管本身有价值，但与活动中的整体情绪却没有直接的联系。[10]

"从历史上看，有三种吸引感官的基本形式-以物质性的象征物或活动把真理形体化；通过信经来体现；唤醒本能激情。"[11]基督宗教仪式与音乐的历史经历了这三个阶段：以物质性的象征物或活动把真理形体化是祭祀仪式，是古礼仪教会天主教和东正教的传统；通过信经来体现，是宗教改革的基督教在理性上学习认识上帝和真理；而从 18 世纪中期北美福音大觉醒运动到当代，教会正一步步被唤醒本能的激情。这些吸引感官的基本形式，特别是最后一种，使西方传统的基督宗教（包括天主教和中国基督教在内，不包括东正教）正前所未有地经历强烈抒发主观个人情感的震荡。

---

10 [美]保罗·韦斯/冯·O·沃格特，何其敏、金仲译《宗教与艺术》，成都，四川人民出版社，1999 年，第 253-254 页。

11 [美]保罗·韦斯/冯·O·沃格特，何其敏、金仲译《宗教与艺术》，成都，四川人民出版社，1999 年，第 128 页。

"正如美国著名神学家尼布尔说的那样，美国是世界上最世俗的国家，也是宗教性最强的国家。"[12]美国的 CCM 当代基督教音乐即是一个非常典型的文化代表，它虽然将世俗和宗教文化达到了一定的融合度和平衡度，其危险也正是世俗文化在逐渐消融基督教的文化精神。CCM 从教堂走向了音乐厅、演唱会、网络及多媒体等商业市场，这种空间的变化转变了宗教表达的情感需求重心。音乐诉求的对象不再是神圣空间里面对祭坛、讲道台和渴求心灵成长的信徒群，而是面对更加宽泛的、复杂的和隐秘的社会空间及群体。音乐在表面上最快速度地跟上了这种变化潮流，但神学、讲道、宗教灵性、艺术以及其他方面还没有跟上步伐，CCM 虽一定程度满足了音乐市场的需求，但远没有解决人们的宗教需求和心灵问题。

而当代基督教音乐的现代化和流行化，除了歌词引发的很多神学问题外，也带来了高度个人化的表演性。这种现代流行乐风带来的个人或小团体的宗教音乐表演与圣经中仪式传统的唯一自由模式-大卫王的崇拜不同，后者是一种自发的、狂喜的、迷幻的、甚至无意识的、不可自控的情感表达，是一种完全献身于终极的无我状态。而前者在现代流行音乐煽情的、高度技巧的音乐风格之下，演唱者强烈的个人主义情感带动更容易使听者面对自己而不是终极对象，因此个人表演者便需十分小心。由此不可避免带来的个人崇拜，正触犯了圣经十诫中不可制造与崇拜偶像的第二条诫命，当代神学对这个偶像的解释包括无形和有形的，这才是基督教界所担忧的。一旦进入实体的偶像崇拜，宗教极易发展成异端或邪教，而无形的偶像例如金钱等更令人担忧。因此，在音乐表达层面，教会在历史中一直在小心翼翼地看守着艺术性与宗教性、世俗性和神圣性的平衡。另一方面，个人或小团体的音乐无论优异与否，都无法替代宗教传统里的集体颂唱，并且它也极易破坏仪式的整体感。而当代流行和世俗音乐文化无处不在的渗入和同化，使得古老的神圣传统和当代的流行风之间曾经悠远的界限越来越淡化，在天主教会里也不例外。

当代流行乐风的宗教音乐如果能表达神圣性，是否就可以解决这个矛盾呢？按德国神学家、宗教史家和宗教现象学哲学家鲁道夫·奥托的观点，宗教的"神圣"是由理性的与伦理（道德）作经线、非理性的神秘感作为纬线而织成的东西。作为今天的人而言，对宗教"神圣"的表达更多是理性的、或道德伦理层面的神圣性，而不是令人有神秘感、不可接近性或不可抗拒性

---

12 刘澎《当代美国宗教》，北京，社会科学文献出版社，2001 年，第 2 页。

的非理性层面的"神圣"，这个层面非常难以触及，但"任何一种宗教的真正核心处都活跃着这种东西，没有这种东西，宗教就不再成其为宗教"。[13]艺术表达神圣性的直接方式，在西方传统里只有黑暗 darkness 和静默 silence 两种。即使最完美的宗教音乐，也是配合在宗教祭礼最神圣最神秘的一瞬间沉入静默而表达神圣，奥托在论述中便以巴赫的《b 小调弥撒》"信经"这段来验证。

当代流行乐风的宗教歌曲无论从歌词、歌曲写作和编配来说，都难以竭尽所能表达这种神秘，流行配器的强力节奏性、通俗性以及音响空间的过度填塞感，使听者很难拓展艺术上的想象空间。这种文化背景下的强烈个人表演性与大卫王撕裂外衣赤裸身体完全没有王的尊严、对上帝狂迷般的崇拜不一样，这更像是一种强有力的宗教速食文化，如同美国的快餐文化一样，这也反映了当今的宗教思想，"由于过分强调人和人格，我们便可能对神之超越性和超越的人格性盲无所见，对宗教来说，放弃此种超越性将是它的真正损失。"[14]

毫无疑问，紧跟流行脚步的音乐是基督教吸引年轻人的法宝，也是安抚现代人心声的一剂良药。但问题是，宗教文化的神圣内涵也在这个世俗化的领域内一步步失去阵地，这无疑是把双刃剑，一旦进入更深、更高和更广层面的需求时，它的弊端也一览无遗。

---

13 [德]鲁道夫·奥托，成穷、周邦宪译《论"神圣"》，成都，四川人民出版社，2003年，第 3 页。

14 [德]鲁道夫·奥托，成穷、周邦宪译《论"神圣"》，成都，四川人民出版社，2003年，第 10-11 页。

叁、对音乐工作者的圣经反思

创世纪 4: 19-21 拉麦娶了两个妻，一个名叫亚大，一个名叫洗拉。亚大生雅八，雅八就是住帐棚、牧养牲畜之人的祖师。雅八的兄弟名叫犹八，他是一切弹琴吹箫之人的祖师。

拉麦（夫）	
亚 大（妻）	洗 拉（妻）
雅八（儿）	该隐（儿）
犹八（儿）	拿玛（儿）

拉麦是人类始祖族谱的第七代，其妻亚大生了两个儿子，一个是技艺科技的祖师雅八，一个是音乐艺术的祖师犹八。圣经中关于音乐的起源仅此一句，没有更多的说明。相比长子雅八带来实际生活的满足和改善，次子犹八的弹琴吹箫有什么用呢？为什么关于人类文化繁复多样的各种门类起源，圣经中只提到了这两种？有什么引申的意义？是否可以理解为技艺为物质生活服务，音乐为精神生活服务，而两者是人类文化的代表者？如果是这样的话，音乐在圣经中的地位呼之欲出，上帝看重手工技艺满足人类生活的基本需求，也同样重视人类的精神生活，并希望人类是物质和精神生活的双重完满，就如同神享受他所创造的美好世界，既重视工作也享受生活，工作与享受均是上帝工作的内容，因此"一切甚好"，这也许充满了上帝对人类生活寓意美好的种种。音乐也是工作，而工作并不意味着咒诅。音乐的用处虽不是肉眼可见，但对人类却是真实的体验和帮助。

接下来的圣经内容，尤其是在旧约里，大量展示了音乐以及与音乐有关的内容。人们用这些乐器进行心理治疗和驱魔，"从神那里来的恶魔临到扫罗身上的时候，大卫就拿琴用手而弹，扫罗便舒畅爽快，恶魔离开了他。"[1]载歌载舞来欢庆胜利"大卫打死了那非利士人，同众人回来的时候，妇女们从以色列各城出来，欢欢喜喜，打鼓击磬，唱歌跳舞，迎接扫罗王，众妇女舞蹈唱和，说'扫罗杀死千千，大卫杀死万万'。"[2]

旧约时代充满了以音乐、诗歌和乐器来敬拜赞美上帝的例子，不过所记述的音乐活动不仅仅限于宗教。娱乐、劳动、爱情、哀歌、战争、凯旋等非宗教类的日常音乐活动在旧约中也有记述。大卫更是创办了音乐祭司和唱诗班这样的传统来赞美上帝，除此之外虽然并没有明示这是音乐本身，大卫的诗篇仍是整本圣经与音乐关系最为密切的篇章，这部以色列人的赞美诗集在犹太教和基督教崇拜中都极为重要。"诗篇"（英 Psalms）一词，是两个希腊文名称（Psalmoi，Psaltērion）翻译的拉丁文。其希腊文源自 psállō "弹或哼"，最早指弹奏拨弦乐器或乐器本身，后被用来形容歌曲或歌集。希伯来诗歌基本体裁是平行体，其结构音乐性很强有利于歌唱。这部虚拟圣殿的祈祷歌唱之书，数千年来对人类文化影响深远。

到了新约时期，具体的音乐活动则很难在经文中看到，话语的教导成为重点：使徒保罗劝导信徒要用诗章、颂词、灵歌来赞美歌颂上帝。大部分研究结果认为：诗章可能是旧约诗篇或模仿诗篇而写的诗歌。颂词可能是新创作的诗歌，其内容论到基督，可能是一种新的唱颂形式。灵歌的解释虽有争议但不能否认它是信徒有感而发的，其唱法很可能是以单音节多音装饰句（melismatic）来延长最后一个音节，这种唱颂形式被称为"花腔"（jubilus），如哈利路亚诗歌，而这些都在崇拜中使用。

新约中，因着音乐赞美带来的大能使基督信徒看见，音乐的能力不仅是医治、享受和娱乐等等，更是传递出上帝全能的一个信号。"约在半夜，保罗各西拉祷告唱诗赞美神，众囚犯也侧耳而听，忽然地大震动，甚至监牢的地基都动摇了，监门立刻全开，众囚犯的锁链也都松开。"[3]这样的经历是超能而震撼的，而启示录中更充满了振动人心的音乐场景，带来新天新地的美

---

1 《圣经·旧约·撒母耳记上》第 16 章，第 23 节。
2 《圣经·旧约·撒母耳记上》第 18 章，第 6-7 节。
3 《圣经·新约·使徒行传》第 16 章，第 25-26 节。6

好愿景和企盼。到那一天，天上的新歌也要乐器来伴奏，音乐与荣光并存："像众水的声音、和大雷的声音，并且我所听见好像弹琴所弹的琴声。他们在宝座前、并在四活物和众长老前唱歌，彷佛是新歌[4]。""唱上帝仆人摩西的歌，和羔羊的歌"[5]

圣经中的这些记载，是让人们看见上帝让音乐这个工作进入一个永恒的国度。而在历史中我们也可以看到，教会喜欢唱歌，一起在音乐上创造了和谐，同时也形成了"基督里的一个身体"。同时，在敬拜或宣教情境中的基督教音乐通过审美手段展示了救赎福音的大能。因此，向上帝唱诗篇、赞美诗、灵歌[6]是把对神的爱与音乐联系在一起，起到对一个群体的统一协调作用。教会已经证明，即使音乐本身未必能拯救世界，但在圣经宣讲和敬拜的背景下，音乐会让信徒和听众感动于神的荣耀和救赎，尤其是它能修补破碎、医治伤痛，以及吸引人们彼此相爱，最终归向神。音乐的工作是享乐而也不是享乐，它引领我们听见并转向神，无论是赞美上帝的还是日常生活的，我们都在此遇见神，"与神一起做神的工作。"[7]

"每当我们回应来自内心、神经过敏的需要，而不是神从外面而来的呼召时，便会变得焦躁不安。典型有紧迫感的人都是在得不到肯定的环境中长大的，他们能否得到爱要视乎表现而定。这些人在童年时通常都经历过贫困和羞耻，并且在以紧迫性为生活方式的环境中长大"[8]在这种亚洲文化尤其使"羞耻文化"环境长大的人，对自己的不接纳程度和紧迫感会反映在人生的各层面。工作中，除了基本的五个需要，耶稣指出更高的——爱的需要和敬拜的需要，因此回到圣经中才有全人本质的痊愈和真正合神心意的工作，而这两个更高层面的需要会疗愈工作中上面所说的由于文化而带来的诸多问题。而面对孤独的问题，可以看到摩西经历的过山车般的人生变化，让我们看见上帝对所呼召之人的磨砺。作为至高地位和学识具有王子身份的摩西四十年旷野放羊的工作，是任何一个受过教育的现代人都无法想象的，而这些

4 《圣经·新约·启示录》第 14 章，第 2-3 节。
5 《圣经·新约·启示录》第 15 章，第 3 节。
6 《圣经·新约·歌罗西书》第 3 章，第 16 节；《圣经·新约·以弗所书》第 5 章，第 18-19 节。
7 [加]保罗·斯蒂文斯，陈永财译《七日灵性生活》，北京，新世界出版社，2012 年，第 5 页。
8 [加]保罗·斯蒂文斯，陈永财译《七日灵性生活》，第 197 页。

是为了生存也是为了机会。我的工作长期单一性的钻研，带来的必定是点的深度而不是面的广度，人到中年再重新开始基于现实也是并不理智的，而由于专业的特点长期面对自己与孤独也是人生必修功课。

另外一个层面，正如《传道书》所说，工作带来祝福的同时，也让人觉得无益与虚空，并不能指望工作能带来完全的满足，因此我们要"属世而又不属世"，带着信望爱做着现在的工作，但知道这些只是管道，是为要藉此将我们带到上帝那里，以填补我们的空虚。

附录 1：历史圣歌谱——中国国家图书馆 &中国艺术研究院馆藏

一、中国国家图书馆缩微胶卷[1]

1、天主教类经本

1. 《弥撒降福歌经》，青岛教区维主教准，青岛天主堂印书局，出版时间不详，32页。

2. 《辅弥撒经》，山东兖州天主堂印书馆，1931年，20页。

3. 《弥撒诠要：拉汉对照：为增助辅祭及与祭的热心而作》，南京主教惠准，上海徐家汇土山湾印书馆，1933年，83页，书名原文：Manuale Ministri Missae 辑全部日常经，正祭经和八段活动经。

4. 《弥撒旧闻》，茅本荃编著，上海惠主教准，上海土山湾印书馆，1935年，532页，全书包括：论弥撒原始，论弥撒分类，论弥撒祭礼，论弥撒圣器等10卷。

5. 《罗马弥撒经本》，圣母会会士编译，北平圣母会公教书籍编辑部，1938年，266页，包括一年内各主日及大瞻礼弥撒经。附领圣体前后经苦路经。

6. 《耶稣圣诞弥撒经》，香港主教恩准，香港纳匝肋静院，1939年，42页。

---

[1] 国图相关馆藏资料无原本，均为缩微胶卷，新教相关内容从美国燕京哈佛学社所购／赠。

7.《华字国音弥撒经》，张维笃编，山东兖州天主堂保禄印书馆，民国 28 年[1939]，16 页。

8.《弥撒规程》，Fr.Stedman 原著、吴经熊翻译，香港主教恩准，香港公教真理学会，1947 年，53 页。

9.《弥撒正祭所纪念的诸圣》，Mother Philippa 著、刘绪秋译，澳门慈幼印书馆，1949 年，40 页。

2、天主教类歌本

1.《降福经歌摘要》，出版地、出版者不详，20 页，内收 10 首。

2.《圣歌宝集》，北京救世堂，宣统 3[1911]年，96 页。

3.《圣歌摘要》，石印本，兖州府天主堂，1924 年，116 页，内收 78 首，五线谱。

4.《圣歌》，1926，144 页。

5.《大瞻礼弥撒、宗古歌经简要、圣体降福经文、圣歌》1929-1934 年，4 册[343]页。大瞻礼弥撒：北平西什库天主堂印字馆 1929 年；宗古歌经简要：PEKINI TYPIS LAZARISTARUM1934 年；圣体降福经文：北平西什库天主堂印字馆 1932 年；圣歌：上海土山湾印书馆 1934 年；本书是《大瞻礼弥撒》、《宗古歌经简要》、《圣体降福经文》、《圣歌》4 书的合订本。

6.《圣教歌选》，6 版，献县，1932 年，174 页，书名页题：河北献县主教刘准，包括避静歌、耶稣瞻礼圣歌、圣体歌、圣心歌、圣母歌等，收 134 首，五线谱。

7.《圣教歌选》，9 版，山东兖州府天主堂印书馆，1932 年，134 页。

8.《歌曲汇钞：适用于中小学校》，圣神会修女辑，兖州府天主堂印书馆[发行者]，1932 年，64 页,19cm，收 78 首。

9.《清音谱》，献县天主堂，1934 年，48 页,16cm，内收 32 首，工尺谱。

10.《圣歌》，石印本，PEKINI PIS LAZARISTARUM，1934 年，88 页，内收 60 首，五线谱。

11.《圣歌汇集》，2 版，兖州府天主堂印书馆，1935 年，384 页，内收 248 首，五线谱。

12. 《请众颂主》，济南华洋印书局，1937 年，359 页，内收 229 首，五线谱。

13. 《各式圣歌》，8 版，上海主教惠重准，上海土山湾印书馆 No562，1937 年，55 页，本书收基督圣歌 18 首。

14. 《中华圣教经歌》，山东兖州府天主堂印书馆，1939 年，105 页，内收 48 首，五线谱。

15. 《经歌摘要》，TIENTSIN（天津），1940 年，136 页，内收 50 首，五线谱。

16. 《经歌汇选》，SIENHSIEN（献县），1940 年，39 页，包括圣体歌、四季圣歌、圣母歌、降福歌等部分，收 27 首，部分歌词为原文。

17. 《亡者大弥撒》，PEKINI TYPIS LAZARISTARUM，1941 年，13 页，弥撒经文。含：亡者大弥撒，弥撒后拜安所经文，起棺时经文。

18. 《赞颂主荣大弥撒》，手写石印本，献县天主堂印书馆，1941 年，30 页，包括和音弥撒、亡者弥撒两部分，五线谱，附风琴伴奏谱。

19. 《圣歌粹集》，兖州府保禄印书馆[代印]，1942 年，236 页，书前冠：圣歌粹集序，内收 233 首，五线谱。

20. 《进阶经》，2 版，献县天主堂再版，1943 年，279 页，内收 27 首，五线谱。

21. 《咏唱经文撮要》，3 版，上海土山湾，1943 年，191 页，内收 135 首，五线谱。

22. 《经歌译要》，杨印溪译，献县教区赵主教准，2 版，献县编者自刊，1944 年，103 页，内收 73 首，五线谱。

23. 《圣咏作曲集.第一卷》，江文也著，北平方济堂圣经学会，1947，155 页，内收 60 首，五线谱。

24. 《圣乐：贡献于中华母皇》，李山甫编，天津崇德堂，民国 36[1947]年，32 页，收 32 首合唱曲。

25. 《祷文歌唱本》，PEIPING，[出版者不详]，1947 年，10 页，内收 4 首。

26. 《儿童圣咏歌集.第一卷作品四十七号》，江文也作曲，北平方济堂思高圣经学会，民国 37[1948]年，45 页，书名原文：Melodies From The Book of Psalms For Children 内收 16 首，五线谱，附钢琴伴奏谱。

27. 《圣教歌选》，7版，杨若望修纂，河北献县主教赵准，天津崇德堂，民国 37[1948]年，132 页，内收 111 首，五线谱。

28. 《圣体降福歌：为中华教友用国语译本》，上海，1949 年，26 页，包括圣体歌、圣母歌、普通歌等三部分，收 58 首，五线谱。

3、新教类歌本

1. 《颂主诗歌谱·音乐嘤法》，1895 年。

2. 《圣教诗歌》，伦敦会颂赞真神诗歌，理一视选撰，光绪 25[1899]年，350 页。

3. 《颂主诗歌》，福音印刷合资会社，1907 年，325 页，书前冠：颂主诗歌序，后序。

4. 《颂主诗歌》，日本横滨分社[印镌者]，1912 年，465 页。

5. 《颂主歌集》，基督教全国大会筹备委员会编，上海，基督教全国大会筹备委员会，民国 11[1922]年，52 页，全书按类编排，分：早晚使用，祈祷与敬拜，感恩与颂德，教会与服务等。

6. 《圣诞琴谱》，上海广学会，1926 年，45 页，儿童用书，内收《赞美耶稣》、《奇妙的主降生》、《美丽的圣诞树》等 41 首，五线谱，附钢琴伴奏谱。

7. 《最新青年诗歌》，1928 年，219 页，本书共收宗教诗歌 192 首，附录"赓歌集"，收 47 首。

8. 《有谱青年诗歌》顾子仁、谢乃壬编辑，增订 2 版，上海青年协会书报部，民国 17[1928]年，201 页，书末附：新公民诗歌，公众颂祷礼文，内收 192 首，五线谱，附钢琴伴奏谱。

9. 《青年诗歌节本：有谱：赓歌集公众颂祷礼文》，中华基督教青年会全国协会校会组编辑，上海，中华基督教青年会全国协会校会组，民国 17[1928] 年，（137,51）页，内收 90 首，附"赓歌集"（收 28 首）及"公众颂祷礼文"。

10. 《颂主诗歌》，上海，美华书馆，1929 年，525 页，内收 400 余首，五线谱，附钢琴伴奏谱。

11. 《青年诗歌》，四川美道文字部编，华英书局，1929?年，68 页，出版年录自封底赠书记录，收青年颂主诗歌 55 篇，书后附五线谱 12 篇。

12. 《小群诗歌：暂编本》，福音书局编，2 版，上海福音书局，1931 年，230 页，收赞美诗 184 首，书前有《暂编小群诗歌序》。

13. 《信义宗颂主圣诗简本：附乐谱与仪式》，汉口，中华信义会书报部，民国 21[1932]年，154，38 页，版权页题：颂主圣诗简本附乐谱与仪式，收颂主圣诗 153 首，附乐谱及主日上午礼拜仪式、圣餐仪式，附乐谱与仪式。

14. 《团契圣歌集》，赵紫宸译诗，2 版[出版地不详]，燕大基督教团契，民国 22[1933] 年，148 页，内收 150 首及启应经文、主祷文、古今圣哲祷文、燕大团契礼文等。

15. 《晨星短歌》，伍恩兰编，上海宣道会，民国 23[1934] 年，256 页，书末附：英、中文曲名索引，内收 400 首。

16. 《民众圣歌集》，赵紫宸作歌、范天祥合谱，2 版，北平燕京印刷所，民国 23[1934] 年，54 页，内收 54 首，五线谱，附钢琴伴奏谱。

17. 《信义宗颂主圣诗》，中华信义会赞美诗委员部编纂，6 版，汉口中华信义会书报部，民国 24[1935]年，628 页，书末附：礼拜与圣事仪式简本。

18. 《学校诗歌》，汉口（湖北）中华信义会书报部，[1935]年，64 页，基督教诗歌集，包括：爱主、信仰、圣诞等内容，共 60 首。

19. 《分级福音诗歌·第一集：分级诗歌》，万尚洁编，分级诗歌，上海广协书局，1935 年，82 页，包括幼稚级、启蒙级、初级、中级等 4 级，收《施舍吧》、《天父看见》、《我这样小孩》、《救主复活》。

20. 《分级福音诗歌·第 3 集：赞美诗副歌》，万尚洁编译，上海广协书局，1935 年，24 页，内收《颂赞主名》、《主领路》、《主耶稣为门》、《我真相信》、《生命代价》、《引人归主》、《奇妙大爱》、《比太阳还光》等。《万民归主》等 82 首，五线谱，附钢琴伴奏谱。

21. 《基督教与诗歌》，党美瑞编、潘玉梅译，上海广学会，民国 25[1936]年，32 页，书名原文：Christian hymns 内有基督教诗歌的来历，关于几首名歌的故事，国际诗歌汇集等。

22. 《庆祝圣诞：故事，表演，诗歌·第一集》，女星报社编，上海广学会，民国26[1937]年，57页，为帮助乡村教会庆祝圣诞节而选编的故事、诗歌、表演等共10篇。

23. 《儿童诗歌：数字谱本》，杭州儿童礼拜事务所编，上海广学会，民国26[1937]年，76页，内收《儿童礼拜宗旨》、《行路》、《开会》、《散会》等150首。

24. 《耶稣圣诞歌曲》，和爱融著，北通（河北）和爱融刊，1937年，52页，内收《大家要来》、《忠心者来》、《听阿天使》等50首，五线谱。

25. 《灵歌新集》，中国基督圣教书会灵歌新集编辑委员会编订，成都，中国基督圣教书会临时委员会，民国32[1943]年，90页，收《与主说心》、《能救到底》、《主爱怜我》等126首。

26. 《普天颂赞：数字谱节本》，联合圣歌委员会编订，3版，成都，基督教联合出版社，民国34[1945]年，134页，收147首歌曲。

27. 《基督徒诗歌》，王明道编译，增订3版，北平灵食季刊社，1947年，101页，书前冠：基督徒诗歌序，内收101首，五线谱。

28. 《颂赞诗歌》，5版上海，时兆报馆编译部编集，1947年，288页。

29. 《普世诗歌》，贝格儒编选，上海广学会，民国37[1948]年，38页，译自各国有名诗歌，中等学校及唱诗班适用，内收《万有归主》、《主是我的光》、《天使护我》等8首，五线谱，附钢琴伴奏谱。

30. 《圣诞歌曲·第一集》，杨周怀编译，上海，中国基督教联合书局，1957年。

31. 《圣诞歌曲·第二集》，金陵协和神学院音乐组编，上海，中国基督教联合书局，1957年。

32. 《普天颂赞：五线谱版简本》，联合圣歌委员会编，基督教联合出版社，19??，146页，收150余首歌曲，五线谱，附钢琴伴奏谱。

33. 《圣诞歌集》，中华浸会女传道联合会选辑，上海，中华浸会书局，19??，40页，版权页题名：圣诞歌集琴谱，内收《贺他为王》、《天使来自荣光美地》、《古人喜乐歌》、《耶稣降生》、《圣婴孩子》等40首，五线谱，附钢琴伴奏谱。

二、中国艺术研究院图书馆

1. 《小诗谱》，Mrs. Timothy Richard，上海，second edition，1901 年。

2. 《圣诗谱》，耶稣圣会女教友狄就烈撰，上海美华书馆镌印，1907 年增补重印。

3. 《幼稚园与初等小学诗歌》，斯特里编，NORTH CHINA MISSION OF THE A.B.C.F.M，上海美华书馆印，1915 年。

4. 《协和颂主圣诗琴谱》，1922 年。

5. 《复兴布道诗琴谱》，王载，福州阳岐救恩报社，1926 年。

6. 《伯利恒的故事》，圣诞游艺附琴谱，上海，广学会发行，民国 16（1927）年。

7. 《Sing and Praise 歌唱与赞美》，Mao Tsong Young 马宗荣选编，上海，1929 年。

8. 《福音诗歌》，龚赍译述，上海福音书局发行，协兴印刷公司印刷，1930 年。

9. 《惠中诗歌》，上海私立惠中中学刊印，1931 年。

10. 《国韵经歌》，第二卷，胡秉道女士编辑，中国基督圣教书会出版，汉口圣教书局印刷，汉口、上海中国基督圣教书会发行，民国 20（1931）年。

11. 《奋兴布道诗歌》，又名福音号筒，孙喜圣编著，华北神学音乐教员张凤鸣、金陵神学音乐教员张宏发校阅琴谱，汉西门长老会传道主任校阅词句，济南山东印书局印刷，南京汉西门长老会发行，民国 13（1924）年初版，民国 23（1934）年六版。

12. 《灵声短歌琴谱》，上海灵声社发行，1934 年初版，1936 年四版。

13. 《普天颂赞数字谱本》，联合圣歌编辑委员会编，上海广学会，1936 年。

14. 《增订赞美诗歌》，时兆报馆编译部，上海宁国路时兆报馆，1939 年。

15. 《燕京乐章集》，燕京大学音乐教授范天祥硕士编，北京燕京大学宗教学院，1940 年。

16. 《国韵诗篇百首》，简本颂主诗歌，伍百祥著，哈尔滨德生印书馆印刷，哈尔滨北满基督教会发行，康德九（1942）年。

17. 《灵粮诗歌》，赵世光编，上海灵粮堂印行，民国36（1947）年。

18. 《经文歌选》，石峻柱编，吉培德、范天祥校正，上海广学会出版发行，集成印刷所印刷，民国37（1947）年再版。

19. 《江文也圣咏作曲集》，第一卷，北平，1947年。

20. 《救恩颂赞得胜歌》，上海使徒信道会出版，上海广协书局代理发行，民国38（1949）年。

21. 《大家唱》，浸会书局音乐委员会选编，上海，中华浸会书局出版，民国38（1949）年。

22. 《杖竿短歌集》，马革顺作，上海音乐出版社印行，1950年。

23. 《奋兴诗歌琴谱》，监理公会筹备百年大会。

24. 《正乐曲选》，杭州基督教正乐集王吉民编纂，上海北京路四十四号广学会书局印行。

25. 《天桥歌声》，钱团运编。

26. 《新撰客话歌》，老隆循州新记印务书局承印，民国25（1936）年。

27. 《重订赞神圣诗曲谱》，华北大会选辑，1917年。

28. 《景颇文赞美诗》不详

附录 2：全国诗班指挥培训调查问卷

2009 年 8 月 10-21 日，应南京金陵协和神学院邀约，笔者为该院举办的暑期全国唱诗班指挥培训进行为期一周的《教会音乐史》课程培训。为了了解来自全国各地来自不同教会、拥有不同年龄以及不同文化背景的学员的基本状况，并配合该课程的进度，笔者特别针对设计了一份相关的调查问卷。

一、培训人员个人音乐情况问卷

1、姓名_____年龄_____性别_____
   电子邮件_____ 电话_____
2、本人学历_____毕业院校_____服侍教会时间_____
4、是否受过神学培训_____
   如果经过培训，请写出学习的时间、地点及课程名称
   _____

5、是否受过音乐培训_____
   如果经过培训，请写出学习的时间、地点、课程名称
   _____

6、是否专业音乐院校毕业_____
   如果是，请写出院校名称、所学时间、所学专业
   _____

7、是否学过某种乐器_____
   如果是，请写出乐器名称、学习时限、所学程度
   _____

8、如果会某种乐器，是否能即兴伴奏？能在几个调之间转换？

_____

9、是否学过声乐_____
　　如果是，请写出唱法类型（通俗、美声、民族）、学习时限、所学程度

_____

10、是否参加过合唱队_____
　　如果是，请写出类型（专业合唱团、学校合唱队、教会唱诗班）、参
　　加时限

_____

11、是否学过指挥_____
　　如果是，请写出学习方式（自学、短期培训、教会培养、专业院校学
　　习）和学习时限

_____

12、指挥能力-最高程度（简谱四部合唱、五线谱四部合唱、大型声乐作
　　品、管弦乐作品）并写出作品名称

_____

13、识谱能力（简谱、五线谱、其他谱）

_____

14、视唱练耳能力（五线谱几个升降号？）

_____

15、在教会担任的具体服侍项目（唱诗班及哪个声部、司琴、指挥、音
　　乐培训等）

_____

16、你最想成为什么样的音乐服侍人才？ _____

17、什么原因使你参与教会音乐服侍的？

_____

18、家人或亲朋好友有人从事音乐吗？ _____
　　他们有人在教会音乐方面服侍吗？ _____

19、你是否学过崇拜学方面的课程_____
　　如果是，请写出课程名称、学习地点、学习时限

_____

20、你认为唱诗班在教会崇拜中的作用是什么？

_____

21、你认为指挥在教会整体崇拜中的作用是什么？

_____

22、是否学过音乐史方面的课程（西方音乐史、中国音乐史、其他）
　　如果是，请写出课程名称、学习地点、学习时限

_____

23、你对其他基督教派的音乐状况了解吗？_____
　　如果了解，请写出教派名称及了解状况（如信义宗、圣公会、天主
　　教、东正教等）

_____

24、你认为基督教各派别的音乐情况有必要学习或了解吗？_____
　　请说出你的理由_____

25、你如何看待"敬拜赞美"？

_____

26、你去过天主教堂吗？听过他们的音乐吗？如何评价？

_____

27、你认为自己了解中国音乐吗？_____
　　了解与否到什么程度？（民歌、曲艺、歌舞、戏曲、器乐、流行音乐等）

_____

28、你最喜欢什么音乐类型？
　　（古典圣乐、流行圣乐、西洋古典、西洋流行、中国古典、中国流
　　行、戏曲民歌等等）

_____

29、你认为什么是圣乐？什么不是圣乐？

_____

30、你认为对一首教会音乐作品而言，音乐重要还是歌词重要？说出你
　　的理由

_____

31、你有写过教会歌曲吗？

_____

32、你怎么看待"灵歌或灵舞"？你有类似的感受吗？

_____

_____

33、你怎么看《迦南诗选》，请分开评价它的音乐和歌词。

_____

34、你认为音乐或其他艺术形式有高低优劣之分吗？请举例

_____

35、请写出一到两首你最喜欢的歌曲或音乐作品名称

_____

36、请写出几首你认为最伟大的音乐作品

_____

37、你是否有其他的艺术爱好和参与呢？（美术、舞蹈、戏剧、话剧、相声、小品等等）

_____

38、你有最敬佩的作曲家/画家/表演艺术家（非基督徒类）吗？

_____

39、你有最敬佩的作曲家/画家/表演艺术家（基督徒类）吗？

_____

40、你认为非基督教类的艺术有价值吗？（包括各种艺术形式）

_____

二、培训人员所属教会音乐与崇拜情况问卷

1、所属教会名称_____

辖属_____（省）_____（市）_____（县）_____（教会）

2、所属教会有唱诗班吗？有几个？具体名称？

_____

3、唱诗班的男女人数和年龄比例（固定和流动数）

4、唱诗班各声部男女人数和年龄比例（固定和流动数）

_____

5、唱诗班演唱形式比例（百分比）：

一声部齐唱_____ 二声部_____ 三声部_____ 四声部_____

6、唱诗班人员识谱状况：

简谱: 男____（人）女____（人）; ____五线谱: 男____（人）女____（人）

7、唱诗班人员有几人会某种乐器？程度如何？

_____

8、所属教会有专业的音乐老师吗？如果有他（她）教哪一方面？

_____

9、所属教会唱诗班最需要哪一方面的培训？_____

10、所属教会注重唱诗班的灵修培训吗？以那一种方式进行？

_____

11、所属教会唱诗班演唱的作品风格比例（百分比），请举例一首作品名称。

古典圣诗（如新编赞美诗等）_____

流行圣歌（如赞美之泉等）_____

民歌风格（如迦南诗选等）_____

12、唱诗班有专门的钢琴/电子琴/电子管风琴伴奏吗？其水平是业余还是专业？

_____

13、除了主日礼拜，复活节、圣诞节以外，唱诗班还参与教会的其他活动吗？

_____

14、信徒的婚丧礼仪，唱诗班积极参与吗？是否送礼金或礼物？结束后有招待吃饭吗？

_____

15、你认为所属教会的唱诗班水平如何？_____

16、如果你是指挥或带领，你打算如何带唱诗班？

_____

17、请写出所属教会唱诗班的组织结构（如指挥、行政主管、司琴、灵修组长、声部长等等）

_____

18、所属教会有乐队吗？ _____ 有几个_____人数_____平均年龄____
如果有，是西洋乐队吗？ _____是民乐队吗？ _____
是军乐队吗？ _____
            是鼓乐队吗？ _____是中西结合式乐队吗？ _____
如果有，请写出乐队组合形式（如小号 2 人、小提琴 3 人、小军鼓
4 人等等）

_____

19、所属教会的乐队在崇拜中担任的角色

_____

20、所属教会的乐队和唱诗班各有什么分工？哪个任务更多？主要是哪
一方面？

_____

21、所属教会的会众唱诗主要是哪些？（如新编赞美诗、赞美之泉、迦
南诗选等）

_____

22、主日崇拜的会众诗歌和诗班献唱诗歌由谁选定？如果是 xx，为什么
是他（她）？

_____

23、所属教会在音乐崇拜风格上有倾向吗？（选项，可多选）
是否唱传统圣诗_____是否唱流行诗歌_____是否唱迦南诗选____
是否用电声乐队___是否用架子鼓___是否用非钢琴的其他乐器____
是否举手流泪等动作_____是否有舞蹈_____是否很安静_____

24、所属教会音乐崇拜尝试过其他风格吗？
（如敬拜赞美式崇拜、音乐会式崇拜、泰泽祈祷崇拜、静默式崇拜等
等）

_____

25、所属教会在音乐崇拜的风格上多选用哪一种？
（如西洋古典、西洋流行、中国古典、民歌小调、其他各国风格等等）

_____

26、你们的音乐崇拜中，会众热情投入吗？还是被动乏味？

_____

27、你在所属教会的音乐崇拜中，有主内一家的感觉吗？

_____

28、所属教会的音乐服侍人员是否有人觉得自己有特殊恩赐而略为骄傲？

_____

29、唱诗班接纳音乐条件不好但却热情想参与音乐服侍的人吗？你们是怎么做的？

_____

30、你认为唱诗班如何在日渐精湛的音乐技巧上学会在音乐精神里谦卑？

_____

总结性问题：

你对将要上的《教会音乐史》这门理论性课程有怎样的期待？

_____

_____

参考文献

1. 何乾三《西方哲学家文学家音乐家论音乐》北京：人民音乐出版社，1983。

2. M.J 梅多、R·D 卡霍，陈麟书等译《宗教心理学》成都：四川人民出版社，1990。

3. 彭圣佣《崇拜聚会程序与礼文》上海：中国基督教协会，1993。

4. [法]裴化行《利玛窦神父传》北京：商务印书馆，1993。

5. DOMINGOS MAURÍCIO GOMES DOS SANTOS，S.J.，孙成敖译《澳门远东第一所西方大学》Fundação Macau Universidade de Macau，1994。

6. [意]利玛窦，何高济等译《利玛窦中国札记》北京：中华书局，1994。

7. 郑炜明、黄启臣《澳门宗教》澳门：澳门基金会，1994。

8. 布朗科〈十九世纪最后一年的澳门〉，《澳门文化杂志》秋，1997/32。

9. 吴炳鋕〈澳门的正一派音乐〉，《中国道教》，1997/Ⅲ。

10. 章文钦〈吴渔山天学诗研究〉，《澳门文化杂志》春，1997/30。

11. 中文圣经启导本编辑委员会《中文圣经和合启导本》南京：中国基督教协会，1997。

12. [美]巴博《天主教礼仪问答》河北：天主教信德出版室，1998。

13. 中国基督教协会《圣经》南京：中国基督教协会，1998。

14. [美]保罗·韦斯等《宗教与艺术》成都：四川人民出版社，1999。

15. [美]保罗·韦斯/冯·O·沃格特，何其敏、金仲译《宗教与艺术》成都：四川人民出版社，1999。

16. 辅仁神学著作编译会《神学辞典》上海：天主教区光启社，1999。

17. 何建明《澳门佛教》北京：宗教文化出版社，1999。

18. 李炽昌等《基督教会崇拜的重探》上海：天主教上海教区光启社，2000。

19. [美]保罗·亨利·朗，顾连理、张洪岛、杨燕迪等译《西方文明中的音乐》贵阳：贵州人民出版社，2001。

20. 陈栋〈天府瑶光灿百载神功戏〉，《MACAU 澳门杂志》，2001/22。

21. 辅仁神学著作编译会《天主教梵蒂冈第二届大公会议文献》上海：天主教区光启社，2001。

22. 陶亚兵《明清间的中西音乐交流》北京：东方出版社，2001。

23. 刘澎《当代美国宗教》北京：社会科学文献出版社，2001。

24. 刘志明《中世纪音乐史》台北：全音乐谱出版社，2001（民国九十年）。

25. 汤开建〈16-18 世纪经澳门进入中国内地的西洋音乐家考述〉，《西北第二民族学院学报》，2001/Ⅲ。

26. [英]安德鲁·威尔逊-迪克森，毕祎、戴丹译《基督教音乐之旅》上海：上海人民美术出版社，2002。

27. [瑞士]巴尔塔萨，刘小枫选编，曹卫东等译《神学美学导论》北京：三联书店，2002。

28. [美]赫士德，谢林芳兰译《当代圣乐与崇拜》台北：校园书房出版社，2002。

29. 汤开建〈16 世纪中叶至 19 世纪中叶西洋音乐在澳门的传播与发展〉，《学术研究》，2002/Ⅵ。

30. [英]迈克尔·肯尼迪等，唐其竞等译《牛津简明音乐词典》北京：人民音乐出版社，2002。

31. [法]泰泽团体《泰泽颂赞之歌》台北：光启文化事业，2002。

32. [英]汤森，王振华译《马礼逊-在华传教士的先驱》河南：大象出版社，2002。

33. 修海林、罗小平《音乐美学通论》（第二版）上海：上海音乐出版社，2002。

34. 布罗基〈穿越印度天主教士通往东亚的必经之路 1570-1700〉，《澳门文化杂志》秋，2003/48。

35. 陈耀林编《中国天主教艺术》石家庄：河北信德室，2003。

36. 禤伟旗、胡国年主编《中华民俗大全·澳门卷》澳门：中华民俗大全澳门卷编辑委员会，2003。

37. [德]鲁道夫·奥托，成穷、周邦宪译《论"神圣"》成都：四川人民出版社，2003。

38. 谭树林〈马礼逊与近代中西文化交流〉，《澳门文化杂志》春，2003/46。

39. 香港教区礼仪委员会、香港天主教教友总会编辑《颂恩——信友歌集》香港：公教真理学会，2003。

40. [美]阿尔伯特·甘霖、赵中辉译《基督教与西方文化》北京：北京大学出版社，2005。

41. 顾为民《基督宗教艺术在华发展史》上海：上海书店出版社，2005。

42. [美]杰里米·尤德金，余志刚译《欧洲中世纪音乐》北京，中央音乐学院出版社，2005。

43. [德]R·弗兰德，H·劳厄，金经言译《从若干崭新的视角观察音乐世界：开启音乐之门》北京：人民音乐出版，2005 。

44. 王珉《美国音乐史》上海：上海音乐出版社，2005。

45. 文庸等编《基督教词典（修订版）》北京：商务印书馆，2005。

46. 陈小鲁《基督宗教音乐史》北京：宗教文化出版社，2006。

47. [美]马可·伊万·邦兹，周映辰译《西方文化中的音乐简史》北京：北京大学出版社，2006。

48. 李向玉《澳门圣保禄学院研究》北京：中华书局，2006。

49. 李毓明、李毓章编《天主教山西省太原市主教座堂百周年特刊》香港：香港跑马地乐和道，2006。

50. 宝贵贞、宋长宏《蒙古民族基督宗教史》北京：宗教文化出版社，2008。

51. 严晓星《高罗佩以前古琴西徂史料概述》，《南京艺术学院学报（音乐与表演版）》，2008/1。

52. 刘志明《额我略歌曲简史》香港：公教真理学会出版，2008。

53. 邹穗《新福音派与 20 世纪美国基督教复兴运动》，《中国政法大学学报》，2008/5。

54. 保罗·斯蒂文斯，顾乐翔译《解放平信徒》香港：基道出版社，2009。

55. [法]泰泽团体，陈翠婷译《静修灵旅：在静默和歌声中默想圣经》香港，基道出版社，2009。

56. [英]玛里琳·邓恩，石敏敏译《从沙漠教父到中世纪早期：修道主义的兴起》北京：中国社会科学出版社，2010。

57. 桑图斯，刘思洁译《泰泽传奇——和好、自由、信任之旅》台北：雅歌出版社 2010。

58. 孙晨荟《雪域圣咏——滇藏川交界地区天主教礼仪音乐研究》香港：香港中文大学天主教研究中心，2010。

59. 保罗·斯蒂文斯，何明珠译《上帝的企管学》台北：校园出版社，2010。

60. 保罗·斯蒂文斯，陈永财译《七日灵性生活》北京：新世界出版社，2012。

61. 孙晨荟《天音北韵——华北地区天主教音乐研究》北京：宗教文化出版社，2012。

62. 许正林、刘荒石《当代美国基督教音乐传播及其文化影响》，《上海大学学报（社会科学版）》，2013/4。

63. 保罗·斯蒂文斯，黄凯津译《工作真重要——向圣经人物学工作》北京：华文出版社，2014。

64. 刘平《中国天主教艺术简史》北京：中国财富出版社，2014。

65. 理查德·霍平，伍维曦译《诺顿音乐断代史丛书：中世纪音乐》上海：上海音乐出版社，2018。

66. 徐龙飞《循美之路——基督宗教本体形上美学研究》北京：商务印书馆，2018。

67. [古罗马]奥古斯丁，周士良译《忏悔录》北京：商务印书馆，2020。

68. 泰泽团体@www.taize.fr

69. The Catholic Encyclopedia @www.newadvent.org/cathen/index.html

《基督教文化研究丛书》

主编：何光沪、高师宁

（1-8 编书目）

初　编　（2015 年 3 月出版）

ISBN：978-986-404-209-8　　　　　　　　定价（台币）$28,000 元

册　次	作　者	书　名	学科别（／表示跨学科）
第 1 册	刘　平	灵殇：基督教与中国现代性危机	社会学／神学
第 2 册	刘　平	道在瓦器：裸露的公共广场上的呼告——书评自选集	综合
第 3 册	吕绍勋	查尔斯·泰勒与世俗化理论	历史／宗教学
第 4 册	陈　果	黑格尔"辩证法"的真正起点和秘密——青年时期黑格尔哲学思想的发展（1785 年至 1800 年）	哲学
第 5 册	冷　欣	启示与历史——潘能伯格系统神学的哲理根基	哲学／神学
第 6 册	徐　凯	信仰下的生活与认知——伊洛地区农村基督教信徒的文化社会心理研究（上）	社会学
第 7 册	徐　凯	信仰下的生活与认知——伊洛地区农村基督教信徒的文化社会心理研究（下）	
第 8 册	孙晨荟	谷中百合——傈僳族与大花苗基督教音乐文化研究（上）	基督教音乐
第 9 册	孙晨荟	谷中百合——傈僳族与大花苗基督教音乐文化研究（下）	

册次	作者	书名	学科别
第 10 册	王 媛	附魔、驱魔与皈信——乡村天主教与民间信仰关系研究	社会学
	蔡圣晗	神谕的再造，一个城市天主教群体中的个体信仰和实践	社会学
	孙晓舒 王修晓	基督徒的内群分化：分类主客体的互动	社会学
第 11 册	秦和平	20 世纪 50－90 年代川滇黔民族地区基督教调适与发展研究（上）	历史
第 12 册	秦和平	20 世纪 50－90 年代川滇黔民族地区基督教调适与发展研究（下）	
第 13 册	侯朝阳	论陀思妥耶夫斯基小说的罪与救赎思想	基督教文学
第 14 册	余 亮	《传道书》的时间观研究	圣经研究
第 15 册	汪正飞	圣约传统与美国宪政的宗教起源	历史／法学

二　编　（2016 年 3 月出版）

ISBN：978-986-404-521-1　　　　定价（台币）$20,000 元

册　次	作　者	书　名	学科别（／表示跨学科）
第 1 册	方 耀	灵魂与自然——汤玛斯·阿奎那自然法思想新探	神学／法学
第 2 册	刘光顺	趋向至善——汤玛斯·阿奎那的伦理思想初探	神学／伦理学
第 3 册	潘明德	索洛维约夫宗教哲学思想研究	宗教哲学
第 4 册	孙 毅	转向：走在成圣的路上——加尔文《基督教要义》解读	神学
第 5 册	柏斯丁	追随论证：有神信念的知识辩护	宗教哲学
第 6 册	李向平	宗教交往与公共秩序——中国当代耶佛交往关系的社会学研究	社会学
第 7 册	张文举	基督教文化论略	综合
第 8 册	赵文娟	侯活士品格伦理与赵紫宸人格伦理的批判性比较	神学伦理学
第 9 册	孙晨荟	雪域圣咏——滇藏川交界地区天主教仪式与音乐研究（增订版）（上）	基督教音乐
第 10 册	孙晨荟	雪域圣咏——滇藏川交界地区天主教仪式与音乐研究（增订版）（下）	
第 11 册	张 欣	天地之间一出戏——20 世纪英国天主教小说	基督教文学

三　编　（2017 年 9 月出版）

ISBN：978-986-485-132-4　　　　　　　　定价（台币）$11,000 元

册　次	作　者	书　名	学科别（／表示跨学科）
第 1 册	赵　琦	回归本真的交往方式——托马斯·阿奎那论友谊	神学／哲学
第 2 册	周兰兰	论维护人性尊严——教宗若望保禄二世的神学人类学研究	神学人类学
第 3 册	熊径知	黑格尔神学思想研究	神学／哲学
第 4 册	邢　梅	《圣经》官话和合本句法研究	圣经研究
第 5 册	肖　超	早期基督教史学探析（西元 1~4 世纪初期）	史学史
第 6 册	段知壮	宗教自由的界定性研究	宗教学／法学

四　编　（2018 年 9 月出版）

ISBN：978-986-485-490-5　　　　　　　　定价（台币）$18,000 元

册　次	作　者	书　名	学科别（／表示跨学科）
第 1 册	陈卫真　高　山	基督、圣灵、人——加尔文神学中的思辨与修辞	神学
第 2 册	林庆华	当代西方天主教相称主义伦理学研究	神学／伦理学
第 3 册	田燕妮	同为异国传教人：近代在华新教传教士与天主教传教士关系研究（1807 ~ 1941）	历史
第 4 册	张德明	基督教与华北社会研究（1927 ~ 1937）（上）	社会学
第 5 册	张德明	基督教与华北社会研究（1927 ~ 1937）（下）	
第 6 册	孙晨荟	天音北韵——华北地区天主教音乐研究（上）	基督教音乐
第 7 册	孙晨荟	天音北韵——华北地区天主教音乐研究（下）	
第 8 册	董丽慧	西洋图像的中式转译：十六十七世纪中国基督教图像研究	基督教艺术
第 9 册	张　欣	耶稣作为明镜——20 世纪欧美耶稣小说	基督教文学

五 编 （2019 年 9 月出版）

ISBN：978-986-485-809-5 定价（台币）$20,000 元

册 次	作 者	书 名	学科别（／表示跨学科）
第 1 册	王玉鹏	纽曼的启示理解（上）	神学
第 2 册	王玉鹏	纽曼的启示理解（下）	
第 3 册	原海成	历史、理性与信仰——克尔凯郭尔的绝对悖论思想研究	哲学
第 4 册	郭世聪	儒耶价值教育比较研究——以香港为语境	宗教比较
第 5 册	刘念业	近代在华新教传教士早期的圣经汉译活动研究（1807～1862）	历史
第 6 册	鲁静如 王宜强 编著	溺女、育婴与晚清教案研究资料汇编（上）	资料汇编
第 7 册	鲁静如 王宜强 编著	溺女、育婴与晚清教案研究资料汇编（下）	
第 8 册	翟风俭	中国基督宗教音乐史（1949 年前）（上）	基督教音乐
第 9 册	翟风俭	中国基督宗教音乐史（1949 年前）（下）	

六 编 （2020 年 3 月出版）

ISBN：978-986-518-085-0 定价（台币）$20,000 元

册 次	作 者	书 名	学科别（／表示跨学科）
第 1 册	陈倩	《大乘起信论》与佛耶对话	哲学
第 2 册	陈丰盛	近代温州基督教史（上）	历史
第 3 册	陈丰盛	近代温州基督教史（下）	
第 4 册	赵罗英	创造共同的善：中国城市宗教团体的社会资本研究——以 B 市 J 教会为例	人类学
第 5 册	梁振华	灵验与拯救：乡村基督徒的信仰与生活（上）	人类学
第 6 册	梁振华	灵验与拯救：乡村基督徒的信仰与生活（下）	
第 7 册	唐代虎	四川基督教社会服务研究（1877～1949）	人类学
第 8 册	薛媛元	上帝与缪斯的共舞——中国新诗中的基督性（1917～1949）	基督教文学

七　编 （2021 年 3 月出版）

ISBN：978-986-518-381-3　　　　　　　定价（台币）$22,000 元

册　次	作　者	书　名	学科别（／表示跨学科）
第 1 册	刘锦玲	爱德华兹的基督教德性观研究	基督教伦理学
第 2 册	黄冠乔	保尔.克洛岱尔天主教戏剧中的佛教影响研究	宗教比较
第 3 册	宾静	清代禁教时期华籍天主教徒的传教活动（1721～1846）（上）	基督教历史
第 4 册	宾静	清代禁教时期华籍天主教徒的传教活动（1721～1846）（下）	基督教历史
第 5 册	赵建玲	基督教"山东复兴"运动研究（1927～1937）（上）	基督教历史
第 6 册	赵建玲	基督教"山东复兴"运动研究（1927～1937）（下）	基督教历史
第 7 册	周浪	由俗入圣：教会权力实践视角下乡村基督徒的宗教虔诚及成长	基督教社会学
第 8 册	查常平	人文学的文化逻辑——形上、艺术、宗教、美学之比较（修订本）（上）	基督教艺术
第 9 册	查常平	人文学的文化逻辑——形上、艺术、宗教、美学之比较（修订本）（下）	基督教艺术

八　编 （2022 年 3 月出版）

ISBN：978-986-404-209-8　　　　　　　定价（台币）$45,000 元

册　次	作　者	书　名	学科别（／表示跨学科）
第 1 册	查常平	历史与逻辑：逻辑历史学引论（修订本）（上）	历史学
第 2 册	查常平	历史与逻辑：逻辑历史学引论（修订本）（下）	历史学
第 3 册	王澤偉	17～18 世紀初在華耶穌會士的漢字收編：以馬若瑟《六書實義》為例（上）	语言学
第 4 册	王澤偉	17～18 世紀初在華耶穌會士的漢字收編：以馬若瑟《六書實義》為例（下）	语言学
第 5 册	刘海玲	沙勿略：天主教东传与东西方文化交流	历史

第 6 册	郑媛元	冠西东来——咸同之际丁韪良在华活动研究	历史
第 7 册	刘影	基督教慈善与资源动员——以一个城市教会为中心的考察	社会学
第 8 册	陈静	改变与认同：瑞华浸信会与山东地方社会	社会学
第 9 册	孙晨荟	众灵的雅歌——基督宗教音乐研究文集	基督教音乐
第 10 册	曲艺	默默存想，与神同游——基督教艺术研究论文集（上）	基督教艺术
第 11 册	曲艺	默默存想，与神同游——基督教艺术研究论文集（下）	
第 12 册	利瑪竇著、梅謙立漢注 孫旭義、奧覓德、格萊博基譯	《天主實義》漢意英三語對觀（上）	经典译注
第 13 册	利瑪竇著、梅謙立漢注 孫旭義、奧覓德、格萊博基譯	《天主實義》漢意英三語對觀（中）	
第 14 册	利瑪竇著、梅謙立漢注 孫旭義、奧覓德、格萊博基譯	《天主實義》漢意英三語對觀（下）	
第 15 册	刘平	明清民初基督教高等教育空间叙事研究——中国教会大学遗存考（第一卷）（上）	资料汇编
第 16 册	刘平	明清民初基督教高等教育空间叙事研究——中国教会大学遗存考（第一卷）（下）